UTB **2810**

Eine Arbeitsgemeinschaft der Verlage

Beltz Verlag Weinheim · Basel
Böhlau Verlag Köln · Weimar · Wien
Wilhelm Fink Verlag München
A. Francke Verlag Tübingen und Basel
Haupt Verlag Bern · Stuttgart · Wien
Lucius & Lucius Verlagsgesellschaft Stuttgart
Mohr Siebeck Tübingen
C. F. Müller Verlag Heidelberg
Ernst Reinhardt Verlag München und Basel
Ferdinand Schöningh Verlag Paderborn · München · Wien · Zürich
Eugen Ulmer Verlag Stuttgart
UVK Verlagsgesellschaft Konstanz
Vandenhoeck & Ruprecht Göttingen
vdf Hochschulverlag AG an der ETH Zürich
Verlag Barbara Budrich Opladen · Farmington Hills
Verlag Recht und Wirtschaft Frankfurt am Main
WUV Facultas Wien

StandardWissen Lehramt

herausgegeben von
Jakob Ossner

Roland W. Wagner

Mündliche Kommunikation in der Schule

Ferdinand Schöningh
Paderborn · München · Wien · Zürich

Der Autor:

Roland W. Wagner studierte Germanistik, Geographie, Sozialkunde, Pädagogik und vor allem Sprechwissen-schaft/Sprecherziehung mit den Abschlüssen »Staatsexamen für das Höhere Lehramt« und »Sprecherzieher (DGSS/univ.)«. Seit 1982 vertritt er hauptberuflich das Fachgebiet Sprechpädagogik an der Pädagogischen Hochschule Heidelberg; er kennt die pädagogische Kommunikation aus Schüler-, Lehrer-, Eltern- und Gremienperspektive.

Bibliografische Information Der Deutschen Nationalbibliothek
Die Deutsche Nationalbibliothek verzeichnet diese Publikation in der Deutschen Nationalbibliografie; detaillierte bibliografische Daten sind im Internet über http://dnb.d-nb.de abrufbar.

Gedruckt auf umweltfreundlichem, chlorfrei gebleichtem Papier (mit 50 % Altpapieranteil)

© 2006 Verlag Ferdinand Schöningh, Paderborn
Verlag Ferdinand Schöningh GmbH, Jühenplatz 1, D-33098 Paderborn
Internet: www.schoeningh.de

Schöningh ISBN 10: 3-506-75650-8

Printed in Germany
Einbandgestaltung: Atelier Reichert, Stuttgart
Layout: Alexandra Brand und Judith Karwelies

UTB-Bestellnummer: ISBN 10: 3-8252-2810-X

Vorwort zur Reihe

StandardWissen Lehramt – Studienbücher für die Praxis

Wie das gesamte Bildungswesen wird sich auch die künftige Lehramtsausbildung an Kompetenzen und Standards orientieren. Damit rückt die Frage in den Vordergrund, was Lehrkräfte wissen und können müssen, um ihre berufliche Praxis erfolgreich zu bewältigen. Das Spektrum reicht von fachlichen Fähigkeiten über Diagnosekompetenzen bis hin zu pädagogisch-psychologischem Wissen, um Lehren als Unterstützung zur Selbsthilfe und Lernen als eigenaktiven Prozess fassen zu können.

Kompetenzen werden nicht in einem Zug erworben; Lehrerbildung umfasst nicht nur das Studium an einer Hochschule, sondern ebenso das Referendariat und die Berufsphase. Die Reihe *StandardWissen Lehramt* bei UTB bietet daher Lehramtsstudierenden, Referendaren, Lehrern in der Berufseinstiegsphase und Fortbildungsteilnehmern jenes wissenschaftlich abgesicherte Know-How, das sie im Rahmen einer neu orientierten Ausbildung wie auch später in der Schule benötigen. Fachdidaktische und pädagogisch-psychologische Themen werden gleichermaßen in dieser Buchreihe vertreten sein – einer *Basisbibliothek für alle Lehramtsstudierenden, Referendare, Lehrerinnen und Lehrer.*

Inhaltsübersicht

Wozu dieses Buch gut ist ... | 1

1.1 Wer dieses Buch brauchen kann ...

Diese Frage ist schnell beantwortet: Das Basiswissen »Mündliche Kommunikation« hilft allen Lehramtstudierenden, Referendaren und Lehrern, die sich in täglichen und nicht alltäglichen schulischen Kommunikationssituationen möglichst gut verhalten wollen, z. B. bei Unterrichtsgesprächen, Präsentationen, Referaten, Seminardiskussionen, Beratungen und Prüfungen.
Der schulische Alltag ist geprägt von mündlicher Kommunikation. Damit Leben und Lernen an der Schule gelingt, ist erfolgreiches und angemessenens Mitenander-Reden eine unverzichtbare Voraussetzung. Dieses Buch will ein Leitfaden sein, anhand dessen angehende und im Beruf stehende Lehrerinnen und Lehrer die für ihren Job maßgeblich verbalen Kompetenzen kennenlernen. Aber auch für die Förderung der mündlichen Kommunikationsfähigkeit der Schüler bietet das Buch hilfreiche Informationen. Denn eine korrekte, gut verständliche Aussprache ist ebenso Bestandteil des schulischen Erziehungsauftrages wie die Fähigkeit zur erfolgreichen Bewältigung unterschiedlicher Gesprächssituationen – vom Klassenvortrag bis zum Bewerbungsgespräch.
Eine besondere Zielgruppe des vorliegenden Bandes sind jene, die den Bereich »Sprechen« selbst unterrichten (z. B. nach den Bildungsstandards der Kultusministerkonferenz und den Lehrplananforderungen des Faches Deutsch) und die dafür eine sprechpädagogische Basiskompetenz benötigen bzw. erwerben wollen.

1.2 Was Sie in diesem Buch wo finden ...

Auf den ersten Seiten steht einiges zur Frage, warum sich die Beschäftigung mit »Kommunikation« und die Lektüre des Buches lohnen könnten.
Der zweite Teil enthält eine Zusammenstellung »Nützliches Grundwissen«, in der Sie einige wichtige Erklärungsmuster zur Kommunikation und zu ihrer Verbesserung finden.
Klassisch (mit den Rhetorischen Grundlagen) geht es im dritten Kapitel weiter, darin stehen u. a. Tipps gegen Lampenfieber, zur Körpersprache, zur Stimme und Aussprache, zum verständlichen und anschaulichen Sprechen.

Wie gute Präsentationen, Reden, Vorträge vorbereitet und gestaltet werden können, erfahren Sie im vierten Teil.
Der fünfte Abschnitt widmet sich der Gesprächsführung, z. B. mit Informationen zum Argumentieren, zur Fragetechnik und zum optimalen Verhalten in besonders wichtigen Gesprächen.
Eine Auswahlbibliographie, die Antworten zu den Testfragen und ein Schlagwortregister beschließen das Buch.

1.3 Was Sie in diesem Buch nicht finden ...

- Einfache Rezepte nach dem Motto: »Nehmen Sie 100 Gramm Wissen, würzen Sie es mit einer Anekdote und zwei Beispielen, garnieren Sie es mit vier Blickkontakten ...«, denn die kommunikative Wirklichkeit ist so vielgestaltig, dass Sie mit einfachen Rezepten oft daneben liegen.
- Unhaltbare Versprechungen nach dem Motto »Sie müssen nur daran glauben, dann können Sie alles erreichen, was Sie wollen!«, denn es liegt nicht nur an Ihnen, ob Kommunikation klappt.
- Theoretisches im Sinne von »Kommunikation ist die Reziprozität von Informationen zwischen Organismen mit der fundamentalen Relevanz obligatorischer Festlegungen von gattungsspezifischen Codes und der Kompetenz zur abstrahierenden Bezogenheit auf Konkretes wie Situationstranszendentes sowie individueller Intentionalität« (sehr frei nach Thomas Luckmann 1984), weil derartige Aussagen (sogar wenn sie verstanden werden) wenig Hilfe für die Praxis bieten.
- Eine Geschichte der Rhetorik von den alten Indern bis heute, weil es dazu bereits viele gute Bücher gibt.
- Eine Aneinanderreihung von netten Anekdoten, weil es kein Geschichtenbuch, sondern ein informatives Sachbuch werden sollte.
- Kritik an Kolleginnen und Kollegen und deren Ansätzen (weil sie das nicht geschrieben haben, was man selbst gerne lesen bzw. schreiben würde), denn das wäre erstens unfair (die Kritisierten können sich ja nicht verteidigen) und zweitens für die Leserinnen und Leser ebenfalls kaum hilfreich.

Sollten Sie in diesem Buch relevante Inhalte zur mündlichen Kommunikation nicht finden, so schreiben Sie bitte dem Verlag oder senden Sie mir eine Mail (wagner@ph-heidelberg.de). Vielleicht kann Ihr Wunsch in einer Neuauflage berücksichtigt werden.

Fragen zu Kapitel 1

1. In welchen Situationen helfen fundierte Kenntnisse über mündliche Kommunikation?
2. Welche Informationen sind zur Verbesserung der individuellen Sprechkompetenz eher überflüssig?

Nützliches grundwissen zur mündlichen Kommunikation | 2

2.1 Warum mündliche Kommunikation so wichtig ist ...

Falls Sie bereits davon überzeugt sind, dass mündliche Kommunikation sehr wichtig ist (und Sie sich in der Lage fühlen, diese Relevanz bei Bedarf auch anderen zu erklären), dürfen Sie den nächsten Abschnitt überspringen.

2.1.1 ... für die Information

Wir leben in einer Informationsgesellschaft, gekennzeichnet durch Informationsexplosion. Fachleute schätzen, dass sich inzwischen das Wissen der Welt alle paar Jahre verdoppelt. Wer z. B. im Januar 2006 das Suchwort »Kommunikation« bei Google eingab, bekam sogar bei der Einschränkung »in Deutschland« über eine Million Treffer (Ca. 1.140.000 waren es am 8.1.2006)

Die Anzahl der Menschen mit wissenschaftlich-technischer Ausbildung stieg im Zeitraum von 1950 bis 2000 von ca. 10 auf ca. 100 Millionen (nach Marx und Gramm 1994/2002). Selbstverständlich wird in der »scientific community« viel schriftlich übermittelt. Aber gerade im wissenschaftlichen oder pädagogischem Alltag wird überwiegend mündlich informiert: Im Unterricht, in Konferenzen, in Gesprächen mit Schülern und Kollegen. Wer präzise, anschaulich, zielgruppenbezogen informieren kann, hat viele Vorteile. Und die Gesamtgesellschaft freut sich auch über die gewonnene Effektivität, wenn Informationen korrekt und schnell ankommen.

Quellenangabe

Werner Marx und Gerhard Gramm: Literaturflut – Informationslawine – Wissensexplosion. Wächst der Wissenschaft das Wissen über den Kopf? (verfasst 1994, aktualisiert im Januar 2002) – http://www.mpi-stuttgart.mpg.de/ivs/literaturflut.html

2.1.2 ... für das Image

Wer gut kommunizieren kann, hat ein höheres Ansehen. Gut heißt dabei allerdings nicht »perfekt«, denn Perfektionisten gehören nicht gerade zu den beliebtesten Gesprächspartnern. Für mich ist jener Mensch ein besonders guter Kommunikator, der in seinem jeweiligen Umfeld situationsangemessen auftreten kann, ökonomisch und geräuschlos atmet, eine angenehme, variable Stimme besitzt, klar und verständlich artikuliert, abwechslungsreich betont, verständlich und anschaulich formuliert, fair argumentiert und so Gespräche führt, dass Kontaktaufnahmen erleichtert, Probleme effektiv geklärt, Meinungen sachlich diskutiert und andere gut beraten werden können.

2.1.3 ... für die Beziehungen

Schon in der Bibel (Genesis 18) steht: »Es ist nicht gut, dass der Mensch allein bleibt«. Immer, wenn Menschen zusammen kommen, gibt es die Möglichkeit und häufig sogar den Zwang zur mündlichen Kommunikation. Maßgeblich für die Qualität der Beziehung ist die Art und Weise, wie miteinander gesprochen wird: anregend, freundlich, klar, verständnisvoll ...

2.1.4 ... für den Einfluss

Die meisten Menschen in Führungspositionen müssen nicht nur erheblich mehr reden als andere, sie sollten auch überdurchschnittlich gut reden können. Schließlich zeigen sie Ihre Macht durch ihre spezielle Art der Kommunikation. Sie dürfen Anweisungen geben, ihnen wird eher zugehört, sie stehen öfter im Mittelpunkt, sie müssen häufiger problematische Gespräche führen. Dazu sind bestimmte sprecherische Attribute wichtig ...

2.1.5 ... für die Konflikte

Menschen haben unterschiedliche Interessen, und so sind dadurch entstehende Konflikte absolut normal. Wie diese ausgetragen werden, ob friedlich und konstruktiv oder aggressiv und destruktiv, das ist leider ebenfalls sehr unterschiedlich. Fest steht jedenfalls, dass man mit guter mündlicher Kommunikation viele Konflikte vermeiden und etliche sogar lösen kann.

2.1.6 ... für die Emotionen

Nicht erst seit Daniele Golemans Erfolgsbuch zur Emotionalen Intelligenz wissen wir, wie wichtig unsere Gefühle sind. Die Fähigkeit, diese angemessen auszudrücken, zeigt sich in der Praxis durch die Körperhaltung, die Gestik und Mimik, durch unsere Stimme, die Artikulation und die Formulierungen, also durch unsere gesamte mündliche Kommunikation.

Literaturangabe

GOLEMAN, Daniel: Emotionale Intelligenz. München, Wien: Carl Hanser Verlag, 1996.

2.2 Wie kluge Leute Kommunikation erklären ...

Nichts ist praktischer als eine gute Theorie. Dieser oft zitierte Satz des Sozialpsychologen Kurt Lewin gilt auch für dieses Kapitel. Es hat schon seine Gründe, dass sich große Geister seit Jahrhunderten über Kommunikation die Köpfe zerbrechen, denn viele Menschen (und auch manche Wissenschaftler) haben darüber ziemlich beschränkte Vorstellungen. So stellen sich etliche unter Kommunikation nur die Übermittlung von Informationen vor. Schließlich sind relativ einfache Modelle, die von der technischen Nachrichtenübermittlung ausgehen, weit verbreitet, z. B. in Sprachbüchern und Linguistik-Einführungen (»Sender – Signal – Empfänger). Je mehr Faktoren jedoch berücksichtigt werden, die reale Kommunikation beeinflussen, umso komplizierter werden die Darstellungen.

Noch eine Klarstellung: Modelle können stets bloß unvollkommene Abbilder der Wirklichkeit sein und nur jeweils einzelne Teilaspekte der menschlichen Kommunikation beschreiben. Diese zeigen allerdings häufig für Laien unbekannte Perspektiven, so dass sie in der Tat neue Erkenntnisse ermöglichen.

2.2.1 Das Organon-Modell

Miteinander sprechen ist weit mehr als ein Austausch von Informationen. Stets zeigen dabei die Sprechenden ihre momentane

Stimmung, stets gibt es appellative Einflüsse auf die Hörenden. Der Sprachpsychologe Karl BÜHLER erkannte dies bereits vor vielen Jahrzehnten und stellte 1934 sein anschauliches »Organon-Modell« vor (*organon* [griech.] = Werkzeug, Methode). Die drei wichtigsten Funktionen von sprachlichen Äußerungen (im Modell »Zeichen« genannt) sind **Ausdruck** (einer Person),

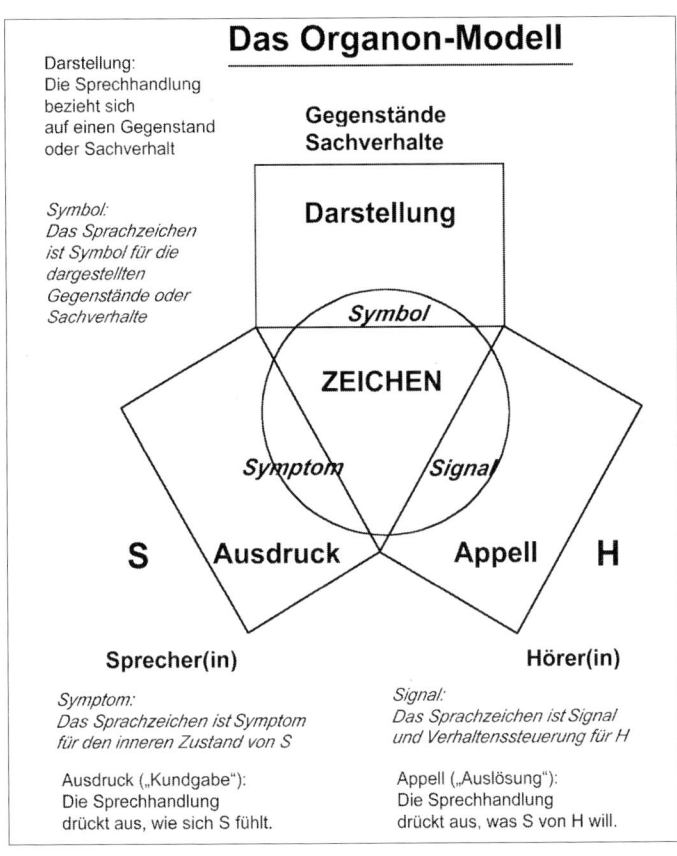

Abb. 1 | Das Organon-Modell

Darstellung (eines Themas) und **Appell** (an eine Person oder Personengruppe). Sprachliche Zeichen können gleichzeitig Symbole für Gegenstände und Sachverhalte; Symptome für den Zustand der sprechenden Person und Signale für die angesprochene Person sein.

Ausdruck, Darstellung, Appell

Exkurs

Zur weitergehenden Erläuterung des Organon-Modells soll Karl BÜHLER selbst zu Wort kommen. Er schrieb: »Der Kreis in der Mitte symbolisiert das konkrete Schallphänomen. Drei variable Momente an ihm sind berufen, es dreimal verschieden zum Rang eines Zeichens zu erheben. Die Seiten des eingezeichneten Dreiecks symbolisieren diese drei Momente. Das Dreieck umschließt in einer Hinsicht weniger als der Kreis (Prinzip der abstraktiven Relevanz). In anderer Richtung wieder greift es über den Kreis hinaus, um anzudeuten, daß das sinnlich Gegebene stets eine apperzeptive Ergänzung erfährt.« (BÜHLER 1934, S. 28)

Quellenangabe

Quelle des Zitats und des hier neu gezeichneten Modells: BÜHLER Karl: Sprachtheorie. Die Darstellungsfunktion der Sprache. Jena: G. Fischer, 1934 (Nachdruck Stuttgart, 1982). S. 28.

2.2.2 Ein klassisches Kommunikationsmodell

Die Grafik auf der nächsten Seite ist ganz praktisch, wenn man sich vergegenwärtigen will, wie viele Aspekte ein Gespräch oder einen Vortrag beeinflussen. Vor allem dann, wenn Probleme auftauchen, kann es helfen, wenn man potentielle Störquellen oder Optimierungsmöglichkeiten kennt.

Leider suggerieren die klassischen Kommunikationsmodelle, dass Informationen unverändert übertragen werden können – in Wirklichkeit wird durch die Interpretation jede Nachricht modifiziert. Diesen Prozess könnte allerdings nur eine dreidimensionale Darstellung verdeutlichen.

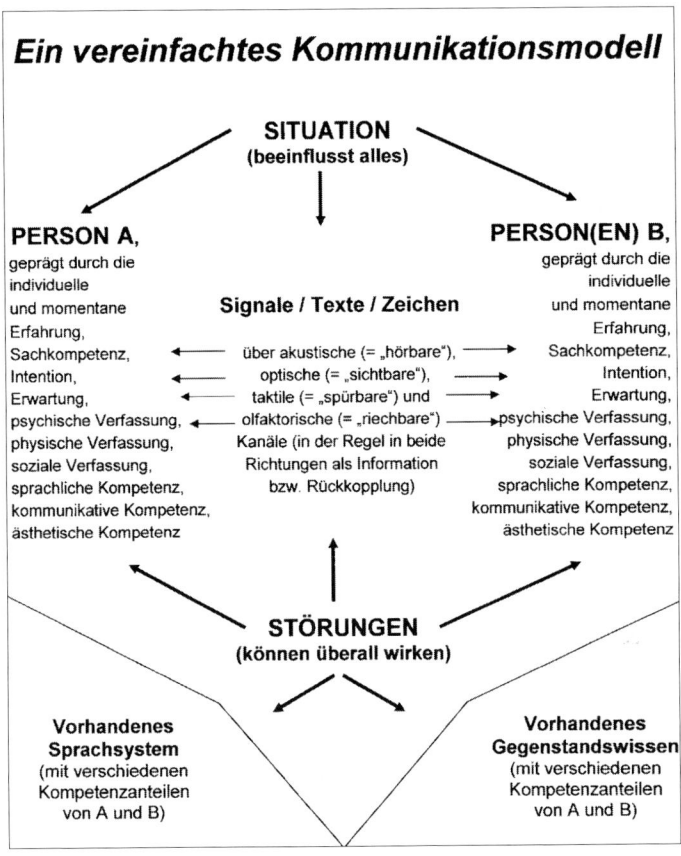

Ein vereinfachtes Kommunikationsmodell

SITUATION
(beeinflusst alles)

PERSON A,
geprägt durch die
individuelle
und momentane
Erfahrung,
Sachkompetenz,
Intention,
Erwartung,
psychische Verfassung,
physische Verfassung,
soziale Verfassung,
sprachliche Kompetenz,
kommunikative Kompetenz,
ästhetische Kompetenz

Signale / Texte / Zeichen

über akustische (= „hörbare"),
optische (= „sichtbare"),
taktile (= „spürbare") und
olfaktorische (= „riechbare")
Kanäle (in der Regel in beide
Richtungen als Information
bzw. Rückkopplung)

PERSON(EN) B,
geprägt durch die
individuelle
und momentane
Erfahrung,
Sachkompetenz,
Intention,
Erwartung,
psychische Verfassung,
physische Verfassung,
soziale Verfassung,
sprachliche Kompetenz,
kommunikative Kompetenz,
ästhetische Kompetenz

STÖRUNGEN
(können überall wirken)

**Vorhandenes
Sprachsystem**
(mit verschiedenen
Kompetenzanteilen
von A und B)

**Vorhandenes
Gegenstandswissen**
(mit verschiedenen
Kompetenzanteilen
von A und B)

Abb. 2 | Ein klassisches Kommunikationsmodell

Quellenangabe

Roland W. WAGNER, *Grundlagen der mündlichen Kommunikation*,
9. erw. Aufl., Regensburg 2004, S. 21.

Einige Erläuterungen zum Modell:

*Sprechende Menschen sind in jeder Phase ihres Lebens unterschied-
lichen Prägungen und Einflüssen ausgesetzt.*
*Die »Soziale Verfassung« resultiert aus der Zugehörigkeit zu be-
stimmten sozialen Gruppen, deren Prestige und deren Wirkungen.*

Die »kommunikative Kompetenz« symbolisiert die Art, wie Kommunikation aufgebaut und gepflegt werden kann (z. B. durch spontane Offenheit, Interesse am Dialog).
Zur »Ästhetischen Kompetenz« zählt v. a. das Aussehen (inklusive Frisur, Kleidung, Make-up, Schmuck), aber auch der Klang der gesprochenen Sprache und die von einer Person verbreiteten Düfte. Die Geschmäcker sind dabei natürlich verschieden.
Zugunsten der Übersichtlichkeit weggelassen wurden im Modell die in der Realität höchst komplizierten Kodierungs- und Dekodierungsprozesse, die beim Sprechen und Hören die Signalverarbeitung ermöglichen.

2.2.3 Das Situationsmodell

Die wichtigsten Faktoren, die in einer bestimmten Situation Kommunikation beeinflussen, hat Hellmut GEISSNER im folgenden Modell mit neun Fragen zusammengefasst.

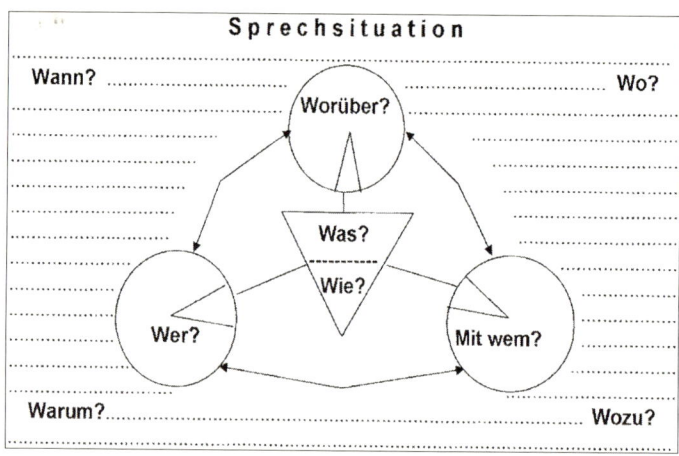

Abb. 3 | Das Situationsmodell: Was beeinflusst Kommunikation?

Die dreieckigen Kreissegmente symbolisieren, dass jeweils nur ein Teil des potentiellen Gesamtbereichs beteiligt ist. Weder gibt man beim Sprechen alles von sich preis, noch weiß man alles vom Gesprächspartner und auch vom Thema (Worüber?) kann meist nur ein kleiner bekannter Teil besprochen werden.

Wann, wo, warum und wozu spricht wer mit wem worüber was
und wie?

Beispiel:

Am 27.3.06 um 14:00 Uhr führt im Klassenzimmer 202 auf Wunsch
der Mutter zur Verhinderung des Sitzenbleibens die Lehrerin X mit
dem Schüler Y ein Gespräch über seine Aufsätze und spricht dabei
die zahlreichen Rechtschreibfehler im verständnisvollen Ton an.

Quellenangabe

Quelle des hier neu gezeichneten Modells: GEISSNER, Hellmut:
Rhetorik und politische Bildung, Otzenhausen: Europäische
Akademie, 1973, S. 103.

2.2.4 Die Transaktionsanalyse

Wundert es Sie, wenn Gespräche mit manchen Leuten sehr gut
klappen, mit anderen weniger? Einen dazu brauchbaren und in-
zwischen weit verbreiteten Erklärungsansatz für kommunikatives
Verhalten versucht die von Eric BERNE in den USA begründete
Transaktionsanalyse. Sie prägte den Begriff des Ich-Zustands als
Kombination aus Gedanken, Gefühlen und Verhalten. Normaler-
weise kann jeder Mensch drei Ich-Zustände in verschiedenen
Ausprägungen demonstrieren:

– Das »**Kindheits-Ich**« kann in folgenden drei Arten auftreten: Kindheits-Ich
  • spontan (natürliches, unbefangenes Agieren ohne auf Konse-
    quenzen zu achten)
  • angepasst (gehorsam und folgsam)
  • trotzig (aufbegehrend, widersetzt sich vorgegebenen Nor-
    men)

– Das »**Eltern-Ich**« ist aus einer real oder vermeintlich überle- Eltern-Ich
  genen Position heraus entweder
  • kritisch (verkörpert Werte, Normen, Gebote, Verbote, soziale
    Gefühle, wirkt belehrend) oder

- helfend (verkörpert Wohlwollen, Trost, Unterstützung)
(Das »Eltern-Ich entspricht der klassischen Lehrerrolle)

Erwachsenen-Ich

- Das **»Erwachsenen-Ich«** verkörpert die rationale Autonomie; es betont die »Vernunft«, wobei (überprüfte und akzeptierte) Gefühle durchaus die Grundlage der jeweiligen Entscheidung bilden können. Dabei wird – soweit nötig – geprüft, abgewogen und nach den Erfordernissen der Realität entschieden.

Keiner dieser Ich-Zustände ist grundsätzlich gut oder schlecht. Zwei Vertreter des Erwachsenen-Ich können ebenso gut harmonieren wie ein helfendes Eltern-Ich mit einem angepassten Kindheits-Ich. Kommunikationsstörungen treten erst dann auf, wenn nicht zusammenpassende Ich-Zustände aufeinander treffen, so z. B. ein kritisches »Eltern-Ich« mit einem ausgeprägtem »Erwachsenen-Ich«.

Literatur zur Transaktionsanalyse:

GERHOLD, Dieter: Das Kommunikationsmodell der Transaktionsanalyse. Ein Übungs- und Materialhandbuch zum Kommunikationstraining für Trainer, Lehrer und Gruppenleiter. Paderborn: Junfermann, 2005.

GÜHRS, Manfred; NOWACK, Claus: Das konstruktive Gespräch. Ein Leitfaden für Beratung, Unterricht und Mitarbeiterführung mit Konzepten der Transaktionsanalyse. 5. Auflage. Meezen: Verlag Christa Limmer, 2002 (1. Aufl. 1991).

HARRIS, Thomas A.: Ich bin o.k. Du bis o.k. Wie wir uns selbst besser verstehen und unsere Einstellung zu anderen verändern können. Reinbek: Rowohlt TB-Verlag, 1975 (38. Aufl. 2003).

2.2.5 Die vier Seiten einer Aussage

Ein in der Fach- und Ratgeberliteratur besonders oft zitiertes Kommunikationsmodell stammt vom Hamburger Psychologen Friedemann Schulz von Thun. Er ergänzte 1977 die Organon-Vorstellungen von Bühler mit dem von Watzlawick betonten »Beziehungsaspekt«. Seine beiden wichtigsten Modelle stehen hier: »Die vier Seiten einer Nachricht« (Sachinhalt, Selbstoffenbarung, Appell und Beziehung) und »Der vierohrige Empfänger«, der diese vier Seiten gleichzeitig zu erfassen versucht.

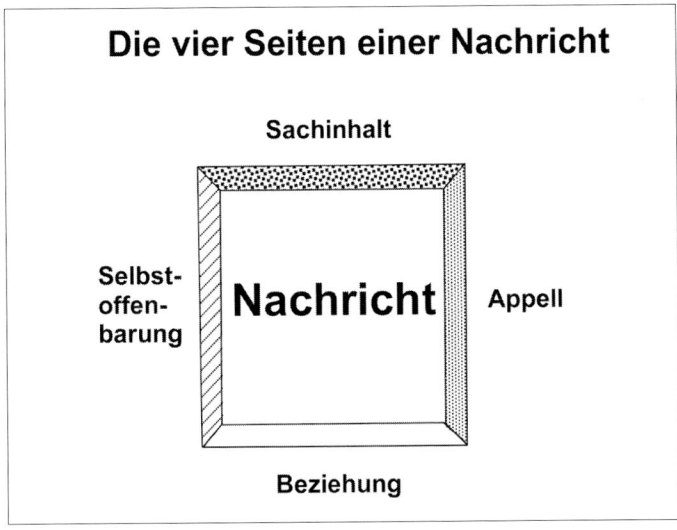

Abb. 4 | Die vier Seiten einer Nachricht (nach Schulz von Thun 1981, S. 14)

Abb. 5 | Der »vierohrige Empfänger« (nach Schulz von Thun 1981, S. 45)

Beispiel

Stellen Sie sich vor, Sie kommen zu spät zu einem Termin und Sie werden mit dem freundlich und augenzwinkernd gebrachtem Satz begrüßt: »Dir ist wohl etwas dazwischen gekommen ... « Wie interpretieren Sie die Aussage? Als objektive Bemerkung zum Sachverhalt? Als Appell, künftig mehr Pufferzeit einzuplanen? Als Selbstoffenbarung, wie verständnisvoll man ist? Als Bestätigung, wie gut die Beziehung trotzdem läuft?

Kompliziert? In Wirklichkeit ist es noch viel verwirrender, denn häufig gibt es mehrere Interpretations- und Reaktionsmöglichkeiten. Schulz von Thun hat dafür den Begriff »Inneres Team« geprägt, das den alten Goethe-Satz von den zwei Seelen in einer Brust bis zur Mannschaftsstärke erweitert. Soll sich z. B. in unserem Beispiel der vernünftige Informant durchsetzen, der ausführlich die Verspätungsgründe beschreibt? Oder lassen wir den Egoisten nach vorne, der nur lakonisch meint, das passiere ja jedem ab und zu? Aber auch der Tröster könnte sich melden, der als Kompensation die Übernahme der Rechnung anbietet. Es gäbe noch viele mögliche Rollen, denn man könnte auch abwiegelnd, ängstlich, beschämt, beleidigt, erleichtert, frech, ironisch, misstrauisch, mitleidig, selbstkritisch usw. reagieren. Es kann dann ganz schön spannend werden, wer sich jeweils durchsetzt.

Quellen und weiterführende Literatur:

SCHULZ VON THUN, Friedemann: Miteinander reden: Störungen und Klärungen. Psychologie der zwischenmenschlichen Kommunikation. Reinbek: Rowohlt Taschenbuch Verlag, 1981 (zahlreiche Neuauflagen)

SCHULZ VON THUN, Friedemann: Miteinander reden 2: Stile, Werte und Persönlichkeitsentwicklung. Differentielle Psychologie der Kommunikation. Reinbek: Rowohlt Taschenbuch Verlag, 1989 (zahlreiche Neuauflagen).

SCHULZ VON THUN, Friedemann: Miteinander reden 3: Das »Innere Team« und situationsgerechte Kommunikation. Reinbek: Rowohlt Taschenbuch Verlag, 1998.

2.3 Menschliche Stärken und Schwächen

Es soll Leute geben, die nach dem Sprichwort leben: »Was ich nicht weiß, macht mich nicht heiß«. Deshalb interessiert sie auch nicht, wie sie auf andere Menschen wirken und wie sie diese Wirkung verbessern könnten. Manche begründen diese Ignoranz mit dem Bedürfnis nach »Authentizität«, wenn sie keine Lust haben, neue Verhaltensalternativen kennen zu lernen. Andere fürchten sich vor Negativkritik und den damit verbundenen Auswirkungen auf das Selbstvertrauen. Wieder andere argumentieren (zu Recht!) damit, dass man es bekanntlich nie allen recht machen kann.

Andererseits könnte ich jetzt viele Beispiele aufzählen (aus meiner eigenen Biographie sowie von Tausenden von Seminarteilnehmenden), in denen ein paar Informationen über einem selbst und bestimmte vorher nicht bekannte Eigenschaften viel Positives bewirken konnten. Nur so können nämlich für andere unangenehme Gewohnheiten erkannt und abgestellt werden, nur so merkt man, was man künftig nicht mehr vor den anderen verbergen muss (weil sie es bereits kennen), nur so erfährt man von den eigenen Qualitäten und wie sehr diese von anderen geschätzt werden (was dem Selbstbewusstsein garantiert gut tut).

2.3.1 Die Bedürfnispyramide

Soll Kommunikation besonders gut gelingen, dürfen die menschlichen Motive nicht missachtet werden. Gern zitieren Fachleute hierzu die Bedürfnispyramide von Abraham H. Maslow. Er behauptet: »Höhere« Bedürfnisse können erst dann angegangen werden, wenn die »niedrigeren« einigermaßen befriedigt sind. Wer z. B. seit vielen Stunden nichts gegessen oder getrunken hat, möchte vorrangig seinen Durst oder Hunger stillen. Umgekehrt stellte Maslow fest: wenn ein Bedürfnis befriedigt ist, strebt der Mensch die Befriedigung des nächst höheren an.

Der Haken an dieser Theorie: Sie stimmt nicht immer. Bestimmte Versuche der Selbstverwirklichung oder Ich-Bedürfnisse können eine so starke Motivationswirkung entwickeln, dass Sicherheitsaspekte nebensächlich werden oder einem (wörtlich verstanden) »der Appetit vergehen kann«.

```
┌─────────────────────────────────────────────────────────────────┐
│                          Selbst-                                  │
│                       verwirklichung                              │
│                  ------------------------------                   │
│            Ich-Bedürfnisse  (Prestige,  Status)                   │
│          ------------------------------------------------         │
│         Soziale Bedürfnisse (Familie, Bekannte, Freunde)          │
│       --------------------------------------------------------    │
│      Sicherheits-Bedürfnisse (Wohnung, Arbeit, Versicherungen)    │
│     ---------------------------------------------------------------│
│   Physiologische Bedürfnisse (trinken, essen, schlafen, sich fortpflanzen) │
│  ------------------------------------------------------------------│
└─────────────────────────────────────────────────────────────────┘
```

Abb. 6 | Die »Bedürfnispyramide« von A. Maslow
(zitiert nach M. Birkenbihl, S. 26; erheblich verändert)

Quellen und weiterführende Literatur zur Bedürfnispyramide:

BIRKENBIHL, Michael: Train the Trainer. Arbeitshandbuch für Ausbilder und Dozenten. 10. Auflage. Landsberg: Verlag moderne Industrie, 1992 (zahlreiche Neuauflagen).
MASLOW, Abraham H.: Motivation and personality. New York: Harper, 1954 (Eine deutsche Übersetzung ist 1981 unter dem Titel »Motivation und Persönlichkeit« als Rowohlt-Taschenbuch erschienen; € 7,90).

2.3.2 Vorurteile und Fehleinschätzungen

Täglich kann man es erleben: Man trifft einen anderen Menschen zum ersten Mal, und innerhalb von Sekunden steht das Urteil fest. Solange dieses positiv oder zumindest neutral ist, wäre dagegen ja nichts einzuwenden. Häufig allerdings erleben wir negative Reaktionen. Das kann viele Gründe haben. Zum Beispiel beeinflusst die momentane Stimmung stark unsere Wahrnehmung. Wir können uns aber auch nicht von den Erinnerungen lösen, die wir früher mit ähnlich sprechenden, ähnlich aussehenden Menschen gemacht haben. Schließlich sind wir alle mit bestimmten regional und sozial typischen Phänomenen aufgewachsen, z. B. mit bestimmten Sprechgewohnheiten, und unwillkürlich empfinden wir unsere als normal und andere als ungewöhnlich.

Beispiel 1:

Kinder aus bestimmten südosteuropäischen Herkunftsländern haben bei vielen Lehrkräften kein besonders positives Image. Sie seien so laut, so hart, so aggressiv. Wer ihre heimischen Sprachgewohnheiten aber kennt, merkt bald, dass in wirklich aggressiven Situationen noch viel intensivere Ausdrucksmöglichkeiten bestehen.

Beispiel 2:

Viele Österreicher, vor allem jene, die sich zu den »besseren« Kreisen zählen, werden aufgrund ihrer weichen, melodiösen Intonation in Deutschland als besonders lieb und freundlich eingestuft. Erst nach einem mehrwöchigen Aufenthalt in Wien fühlte ich mich einigermaßen in der Lage, die feinen Differenzierungen zu erkennen.

Beispiel 3:

In manchen Regionen, z. B. im Rheinland rund um Köln, ist es üblich, bei Betonungen die Stimme manchmal bis über eine Oktave weit nach oben gehen zu lassen. Falls Sie zu denen gehören, die eher die normale deutsche Intonation im Bereich einer Quinte bevorzugen, werden Sie vielleicht Sprecher mit dieser Gewohnheit als affektiert empfinden.

Beispiel 4:

Die meisten Sprecher(innen) aus küstennahen norddeutschen Gegenden sind durch eine stärkere Nasalität geprägt. So verwundert es nicht, wenn sie anderswo schnell als hochnäsig und arrogant abgestempelt werden.

Beispiel 5:

Das typische Image von dialektal geprägten Süddeutschen im nördlichen Drittel der Bundesrepublik geht in die Richtung »lieb, aber dumm«. Verantwortlich dafür ist z. B. der etwas dunklere, dumpfere, gemütlicher wirkende Klang vieler süddeutscher Mundarten.

Beispiel 6:

Unterschiedliche Sprechgeschwindigkeitsvorlieben prägen das Verhältnis zwischen Deutschen und Deutschschweizern. Aufdringlichkeit und Arroganz interpretieren viele Helvetier bei ihren nördlichen Nachbarn, Antriebsarmut und Langeweile sind die umgekehrten Eindrücke.

Und nun können Sie sich überlegen, welche positiven oder negativen Vorurteile Sie gegen (in alphabetischer Reihenfolge) Bayern, Berliner, Hessen, Pfälzer, Sachsen, Schwaben usw. haben ...

TIPP:

Es bringt wenig, sich einzureden, dass man selbst frei von Vorurteilen wäre – dann hätte man ja erst recht eines. Möglich ist es aber, ein gesundes Misstrauen gegenüber dem eigenen »ersten Eindruck« zu entwickeln. Je häufiger man verschiedene Leute aus anderen Regionen erlebt, desto größer wird der eigene Erfahrungsschatz, desto schneller wird man gegen voreilige Fehleinschätzungen resistent.

2.3.3 Verschiedenheiten bei Frauen und Männern

Nicht nur in Cliquen oder an Stammtischen wird gerne über die Unterschiede zwischen den Geschlechtern diskutiert. Auch wissenschaftlich – in Form der »gender linguistic« oder der »Feministischen Sprachwissenschaft« – wurde bereits viel geforscht und geschrieben. Dutzende populärwissenschaftliche Bücher erwecken den Eindruck, als ob sich Frauen und Männern kaum erfolgreich verständigen können (zumindest nicht ohne die Hilfe des jeweiligen Ratgebers). Folgende Beobachtungen können – wohlgemerkt nur für den öffentlichen und nicht für den privaten Sprachgebrauch – als gesichert gelten:

- In offiziellen Gesprächen dominieren meist die Männer. Sie übernehmen z. B. häufiger die Gesprächsleitung.
- Männer bringen durchschnittlich mehr Beiträge ein.
- Männer unterbrechen Frauen häufiger als umgekehrt.
- Frauen leisten öfter »kooperative Gesprächsarbeit« (= Unterstützung und Weiterverfolgung anderer Beiträge).

- Den Beiträgen der Männer wird oft eine größere Wichtigkeit beigemessen; Beiträge von Frauen werden seltener wieder aufgenommen und weiterverfolgt.
- Frauen zeigen mehr Unsicherheitssignale und offenbaren häufiger Formulierungsprobleme.
- Frauen formulieren häufig korrekter.
- Öffentliche Gesprächsbeiträge von Frauen sind meist kürzer.
- Männer behaupten mehr, Frauen fragen mehr.
- Frauen schränken ihre Aussagen häufiger und stärker ein; sie scheinen eher zum Kompromiss bereit zu sein.
- Frauen argumentieren häufig emotionaler, Männer rationaler.
- Männer betreiben mehr »Imagearbeit« (z. B. durch die Darstellung der eigenen Kompetenz und Erfahrung)
- Männer zeigen mehr Aggressionen im Gespräch (z. B. durch lauteres Sprechen).
- Frauenstimmen wirken bei Erregung oft unangenehm hoch und grell.

Nach über 30 Jahren seriöser empirischer Forschung muss man jedoch die Problematik differenzierter betrachten. Keine der genannten Beobachtungen ist generalisierbar. Im Gegenteil lässt sich beweisen, dass die Unterschiede zwischen verschiedenen Angehörigen des gleichen Geschlechts erheblich größer sein können als die durchschnittlichen Abweichungen zwischen Frauen und Männern. Wieweit die vorurteilsgeprägte Alltagswahrnehmung diese Beobachtung akzeptiert, ist allerdings eine andere Frage.

Noch eine aktuelle Beobachtung: Vor allem jene Studentinnen, die ein normales bis ausgeprägtes Selbstbewusstsein besitzen, zeigen sich immer öfter genervt, wenn »Frauensprache« zu intensiv eingesetzt wird, wenn also z. B. stets von »Lehrerinnen und Lehrern« geredet wird oder der Begriff »Studentenwerk« zu »Studentinnenwerk« geändert werden soll.

Wer in seinem/ihrem Sprachgebrauch in Bezug auf die »Gleichstellung von Frauen und Männern« auf der sicheren Seite stehen möchte, findet einen plausiblen Regelkatalog im Duden »Richtiges und gutes Deutsch« (Mannheim 2005), S. 392-398.

Quellen und weiterführende Literatur:

Hars, Wolfgang: Männer wollen nur das Eine und Frauen reden sowieso zu viel. Eine Faktensammlung. Berlin: Argon, 2001.

Heilmann, Christa M.: Genderlect und Normverständnis, in: ZDL (Zs. f. Dial. u. Ling.) 61 (1994), 2, S. 179-183.

Heilmann, Christa M. (Hrsg.): Frauensprechen – Männersprechen. Geschlechtsspezifisches Sprechverhalten. München, Basel: Reinhardt, 1995 (Sprache und Sprechen, Bd. 30).

Klaus, Elisabeth; Röser, Jutta; Wischermann, Ulla (Hrsg.): Kommunikationswissenschaft und Gender Studies. Wiesbaden: Westdeutscher Verlag, 2001.

2.3.4 Menschen können lernen und umlernen

Hoffen Sie, dass sie durch den Kauf und die Lektüre eines Buches zu einem anderen Menschen werden? Derartige Wunder kommen ziemlich selten vor. Denn schließlich haben Sie ja auch schon viel gelernt, bevor Sie dieses Buch in die Hand genommen haben. Ein Hauptproblem der Sprechpädagogik besteht nämlich darin, dass sie es mit jahrzehntelang erworbenen Gewohnheiten zu tun hat. Naiv wäre es also, nur durch ein paar gelesene Informationen oder in wenigen Übungs- und Seminarstunden entscheidende Veränderungen des jeweiligen Kommunikationsverhaltens zu erwarten. Es gibt allerdings für Verhaltensumstellungen einige bewährte Prinzipien, die deren Effektivität steigern können.

Einer der wichtigsten Grundsätze der Sprecherziehung heißt:
»Verbesserung der Kommunikationsfähigkeit ist (fast) nur durch
praktische Übungen zu erzielen.«

Diese praktischen Übungen sind jedoch keine »Zaubertricks«, die in wenigen Sekunden Wunder wirken, sondern erprobte Methoden, die erst bei mehrmaliger bis regelmäßiger Anwendung die angestrebten Auswirkungen zeigen. Es empfiehlt sich deshalb generell, eine Seminarveranstaltung (oder deren mehrere) zu besuchen. Dort kann nämlich (meistens) kompetent festgestellt werden, über welche Stärken Sie verfügen und welche Schwächen angegangen werden sollten. Doch auch da muss es im Regelfall aus Zeit- und Gruppengrößengründen den Teilnehmenden selbst überlassen bleiben, wie sie Ihre Kommunikationsfähigkeit erweitern. Sie müssen die individuell empfohlenen Übungen solange selbst praktizieren, bis der angestrebte Effekt eingetreten ist.

Bei diesen selbständig durchgeführten Übungen gilt als wichtiger Grundsatz: Setzen Sie sich positive und realistische Ziele. Es wäre – um ein einfaches Beispiel zu nennen – weder ein realistisches noch ein positives Ziel, wenn Sie sich einreden wollten: »Ich will nie mehr ›äh‹ sagen!« Da das Unterbewusstsein keine Negation kennt, würden Sie vermutlich sehr intensiv an eben dieses »äh« denken und somit stark irritiert werden. Der positive Vorsatz könnte stattdessen lauten: »Wenn ich (beim Sprechen) einen Moment lang überlegen muss, dann setze ich bewusst eine Pause!« Zusätzlich könnten Sie sich noch klarmachen, dass Pausen Ihren Gesprächspartnern helfen, das Gesagte besser zu verstehen.

Grundsätzlich finde ich es eher problematisch, sich etwas abgewöhnen zu wollen, denn fast alles kann man zumindest als schlechtes Beispiel oder als Imitationseffekt brauchen. Viel sinnvoller wäre es, sich etwas Neues anzugewöhnen, z. B. eine entspannte Stimme. Die Fähigkeit zur überhöhten Stimme können Sie ja trotzdem behalten. Als erstes sollten Sie das absichtliche Umschalten von der alten Gewohnheit zur neuen ausprobieren (ohne Zuhörende). Sie könnten z. B. den Satz »Ich kann sehr hoch und grell reden« ganz gespannt und überhöht sprechen, dann sich mit einem herzhaften Gähnen entspannen und den Satz »Ich kann auch entspannt tief sprechen« möglichst glaubwürdig in normaler Lautstärke produzieren. Diese Übung wird so lange wiederholt, bis das Umschalten (»switchen«) zur Routine geworden ist. Versuchen Sie anschließend, die neue Fähigkeit in relativ alltäglichen Situationen mit eher unbekannten Gesprächspartner(inne)n (z. B. beim Einkaufen, in der Cafeteria) solange bewusst zu beachten, bis die erwünschte Routine eingetreten ist!

Überfordern Sie sich bitte beim Üben nicht, denn in schwierigen Gesprächen sollten Sie sich primär auf das konzentrieren, was Sie sagen wollen. Nur genial Veranlagte können Übung und Ernstfall verbinden!

2.3.5 Das Gedächtnis trainieren

Ein gutes Gedächtnis macht sich bezahlt. Zum Beispiel freuen sich viele eher flüchtig Bekannte, wenn man sich beim Wiedersehen an ihren Namen erinnert (was nicht heißt, dass man ihn dann penetrant in fast jedem Satz verwenden muss, wie es manche pauschalierende Ratgeber empfehlen). Oder denken Sie an Diskussionen: Wie bedauerlich ist es, wenn einem die besten Argumente gar nicht oder zu spät einfallen ...

Grundsätzlich hat das menschliche Gedächtnis eine fast unendliche Speicherkapazität: Nach Meinung von Fachleuten könnte ein Mensch mit den in einem Gehirn gespeicherten Informationen etwa 10 Milliarden Lexikonseiten füllen. Trotzdem meinen viele, ein schlechtes Gedächtnis zu haben, vor allem, wenn es darum geht, Fakten und Argumente in schwierigen Gesprächs- und Redesituationen präsentieren zu können.

Was könnte zu einem besseren Gedächtnis verhelfen? Der zentrale Trick der seit der Antike gepflegten **Mnemonik** bzw. **Mnemotechnik** (= »Gedächtniskunst«) ist es, das Einzuprägende mit Geschichten und Bildern zu verbinden und so mehr Speicherareale des Gehirns zu nutzen. Will man sich zum Beispiel bei einem frei gehaltenen Referat an alle wichtigen Punkte erinnern, so könnte man die »Loci-Methode« (loci = lateinisch für Orte) einsetzen. Die vorzutragenden Inhalte werden mit einem feststehenden Ablauf von Orten (z. B. einem oft gegangenen Weg) verbunden. Denken Sie beispielsweise an Ihren Schulweg: Die Einleitung entspricht dem Hauseingang, die erste Information der Straße vor dem Haus, die zweite der Bushaltestelle, die dritte der Kreuzung mit der breiten Straße, die vierte der Kirche usw. – an jeder Stelle können Sie sich eine Information merken. Dies wiederum funktioniert am besten, wenn Sie dazu eine kleine Geschichte mit anschaulichen Bildern erfinden, z. B. einen Portier, der im Hauseingang steht und »Herzlich willkommen« ruft; ein Fahrplan mit der Fahrzielangabe »Übersicht« ...

Mnemonik, Mnemotechnik

Eine andere Möglichkeit ist nicht nur praktisch zum Zahlenmerken: Man nehme zehn Stellen des eigenen Körpers, z. B. die große Zeh (0), den Unterschenkel (1), das Knie (2), die Oberschenkel (3), das Becken (4), den Bauch (5), den Mund (6), die Nase (7), die Augen (8), die Haare (9). Beherrscht man die Zuordnungen in- und auswendig, kann man sich lustige Episoden konstruieren, z. B. für Heines Geburtsjahr ein Kind namens Heini, das mit dem Unterschenkel an die Nase stößt, worauf ein paar Haare die Nase kitzeln.

Weitere bewährte Methoden zur Merk-Erleichterung:

- die Akronym-Technik: Bilden Sie aus den Anfangsbuchstaben der Lernwörter ein neues Wort (diesen Trick nutzt z. B. die MISLA-Technik in diesem Buch; vgl. Kap. 4.3.4)
- die Merksatz-Technik: Die Anfangsbuchstaben der einzuprägenden Begriffe werden zu Anfangsbuchstaben anderer Wörter, die dann einen sinnvollen Satz ergeben. Beispiel: »Ein Anfänger der Gitarre hat Eifer« ist ein Merksatz für die sechs Saiten E-A-D-G-H-E.

Noch eine Binsenweisheit am Ende: Gut gelernt werden kann nur, was man richtig verstanden hat. Fragen Sie deshalb ruhig nach, wenn Sie eine schwerverständliche Information oder einen undeutlich gesprochenen Namen hören.

Quellen und weiterführende Literatur zur Mnemotechnik:

ASHCRAFT, Marc u. a.: Gedächtnistraining. Neue Wege zur Steigerung der Gedächtnisleistung. München: Christian Verlag, 2000.

STAUB, Gregor: Mega Memory – Gedächtnistraining. Gemeinsames aktives Lernsystem für Eltern und Kind, Lernhilfe für Schüler, Studenten – Weiterbildung – Gedächtnisfitness für ältere Menschen. Erlenbach (CH), Megamemory, 2002.

2.3.6 Brauchen wir Perfektion?

Auf diese rhetorische Frage sollte differenziert geantwortet werden: Es gibt sicher Situationen, in denen ein bestimmter relativ perfekter Standard erwartet wird. Wer auf der Bühne einen Text vorträgt, sollte sich so gut vorbereitet haben, dass kein Versprecher stört. Wer im Fernsehen die Nachrichten liest, kann diese dank großer Routine meistens auch flüssig und fehlerfrei präsentieren. Und wer als begnadeter Fernsehstar ein paar von überdurchschnittlich kreativen Textern nach langem Nachdenken konstruierte Sätze in lässiger Art von sich gibt, kann dies oft auch erst nach langer Ausbildung und harter Probearbeit.

Es sollte jedoch nicht vergessen werden: Perfekte Kommunikation im Sinne von hundertprozentiger Normtreue über längere Zeit hinweg gibt es vielleicht auf der Theaterbühne oder in manchen Spielfilmen, in der Realität kaum. Da könnten Experten fast in jedem Satz irgendwelche Abweichungen feststellen. Mal fällt einem ein Wort nicht schnell genug ein, mal wird eine Pause mit »äh« gefüllt, mal wird ein Laut anders als normiert gesprochen, und überhaupt hat wohl jeder Mensch etwas andere Vorstellungen von »richtig«. Manche sind ja auch schon zufrieden, wenn Sie morgens in der Bäckerei zwei Brötchen bestellen und diese ohne Nachfrage bekommen ...

Also: Wir brauchen in der Regel nicht kommunikative Perfektion, sondern angemessene Kommunikation. Und dazu dürfen wir nicht perfektionistisch sein, sondern müssen neben unserem eigenen Lieblingsstil auch andere Sprechweisen akzeptieren. Wissenschaftlich formuliert: Eine ausgeprägte Ambiguitätstoleranz fördert die kommunikative Akzeptanz!

2.4 Sprache und mündliche Kommunikation

2.4.1 Schreiben und Sprechen

Was sich gut liest, hört schlecht sich an! Von ganz wenigen Ausnahmen abgesehen, stimmt dieser Satz.

Beim Schreiben kann man sich meist die Zeit zum gründlichen Bedenken der Formulierungen nehmen, entsprechend »geschraubt« wirken viele Sätze. Beim Lesen ist es möglich, kompliziert Formuliertes notfalls mehrmals zu lesen. Beim Hören könnte man zwar grundsätzlich die Sprechenden unterbrechen, wenn man glaubt, sie nicht verstanden zu haben, aber oft traut man sich nicht, weil man befürchtet, sich durch die Nachfrage zu blamieren oder als unaufmerksam abgestempelt zu werden.

Häufiges Problem in wichtigen Sprechsituationen: Besonders gut gemeinte Vorbereitungen führen zu in Schriftsprache ausformulierten eher langen Satzgefügen (Schachtelsätzen); diese mühevoll auswendig gelernt erzeugen ein unnatürlich gleichmäßiges Sprechen mit eingeschränktem Blickkontakt (es sei denn, man hat ein überdurchschnittliches schauspielerisches Talent). Beim als normal empfundenen Sprechen merken wir nämlich eher einen Hauptsätze reihenden, aufzählenden Stil (Satzreihen) sowie einen permanenten Wechsel von schneller und langsamer gesprochenen Passagen, von mehr oder weniger stark betonten Silben und von längeren und kürzeren Pausen.

Hauptsätze und Satzreihen sind leichter sprechbar und leichter verständlich als Satzgefüge mit vielen Nebensätzen!

Übrigens: Meist stimmt auch der umgekehrte Satz: Was sich gut anhört, liest sich schlecht. Warum? Viele kurze Sätze unterfordern normale Leser(innen). Bestimmte rhetorische Stilfiguren, z. B. die wörtliche Wiederholung (Duplicatio) oder die Verbesserung (Correctio) sind schriftlich verpönt, mündlich jedoch ziemlich wirksam!

2.4.2 Dialekte und »Hochdeutsch«

»Ohne Dialekt leichter zum Abi« lautete eine in der Süddeutschen Zeitung vom 5. November 2005 zitierte These. Der Vorsitzende des bayrischen Philologenverbandes, Max Schmidt, ist z. B. der Meinung, dass in ländlichen Gebieten ein starker Dialekt teilweise die Sprachkompetenz der Kinder einschränke. Dialekt wird als sprachliche Barriere angesehen, vor allem, wenn sich die Abweichungen zur Standardsprache nicht nur in der Intonation oder Artikulation, sondern auch im Wortschatz und in der Grammatik zeigen.

Die Beliebtheit von Dialekten ist unterschiedlich und wechselt im Verlauf der Jahrhunderte. Im 18. Jahrhundert war z. B. das Sächsische höchst angesehen; Goethe ging nach Leipzig u. a., um gut Deutsch zu lernen. Heute liegt die sächsische Mundart bei Beliebtheitsumfragen auf dem letzten Platz. Umgekehrt gewann zwar das Bayrische bei einer Umfrage des Instituts für Deutsche Sprache den Titel der beliebtesten Mundart, bei der gleichzeitig ermittelten Hitparade der unbeliebtesten Dialekte belegte es jedoch den zweiten Platz.

Zu unterscheiden ist »richtiger« Dialekt und Sprechen mit dialektaler Färbung. Letzteres genießt in vielen Regionen Deutschlands ein relativ hohes Prestige; reiner Dialekt, so wie er in alten Tonbandaufzeichnungen archiviert und in zahlreichen Büchern beschrieben wurde, ist in der Öffentlichkeit kaum mehr zu hören. Der jahrzehntelange Einfluss der Medien, die bekanntlich in aller Regel Standardsprache verwenden, prägt stark die Hör- und Sprechgewohnheiten.

Trotzdem gibt es noch in fast allen Schulklassen Dialektsprecher; etwas weniger in Nord- als in Süddeutschland. Je höher das Schulprestige, umso weniger wird Dialekt gesprochen (Faustregel: relativ wenig Dialekt in Gymnasien, etwas mehr in Realschulen, sehr viel in Hauptschulen und den meisten Sonderschulen). Dass diese Beobachtung gerne in die andere Richtung interpretiert wird (»Dialektsprecher sind dümmer«), ist sowohl logisch wie sachlich falsch und unverantwortlich.

Dialekte sind andere, aber keine falschen Sprachformen!

2.4.3 Soziale Unterschiede in der Sprache (Soziolekte)

Wer mit möglichst vielen unterschiedlichen Menschen ins Gespräch kommen will, weiß, dass jede Alters- und Berufsgruppe Unterschiede in ihrer Sprache zeigt. Seit 2001 gibt es jährlich neu ein Wörterbuch der Jugendsprache, »Kanakisch« kann man inzwischen schon mit Hilfe eines (satirischen) CD-Sprachkurses lernen. Umgekehrt kennen und verwenden manche Senioren noch Begriffe, die bereits auszusterben drohen. Wörter wie Vettel (für alte, zänkische Frau) oder Stammzahn (für feste Freundin) stehen nicht einmal mehr im Duden. Dazu kommen unzählbar viele Spezialbegriffe, die ausschließlich für die jeweiligen Fachleute verständlich sind. Der chemische Fachwortschatz soll z. B. mehr als eine Million Begriffe umfassen.

Doch nicht nur im Wortschatz unterscheiden sich die einzelnen durch das soziale Umfeld geprägte Sprachvarietäten (Soziolekte), sondern auch in der Phonation, Artikulation und Intonation. So ist in manchen Cliquen eine raue oder verhauchte, nuschelige und überschnelle Sprechweise »in«. Nichts spricht gegen Soziolekte, wenn sie die fach- bzw. gruppeninterne Kommunikation effektiver werden lassen – gefährlich werden sie aber, wenn sie zur Abgrenzung und Verschleierung eingesetzt werden oder nicht verständlich erklärt werden können.

2.4.4 Neue Sprach-Trends

Kaum ein anderes Thema findet in den Leserbriefspalten so viel Interesse wie der Kampf gegen neue Sprachgewohnheiten. Angeblich überflüssige Anglizismen (Bake-Center statt Bäckerei) werden angeprangert, die neue Rechtschreibung ist sowieso des Teufels, und erst recht kein Verständnis haben viele für die Missachtung von Grammatikregeln (»Da werden Sie geholfen«).

Nach dem Motto »Öfter mal was Neues« kommen und gehen alle paar Monate neue Moden. Generalisierbar sind höchstens die Trends zum schnelleren Sprechen (vgl. Rap) und zu den »Girlandensätzen« (lange Sätze, die ohne Punkt gesprochen werden und bei denen am Ende einer Aussage die Stimme erhoben wird, um sofort und ohne Pause den nächsten Gedanken anschließen zu können).

Akzeptieren sollte man die schon oft beobachtbare Vorliebe zahlreicher Gruppen, sich auch durch ihre Sprache und Sprechweise von anderen abzugrenzen, solange dies ohne Kränkung anderer läuft. Lächerlich und höchstens auf der Kabarettbühne positiv wirkt es umgekehrt, wenn Außenstehende versuchen, sich durch Trendübernahmen anzubiedern, wenn z. B. ergraute Lehrer plötzlich wie Teenager reden. Die meisten Menschen haben ein ganz gutes Gespür dafür, welche Sprachvarietäten echt und welche gekünstelt wirken. Übrigens gilt dies in ähnlicher Weise für Leute, die fremde Dialekte zu imitieren versuchen ...

2.5 Kommunikation und räumliche Aspekte (Proxemik)

2.5.1 Der richtige Standort

Wenn Sie sprechen, beeinflusst auch der Ort, an dem Sie stehen oder sitzen, Ihre Wirkung. Für den Schulalltag in der Klasse ist dieser Sachverhalt von großer Bedeutung. Wollen Sie z. B. vor einer Gruppe möglichst selbstbewusst wirken, so ist ein zentraler Standort optimal. Geht es Ihnen jedoch um eine besonders gute akustische Wirkung (beispielsweise in einer Sporthalle), so können Sie Ihren Stimmklang ca. 50 cm vor einer gut reflektierenden Wand oder (noch besser) in einer Raumecke stehend verstärken. Müssen Sie bei starkem Umgebungslärm sprechen, dann sollten Sie der unbewussten Versuchung widerstehen, sich selbst von den störenden Geräuschen abzuwenden – im Gegenteil: dies sollten die Zuhörenden tun und Sie sprechen in die Richtung der dann im Rücken der Zuhörer befindlichen Störquelle.

Ihre sprecherische Verständlichkeit begünstigt es, wenn die Zuhörenden Ihr Gesicht ungehindert sehen können. Durch Beobachtung der Lippenbewegungen können nämlich einige akustisch ähnliche Laute besser differenziert werden (z. B. b/p und d/t). Vor größeren Gruppen ist deshalb das stehende Sprechen vorzuziehen, auch weil sich dadurch der produzierte Schall besser im Raum ausbreiten kann und manche Verspannungen des Stimmapparats von selbst verschwinden. Umgekehrt wirkt ein stehendes Sprechen vor einer kleinen, überschaubaren Gruppe schnell »abgehoben« und »von oben herab«; Gespräche klappen besser, wenn man sich »auf gleicher Ebene« unterhalten kann.

Besonders wichtig ist der richtige Standort im stehenden Gespräch. Manche stellen sich Ihren Gesprächspartnern genau diametral gegenüber und wundern sich dann, wenn die Stimmung aggressiver wird. Ein Stehen im ungefähr 60 Grad großen Winkel trägt zur angenehmeren Konversation bei.

Bei starken Größenunterschieden der Gesprächspartner sollten Sie sich möglichst schnell setzen und damit die vertikale Asymmetrie reduzieren.

2.5.2 Nähe und Distanz

Der richtige Abstand zueinander gehört zu den wichtigsten Einflussfaktoren der mündlichen Kommunikation. Zu große Entfernung wirkt im wahrsten Sinne des Wortes distanzierend, zu geringe aufdringlich und besonders bei Mundgeruch-Problemen ziemlich unangenehm.

Wie groß die Distanzen sein können, hängt von mehreren Faktoren ab. Je nach dem Grad an Vertrautheit und Extrovertiertheit schwanken die idealen Entfernungen erheblich. Die in der Literatur oft genannte »intime Distanzzone« von ca. 50 Zentimeter wird nicht nur von eng befreundeten Menschen oft unterschritten. Auch in vollbesetzten Zügen, im Flugzeug und in manchen Regionen Deutschlands kommt man sich näher – reden Sie z. B. mal in einem Flugzeug als »Economy-Pax« mit Ihrem Nachbarn oder in der Düsseldorfer Altstadt mit einem dort aufgewachsenen und nicht gerade introvertiertem Menschen. Für offizielle Gespräche beträgt der übliche stehende frontale Abstand mindestens 50 und maximal 100 Zentimeter – so kann man sich gut die Hand geben.

Vorsicht: In manchen olfaktorisch geprägten Kulturkreisen (z. B. im arabischen und nordafrikanischen Raum) gehört es sich, dass man die Gesprächspartner auch »gut riechen« kann. Eine größere Nähe darf hier nicht als Zeichen von Aufdringlichkeit fehlinterpretiert werden.

Für sitzend geführte Besprechungen bzw. Konferenzen wird ein frontaler Abstand von 1–2 m empfohlen; bei Vorträgen ist ein Mindestabstand von ca. 2 m üblich. Nun wäre es aber nicht sinnvoll, künftig mit einem echten oder imaginären Meterstab ins Gespräch zu kommen – glücklicherweise suchen sich die meisten Menschen unwillkürlich den passenden Abstand. Und wenn nicht, dann sollte das Prinzip gelten: Der Klügere gibt nach! Zumindest solange, bis freundlich gesagt werden muss: »Übrigens, in meinem normalen Umfeld hält man normalerweise einen etwas größeren Abstand«. Notfalls können Sie ja noch hinzufügen, dass Sie trotzdem nicht distanziert wirken wollen.

2.6 Wie kann mündliche Kommunikation verbessert werden?

2.6.1 Kommunikationsregeln

Schon kleine Kinder bekommen bei uns die ersten Kommunikationsregeln beigebracht:
* Sprich laut und deutlich!
* Erst denken, dann sprechen!
* Rede nicht so schnell!
* Sage stets die Wahrheit!
* Quassle keinen Blödsinn!
* Lass die anderen ausreden (vor allem die Erwachsenen)!

In der Schule sollten Sie dann lernen, sich erst zu melden, bevor gesprochen werden darf, eine Rednerliste einzuhalten und andere Meinungen zu akzeptieren.

Im Verlauf der Jahre erlebt man dann immer mehr Beispiele für »Keine Regel ohne Ausnahme«.
* In manchen Situationen (z. B. bei Seitengesprächen oder Kirchenbesichtigungen) wäre das laute Sprechen ein absoluter Fauxpas.
* Oft kommt man erst durch das Sprechen zu neuen Gedanken.
* Notlügen sind manchmal unvermeidbar.
* Ohne gelegentlichen Blödsinn wäre das Leben traurig.
* Unterbrechungen sind zuweilen pure Notwehr!

Geht es um wissenschaftlich formulierte Kommunikationsregeln, so wird in der modernen Linguistik häufig der englische Sprachphilosoph H. Paul Grice zitiert. Seine erstmalig 1968 veröffentlichten Kommunikations-Kategorien und -Maximen lauten:
* Mache deinen Beitrag so informativ wie (für die gegebenen Gesprächszwecke) nötig!
* Mache deinen Beitrag nicht informativer als nötig!
* Versuche deinen Beitrag so zu machen, dass er wahr ist!
* Sage nichts, was du für falsch hältst!
* Sage nichts, wofür dir angemessene Gründe fehlen!
* Sei relevant!
* Sei klar!

- Vermeide Dunkelheit des Ausdrucks!
- Vermeide Mehrdeutigkeit!
- Sei kurz (vermeide unnötige Weitschweifigkeit)!
- Der Reihe nach!

Quellenangabe

Quelle: H. Paul GRICE Logik und Konversation, in: Georg MEGGLE (Hrsg.): Handlung, Kommunikation, Bedeutung. Frankfurt am Main: Suhrkamp, 1979. S. 243–265.

2.6.2 TZI

Ein nicht nur in akademisch geprägten Kreisen populärer regelgeleiteter Ansatz zur Verbesserung der Kommunikation ist die »Themenzentrierte Interaktionelle Methode« oder »Themenzentrierte Interaktion«, kurz: TZI. Dahinter steckt die 1912 geborene Psychoanalytikerin Ruth C. COHN. Sie versteht ideale Interaktion als »dynamische Balance« von drei grundsätzlich gleich wichtigen Eckpunkten »ICH« (= individuelle Bedürfnisse, Motivebene), »WIR« (= Gruppenbedürfnisse, Beziehungsebene) und »ES« (= thematische Bedürfnisse, Sachebene). Diese werden selbstverständlich beeinflusst durch die Situation (= Zeit, Ort, historische und soziale Gegebenheiten).

Für die TZI sind folgende zwei Hauptforderungen (»Postulate«) besonders wichtig:

Postulat 1:

»Sei dein eigener Chairman!« *(bzw. geschlechtsneutral:*
»Sei deine eigene Chairperson!«)

Die Begriffe »Chairman« / »Chairperson« sind in diesem Zusammenhang wegen ihres Doppelsinns leider nicht einfach übersetzbar: Sie bedeuten einerseits »Leiter(in) der eigenen Person«, andererseits »Interessenvertreter(in) der Gruppe«. Jede Person ist also für sich und für die Gruppe verantwortlich; niemand sollte Probleme auf die Gruppe oder die offizielle Gesprächsleitung schieben.

Postulat 2:

Störungen haben Vorrang!

Erst wenn eventuell aufgetretene Störungen beseitigt bzw. besprochen wurden, kann ein Thema optimal behandelt werden.

Zehn Hilfsregeln unterstützen diese Hauptforderungen:

Hilfsregel 1: Vertritt dich selbst in deinen Aussagen; sprich per »Ich« und nicht per »Wir« oder per »man«.

Hilfsregel 2: Wenn du eine Frage stellst, sage, warum du fragst und was deine Frage für dich bedeutet. Sage dich selbst aus und vermeide das Interview.

Hilfsregel 3: Sei authentisch und selektiv in deinen Kommunikationen. Mache dir bewusst, was du denkst und fühlst, und wähle, was du sagst und tust.

Hilfsregel 4: Halte dich mit Interpretationen von anderen so lange wie möglich zurück. Sprich stattdessen deine persönlichen Reaktionen aus. (Also nicht: »Du redest, weil du im Mittelpunkt stehen möchtest« sondern: »Bitte rede jetzt nicht, ich möchte nachdenken«)

Hilfsregel 5: Sei zurückhaltend mit Verallgemeinerungen.

Hilfsregel 6: Wenn du etwas über das Benehmen oder die Charakteristik eines anderen Teilnehmers aussagst, sage auch, was es dir bedeutet, dass er so ist, wie er ist (d. h. wie du ihn siehst).

Hilfsregel 7: Seitengespräche haben Vorrang. Sie stören und sind meist wichtig.

Hilfsregel 8: Nur einer zur gleichen Zeit bitte.

Hilfsregel 9: Wenn mehr als einer gleichzeitig sprechen will, verständigt euch in Stichworten, über was ihr zu sprechen beabsichtigt.

Hilfsregel 10: Lass den Körper sprechen. Dein Fuß klopft auf die Erde. Was sagt er?

(zitiert – in der neuen Rechtschreibung – nach Ruth COHN, S. 120–128 und 202)

Alle aufgeführten Regeln und Hilfsregeln darf man jedoch keinesfalls »diktatorisch verabsolutieren«, sondern sollte sie flexibel der jeweiligen Gesprächssituation gemäß nutzen.

Quellen und weiterführende Informationen zur TZI:

COHN, Ruth C.: Von der Psychoanalyse zur themenzentrierten Interaktion: von der Behandlung einzelner zu einer Pädagogik für alle. Stuttgart: Klett-Cotta, 1975 (14. Auflage 2000)
Vgl. auch: http://www.ruth-cohn-institute.org/

2.6.3 NLP

Eine in den letzten Jahren ziemlich erfolgreiche, jedoch kontrovers diskutierte Methode soll hier mit ihren Kernbegriffen vorgestellt werden. Um NLP zu verstehen, muss man erklärend etwas ausholen. In der Wirtschaft gibt es schon lange das Prinzip »bench marking« (zunächst in der Landwirtschaftssprache das Kopieren der Heckenhöhe des Nachbarn, später allgemein die Orientierung an der Praxis des Marktführers). Ähnlich wird im Verkäufertraining gerne das »Master-modelling« praktiziert (die Beobachtung der jeweils Besten und Übernahme ihrer Eigenschaften, Verhaltensweisen und Techniken). 1979 hatten der Mathematiker Richard BANDLER und der Linguist John GRINDER in Kalifornien die Idee, diese Methoden in die Therapie zu übertragen. Sie nutzten dazu die damals bekanntesten amerikanischen Therapeuten Frederic [Fritz] Perls, Milton H. Erickson und Virginia Satir.

Bei der NLP-Namensgebung spielten folgende Überlegungen eine Rolle: Verhalten wird von Nervenzellen (= neuronal) gesteuert, mittels Sprache (= linguistisch) erlernt und beeinflusst (= programmiert). NLP wird inzwischen nicht nur therapeutisch, sondern auch als Methode zur »Persönlichkeitsentwicklung«, als Kommunikationstraining und zur Beeinflussung anderer eingesetzt.

NLP geht davon aus, dass Wahrnehmungen interessegeleitet und somit verschieden sind (Man hat unterschiedliche »mental maps«, also verschiedene »Landkarten im Kopf«). Ferner hat jeder Mensch unterschiedliche Veranlagungen (»RSP« = »Representational System Predicates«), nämlich eher visuelle, akustische oder kinästhetische (= körperliche Wahrnehmungen wie fühlen, riechen, schmecken, spüren). Wer es schafft, sich auf die jeweiligen Prioritäten der Gesprächspartner einzustellen (=»Pacing«), schafft einen guten Kontakt (=»Rapport«) und kann diese anschließend beeinflussen (=»Leading«). Ähnlich wie das klassische Konditionieren funktioniert das »Ankern« (z. B. in Trancezuständen). Generell sollen die individuellen »Ressourcen« (Stärken, Talente, Neigungen) optimal genutzt werden; dabei helfen »innere Bilder« oder »wohlgeformte Sätze«, die alle relevanten Informationen enthalten. Bei »Blockaden« wird versucht, das Problem in einen neuen Rahmen zu setzen (»Reframing«) und mit sich zufrieden zu werden (= »ökologische Lösung«).

Kritisiert wird an NLP nicht nur, dass man – oft ohne Quellenangabe – aus vielen anderen etablierten Richtungen die wirksamsten Techniken übernommen hat. Viele NLP-Trainer (»Practitioner«) können nur ein paar Wochenenden an (meist allerdings ziemlich teurer) Ausbildung nachweisen. Problematisch kann vor allem die Überzeugung werden, dass Menschen mittels (Selbst-)Beeinflussung optimal Richtung Erfolg konditionierbar seien. Dieses eher mechanistische Menschenbild kann bei bestimmten Klienten ziemlich negativ wirken, z. B. wenn primär äußere Umstände oder andere Menschen für die Störung ursächlich sind.

Quellen und weiterführende Literatur zum NLP:

BIRKENBIHL, Vera F.; BLICKHAN, Claus; ULSAMER, Bertold: Einstieg in das Neuro-Linguistische Programmieren. 5. verbesserte Aufl., Speyer: GABAL-Verlag, 1992.

BIRKER, Gabriele; BIRKER, Klaus: Was ist NLP? Grundlagen und Begriffe des Neuro-Linguistischen Programmierens, 5. Aufl., Reinbek: Rowohlt Taschenbuch Verlag, 2004.

BLICKHAN, Daniela und Claus: Denken, Fühlen, Leben. Vom bewussten Wahrnehmen zum kreativen Handeln mit NLP. 6. Aufl., München: Landsberg am Lech: mvg, 2000.

GRINDER, Michael: NLP für Lehrer. 6. Aufl., Freiburg: VAK, 2003.

MOHL, Alexa: NLP – Was ist das eigentlich? Eine Entscheidungs-
hilfe für Berater, Therapeuten, Lehrer, Trainer, Verkäufer und
Führungskräfte. Neurolinguistische Fähigkeiten im Überblick.
Paderborn: Junfermann, 2001.

SOMMER, Michael: Esoterischer Spuk oder effektive Lehrmetho-
de? NLP und andere Psychomethoden erfreuen sich auch in
der Weiterbildung wachsender Beliebtheit, in: EB 44 (1998),
2, S. 70–72.

2.6.4 Feedback

Der Begriff Feedback (bzw. Rückkopplung) wird in vielen Bereichen verwendet. Wenn man über Feedback im Bereich der
Kommunikation spricht, meint man ganz allgemein jede Art von
Rückmeldung auf ein bestimmtes Verhalten (z. B. eine sprachliche Äußerung), auf die z. B. mit Gestik, Mimik oder einer gesprochenen Antwort reagiert wird. Im Rahmen der Sprechpädagogik wird »Feedback« häufig spezieller definiert, nämlich als
beschreibende »Rückmeldung« über ein gezeigtes Verhalten,
z. B. im Anschluss an eine Präsentation. Gefordert sind dabei
nicht absolute Wahrheiten, sondern individuelle Informationen
über und an eine Person, wie ihr Kommunikationsstil auf andere
wirkte und welche Eindrücke sie bei ihren Zuhörer(inne)n oder
Gesprächspartner(inne)n auslöste.

Gutes Feedback enthält fast immer positive und negative Beobachtungen (»nobody is perfect«); es sollte stets individuell,
situationsabhängig, verarbeitbar, ehrlich und hilfreich formuliert
sein. Die oft zu lesende Forderung, dass Feedback nur beschrei-
bend und nicht wertend formuliert werden soll, lässt sich in der
Praxis kaum realisieren. Einig ist man sich allerdings darin, dass
man auf destruktive und demotivierende Aussagen verzichten
sollte.

In den meisten sprechpädagogischen Seminaren wird Feedback sowohl von den dafür ausgebildeten Sprecherzieher(inne)n
wie auch von den Teilnehmenden selbst geliefert. Oft verhindert
jedoch Zeitknappheit ein ausführlicheres Austauschen der Eindrücke, so dass diese entweder nur in kleinen Gruppen oder nur
von der Seminarleitung angesprochen werden. Nicht nur in diesen Fällen sollten folgende Prinzipien gelten:

- Normalerweise ist bzw. war alles, was nicht im Feedback angesprochen wurde, unauffällig, also in Ordnung!
- Etwa bestehende Zweifel müssen möglichst schnell in der Gruppe angesprochen werden – selbstverständlich sind auch die Feedbackgebenden nicht im Besitz der absoluten Wahrheit!

Ein methodischer Tipp zum Gruppenfeedback:

Nur in wenigen Gruppen wird Feedback ganz offen und ehrlich gegeben, wenn man weiß, dass man selbst anschließend beurteilt wird. Deutlich spürt man die Tendenz zu verhaltenen und unkritisch positiven Formulierungen. In solchen Fällen lohnen sich anonyme Verfahren, z. B. mit Hilfe von vorbereiteten Fragebögen oder Zettelchen. Besonders gute Erfahrungen erzielte ich mit den folgenden beiden Fragen:
1. **Was hat mir gefallen?**
2. **Was könnte noch besser werden?**
Bitte beachten Sie, dass viele sensible und selbstkritische Menschen mehr als drei Verbesserungsanregungen als Einschränkung ihres Selbstvertrauens empfinden!

2.6.5 Sinnvolles Üben

Im einleitenden Kapitel zum Lernen und Umlernen wurden bereits einige grundsätzliche Aspekte des sinnvollen Übens genannt. Weitere Erkenntnisse aus der Praxis lauten:
- Häufig und kurz ist besser als selten und lang! Wenn Sie über den Tag verteilt oft ein paar Sekunden an das Üben denken, bringt das mehr, als wenn Sie einen Nachmittag am Wochenende stundenlang und pausenlos üben.
- Üben sollte nicht in Stress ausarten! Das heißt bei manchen Übungen (z. B. zur Lautstärkesteigerung) die körperlichen Möglichkeiten nicht überreizen, bei anderen, nicht durch zu häufige Wiederholungen Antipathien wegen Langeweile aufkommen zu lassen.
- Um Erfolgserlebnisse zu bekommen, lohnt es sich, den Übungsweg in kleine Etappen zu gliedern. Kaum jemand mit stärkerer Dialektauffälligkeit dürfte es schaffen, gleichzeitig auf alle Abweichungen zu achten. Besser läuft es, wenn man

sich erst auf eine Umstellung (z. B. statt »isch« »ich«) konzentriert. Klappt diese dann, kann man sich der nächsten Aufgabe widmen. Die Devise heißt also: Eins nach dem anderen!

Auch gegen schlechte Gewohnheiten gibt es ein paar gute Tipps: Bei störenden »Lieblingswörtern« lohnt es sich, eine kleine Liste von Formulierungsalternativen zu erarbeiten. Viele relativieren ihre Aussagen z. B. mit dem Wörtchen »halt« (»Ich meine halt, dass man halt was tun sollte …«). Alternativen wären (neben dem einfachen »Weglassen« oder dem Setzen einer gespannten Pause): also, deshalb, eben, in der Tat, jetzt, konsequenterweise, nun, nur, folglich, tatsächlich, vielmehr, wirklich.

Gegen hartnäckige Unsitten hat sich in vielen Fällen die »Aversionsmethode« bewährt, die folgendermaßen funktioniert: Bringen Sie allein (ohne Zuhörende!) für sich eine kleine Rede und darin Ihr Problem so oft und so massiv wie möglich. Bei zu vielen »Ähs« könnten eben diese nach fast jedem Wort eingefügt werden – bis es Ihnen bewusst (und unterbewusst!) zum Hals heraus hängt. Zum Beispiel so: »Meine äh sehr äh verehrten äh Damen und äh Herren, äh, liebe Eltern, äh, ich freue mich äh, dass äh heute äh …«

Noch zwei Anmerkungen zum eben erwähnten »Äh-Problem«: Zum Glück tritt dieses bei so vielen Sprecher(inne)n auf, dass es als ganz normal empfunden wird. In meinen Seminaren wurden bis zu sieben »Ähs« pro Minute in frei gesprochenen Gesprächsbeiträgen von ca. 90 % der Zuhörenden gar nicht bemerkt. Ursache für viele »Ähs« ist übrigens oft nicht eine sprachliche Minderbegabung, sondern ein überdurchschnittlich großer aktiver Wortschatz. Die Zeit, die man braucht, um aus mehreren Alternativen das optimal passende Wort zu finden, wird eben gerne mit »äh« überbrückt, nach dem Motto: »Wer die Wahl hat, hat das ›Äh‹!«

2.7 Besondere Sprechauffälligkeiten

Pädagogisch Tätige und Eltern sollten nicht nur in der Lage sein, massive sprecherische Auffälligkeiten (»Sprechstörungen«) zu erkennen, sondern auch angemessene Diagnosen und Therapien anregen bzw. unterstützen können. Dazu gehört ein Grundwissen über die möglichen Probleme und Hilfen. Der in diesem Kapitel gegebene Überblick qualifiziert jedoch keinesfalls zur selbständigen Behandlung. Sie sollte denen überlassen bleiben, die mehrere Jahre lang dafür ausgebildet wurden (= Fachleute mit Examina aus den jeweiligen Gebieten der Medizin, der Logopädie, der Sprachheilpädagogik bzw. der Sprechtherapie etc.).

2.7.1 Die normale Sprach- und Hörentwicklung

Dieser Abschnitt gibt nur Durchschnittswerte an; stärkere Abweichungen können (müssen jedoch nicht) auf Probleme hinweisen. In Zweifelsfällen helfen Fachleute (vgl. Abschnitt 2.7.3).

- Am Ende des 1. Lebensjahres wird normalerweise ein Kind bei plötzlichen Geräuschen zusammenzucken, bei Ansprache Blickkontakt und mimische Signale zeigen, den Mund überwiegend geschlossen halten, den Speichel hinunterschlucken, einen Löffel mit Lippen und Zunge abschlecken, die Stimme so modulieren, dass daraus auf die Stimmung geschlossen werden kann, husten, quietschen und (mit Fremdnachahmung) lallen können.
- Am Ende des 2. Lebensjahres sollte ein Kind auf seinen Namen und auf einfache Aufforderungen und Fragen reagieren, feste Nahrung kauen, die Vokale a, e, i, o, u benutzen, Tierlaute nachahmen, die Konsonanten m, b, p (evtl. auch schon d, f, l, n, t, w) sprechen, einige einfache Wörter nachsprechen (z. B. Mama, Papa, Oma), einige Bezugspersonen mit Namen ansprechen (»Einwortsätze«).
- Am Ende des 3. Lebensjahres müsste ein Kind auf Wörter reagieren, die nicht durch Mimik oder Gestik unterstützt werden, auf genannte Gegenstände (z. B. im Bilderbuch) zeigen, einfache unsichtbar geklopfte Rhythmen nachahmen, von sich selbst mit seinem Vornamen sprechen, gängige Verben (z. B. schlafen, essen) und einfache Adjektive (z. B. schön, lieb) altersgemäß sprechen, ab und zu Artikel gebrauchen (»das Bett«), die ersten Fragen stellen, Selbstgespräche bzw. Gespräche mit Puppen und Tieren führen.
- Am Ende des 4. Lebensjahres sollte ein Kind schwierige Konsonanten (s, sch, r) richtig aussprechen, Wörter wie »mein, dein, ich, du« benutzen, ein Erlebnis nachvollziehbar erzäh-

len, ab und zu Mehrzahl- und Vergangenheitsformen korrekt bilden, sowie einfache Vorgänge in Bilderbüchern erkennen und beschreiben können.

- Am Ende des 5. Lebensjahres kann ein Kind bei normaler Sprachentwicklung Konsonantenverbindungen wie ch, ck, ng, sp, fr richtig bilden, kleine kurze Nebensätze benutzen, einige Farben und Körperteile benennen und evtl. deren Funktion kurz erläutern (»Ich laufe mit den Füßen.«).
- Am Ende des 7. Lebensjahres sollte ein Kind in der Lage sein, Oberbegriffe (z. B. »Tiere«) und Unterschiede (z. B. »Autos fahren – Vögel fliegen«) zu finden, aus drei bis fünf vorgegebenen Wörtern einen kompletten Satz formulieren, kurze Geschichten verständlich erzählen und Phantasiegeschichten erfinden können.

2.7.2 Häufige Sprechauffälligkeiten

In der Fachliteratur finden sich unterschiedliche Einteilungs- und Begriffssysteme. Oft treten in der Praxis Symptome und Ursachen aus verschiedenen Bereichen kombiniert auf. Der nachfolgend häufig verwendete Schrägstrich (/) ist deshalb als »beziehungsweise« (= je nach Einzelfall als »und« oder »oder«) zu lesen.

Stimmauffälligkeiten (Dysphonien)

- Symptome: Die Stimme klingt heiser / belegt / verhaucht / tonlos / gepresst / resonanzarm / es besteht Räusperzwang / die Stimme ermüdet schnell (nach 1-2 Stunden) / es bestehen Schmerzgefühle im Kehlkopfbereich / die Stimme bleibt ganz weg (= Aphonie).
- Ursachen: Abnormes Schwingungsverhalten der Stimmlippen, verursacht durch stimmliche Überbelastung (= hyperfunktionelle Dysphonie) / zu geringem Energieeinsatz beim Sprechen (= hypofunktionelle Dysphonie) / organische Erkrankungen (z. B. Erkältungen / Knötchen / Ödeme / Polypen / Krebs) / psychische Probleme (z. B. Depressionen / Neurosen) / anlagebedingte Schwächen (z. B. ungenügende Muskelentwicklung) / falsche Stimm- bzw. Artikulationsgewohnheiten / Schwerhörigkeit / Medikamenten-Nebenwirkungen

(z. B. bei bestimmten Hormonpräparaten, die die Stimme tiefer werden lassen) / Schädigungen als Folge von Rauchen und Alkohol (z. B. Keratosen) / laryngo-pharyngealer Reflux (»LPR«; bei ungünstiger Körperlage (z. B. flaches Liegen auf der rechten Seite) und Schwäche des Schließmuskels zwischen Speiseröhre und Magen (Kardiainsuffizienz) reizt saurer Magensaft die Kehlkopfschleimhäute).

- Folgen: Schwerverständlichkeit / ungünstige Persönlichkeitsbeurteilung / Schmerzen (Überbelastungen können wiederum organische Erkrankungen auslösen) / psychische Störungen / Zwang zur Berufsaufgabe / im Extremfall Verlust der Stimme (z. B. bei nicht rechtzeitig erkanntem Kehlkopfkrebs, der sogar lebensgefährlich werden kann).

- Eingriffsmöglichkeiten: Unabdingbar ist eine genaue fachärztliche Diagnose, z. B. mit Hilfe einer Kehlkopfspiegelung bzw. Laryngoskopie (schmerzlos und auf Kosten der Krankenkasse!). Danach wird u. U. eine logopädische Therapie verordnet, bei der die Erziehenden unterstützend tätig werden können (z. B. durch Verhindern von zu lautem Sprechen, Anregungen zu deutlicher Artikulation).

Ein spezieller Hinweis für Eltern und Erziehende:

Nicht alle »Stimm-Experten« sind für die Arbeit mit Kindern ausreichend qualifiziert. Beispielsweise werden ab und zu voreilig Stimmlippenoperationen vorgenommen, ohne die Möglichkeit einer schonenderen und preiswerteren Therapie auszunutzen (z. B. eine mehrwöchige »Schweigekur«).
Manchmal erfolgen schematische und zu kurze Behandlungen ohne Zusammenarbeit mit den Bezugspersonen, die den Kindern keinen Spaß bereiten und relativ erfolglos bleiben müssen. In diesen Fällen sollte möglichst schnell die Praxis gewechselt werden!

Näseln (Rhinolalie / Rhinophonie)

- Symptome: Die gesprochene Sprache klingt verschnupft (= »geschlossenes Näseln« / »Rhinolalia clausa«) oder dumpf/verwaschen (= »offenes Näseln« / »Rhinolalia aperta«); manchmal tritt beides kombiniert auf (»gemischtes Näseln« / »Rhinolalia mixta«).

- Ursachen: Beim geschlossenen Näseln Verengungen / Verformungen im Nasen- und Nasenrachenraum (z. B. Polypen), evtl. auch Gewohnheit: das Gaumensegel verschließt den Nasenzugang, es kommt zu wenig Luft durch die Nase. Beim offenen Näseln mangelhafter Verschluss zwischen weichem Gaumen bzw. Zäpfchen und Rachenrückwand (z. B. bei Lippen-Kiefer-Gaumenspalten, Lähmungen; häufig aus [z. T. dialektaler] Gewohnheit, kombiniert mit zu geringer Mundöffnung): es tritt zu viel Luft durch die Nase.
- Folgen: Schwerverständlichkeit; evtl. Schleimhautaustrocknung und schnelle Stimmermüdung durch ungünstige Mundatmung; z. T. auch ungünstige Persönlichkeitsbeurteilung aufgrund der oft relativ undeutlichen Artikulation (»Nuschler« oder »Arroganz«).
- Eingriffsmöglichkeiten: Fachärztliche bzw. sonderpädagogische Diagnose und Behandlung, evtl. Operation; falls nur Gewohnheit als Ursache in Frage kommt, hilft Anregung zu bzw. Übung von deutlicher Artikulation.

Artikulationsauffälligkeiten – Dyslalien – Phonologische bzw. phonetische Störungen – Stammeln
(»Sprechstörungen« im engeren Sinn)

- Symptome: Bestimmte Laute/Lautverbindungen werden nicht oder falsch gebildet. Besonders oft treten Probleme mit den S-Lauten auf (= Sigmatismus / »Lispeln«).
- Häufigste Fehlbildungen: »Sigmatismus addentalis« (die Zunge stößt an die oberen Schneidezähne), »Sigmatismus interdentalis« (die Zunge kommt zwischen den Schneidezähnen hervor), »Sigmatismus lateralis« (= »Hölzeln«, der Luftstrom geht seitlich an der Zunge vorbei), »Sigmatismus stridens« (S-Laute klingen zu scharf).
- Seltener finden sich Fehlbildungen von »r« (»Rhotazismus«), »sch« (»Schetismus«), »vorderem ch«/[ç] (»Chitismus«) und anderen Lauten.
- Ursachen: überwiegend Gewohnheit bzw. verzögerte Sprachentwicklung, oft bekräftigender Einfluss von Bezugspersonen (»das klingt so süß«), selten organische Ursachen (z. B. Frequenzschwerhörigkeit, Zahnlücken, Lähmungen etc.; die da-

durch entstandenen Störungen werden in Fachkreisen als »Dysglossien« bzw. »Dysarthrien« bezeichnet).

- Folgen: auffällige, evtl. vom Inhalt ablenkende Sprechweise; u. U. unerwünschte Persönlichkeitsbeurteilung (»kindlich«); in schweren Fällen massive Verstehensprobleme.
- Eingriffsmöglichkeiten: Bei Verdacht auf organische Ursachen fachärztliche Untersuchung (einschl. »Hörtest«). Fast alle »funktionellen« (= nicht organisch bedingten) Dyslalien können in wenigen Monaten erfolgreich logopädisch bzw. sprachheilpädagogisch therapiert werden, falls die Betroffenen entsprechend motiviert sind bzw. werden und geduldig üben.
- Mit »Ableitungsmethoden« (z. B. [s] von [t] oder [f], [ç] von [j]) gelingt die Anbildung oft schnell; problematisch und langwierig wird dann die Einbindung in die »Normalsprache« (evtl. ist psychologische Unterstützung sinnvoll). Zur Einübung sollte deshalb ein Stufenweg vom Einfachen zum Schwierigen beschritten werden. Bei Kindern sind spielerisch aufgebaute Übungen besonders wichtig.

Poltern (Tachyphemie)

- Symptome: Überhastet klingendes Sprechen mit Wiederholungen, Verstümmelungen oder Ausfällen von Lauten, Silben oder Wörtern; abgehackte, monotone Intonation. Polterer wirken oft hastig oder fahrig. Das »Störungsbewusstsein« fehlt normalerweise oder ist stark eingeschränkt (»Ich rede halt nur ein bisschen schnell ...«).
- Ursachen: die gestörte Koordination von Denken und Sprechen ist vermutlich ererbt oder familiär erlernt; oft nur mangelnde Sorgfalt oder Konzentrationsfähigkeit (= in Stress-Situationen treten weniger Symptome auf!); evtl. minimale cerebrale Dysfunktionen.
- Folgen: Schwerverständlichkeit, ungünstige Persönlichkeitsbeurteilung.
- Eingriffsmöglichkeiten: Therapien sind schwierig, da die Probleme von den Betroffenen kaum wahrgenommen werden. Mit Hilfe von Tonaufnahmen (wenn möglich zunächst heimlich, da sonst das Problem von den Betroffenen gut kompensiert wird) und steter Aufmerksamkeitslenkung können die Störungen bewusst gemacht und reduziert werden.

Stottern (Balbuties)

- Symptome: Wiederholen von Lauten / Silben / Wörtern (= klonisches Stottern) und / oder gestörter / gepresster Stimmanfang (= tonisches Stottern), starker Leidensdruck. Zuweilen »singende Intonation« oder »gestöhntes« bzw. »geseufztes« Sprechen (als Folge bestimmter Therapien).
- Ursachen (oft sind diese unklar!): Erbfaktoren / minimale Hirnschädigungen / Neurosen / seelische Traumen, z. B. durch Unfallschock / Überaufmerksamkeit für eigentlich automatisierte Sprech-Teil-Funktionen.
- Folgen: massive Kommunikationsstörungen, Verkrampfungen, extreme Sprechangst, Vermeidungsverhalten, evtl. Atemstörungen, Mitleid und Kontaktscheu bei Partnern.
- Eingriffsmöglichkeiten: Zahlreiche Therapien (mit verschiedenen Ansätzen) sind möglich, jedoch ist das Stottern häufig (bei ca. 20 %) nicht zu lindern, nur ca. 40 % werden »symptomfrei«.

Das wichtigste Prinzip in der Kommunikation mit Stotternden: Diese sollten keinesfalls den Eindruck gewinnen, dass ihr Problem die jeweiligen Gesprächspartner stört. Deshalb ist primär Geduld wichtig. Leistungsdruck (z. B. »Ausfragen« vor der Klasse), gut gemeinte Hilfen und zu intensiver Blickkontakt müssen vermieden werden; Hänseleien und Imitationen sind strikt zu unterbinden, da sie meist zu einer Verschlimmerung des Leidens führen.

Sprachstörungen (Aphasien etc.)

- Symptome: Die Möglichkeit, Gedanken und Gefühle sprachlich / sprecherisch ausdrücken zu können, fehlt bzw. ist stark beeinträchtigt (= Aphasie / Dysphasie). Es treten isolierte oder kombinierte Hör-, Wortfindungs-, Schreib- und Lesestörungen auf. Im Extremfall ist ein völliger Verlust der Sprache zu beklagen.
- Ursachen: Unfälle mit schweren Kopfverletzungen, Durchblutungsstörungen im Gehirn (z. B. als Folge von Schlaganfällen), Tumore etc.
- Folgen: je nach Störungsgrad mittlere bis absolute »soziale Katastrophe« (Aphasien etc. werden von Laien häufig als »Geistesstörung« angesehen).

- Eingriffsmöglichkeiten: Eine möglichst frühe Übungsbehandlung (schon am Krankenbett) erhöht die Chancen einer Heilung. Die Therapie selbst dauert meist sehr lange und erfordert viel Geduld. Nonverbale Kommunikation ist i. d. R. noch möglich; Bildwörterbücher können die Verständigung erleichtern.

2.7.3 Diagnose- und Therapiemöglichkeiten bei Sprechstörungen

Für die Diagnose und Therapie von Sprechauffälligkeiten sind verschiedene Berufsgruppen zuständig, die in diesem Abschnitt kurz vorgestellt werden.

Fachärzte/Fachärztinnen für Stimm- und Sprachstörungen (Phoniater).

- Sie sind die erste Adresse, wenn es um fachgerechte Diagnosen, medizinische Eingriffe und Verschreibung von Übungsbehandlungen geht. In der Regel handelt es sich um HNO-Ärzte, die in einer Zusatzausbildung fundierte Kenntnisse in Phoniatrie (= Stimmheilkunde) und Pädaudiologie (= Behandlung kindlicher Hörstörungen) erwarben. Leider gibt es in Deutschland nur wenige; die Adressen können Sie im Internet auf der Homepage der Deutschen Gesellschaft für Phoniatrie und Pädaudiologie finden (www.dgpp.de). Dort stehen auch Hinweise auf spezielle Rehabilitations- bzw. Kurkliniken für Stimmstörungen, in denen mehrwöchige Intensivtherapien möglich sind. Nicht Privatversicherte benötigen vor der fachärztlichen Behandlung einen Überweisungsschein.

Sonstige Ärzte und Ärztinnen:

- Fachärzte/-innen für Hals-Nasen-Ohren-Heilkunde, Neurologie und Psychiatrie bzw. Kinderärzte/-innen können in vielen Fällen ebenfalls qualifizierte Ansprechpersonen darstellen.

Sprachheillehrer(in) / Sprachbehindertenpädagoge(in).

- Diese an Hochschulen pädagogisch und therapeutisch ausgebildeten Lehrkräfte unterrichten vor allem an den Sonderschulen für Sprachbehinderte. Sprach- und sprechauffällige Kinder können dort nach regulärem Lehrplan in kleinen Klassen unter besonderer Berücksichtigung ihrer Probleme lernen. Häufig werden zusätzliche ambulante Kurse und Tests in den Regelschulen angeboten (z. B. Einzeltherapien bei Dyslalien). Nach mehrjähriger Berufserfahrung dürfen Sprachbehindertenpädagogen in manchen Regionen auch private Praxen eröffnen (z. T. nach einer speziellen Heilpraktikerprüfung).

Logopäd(inn)en und andere medizinische Hilfsberufe.

- Sie sind primär für die therapeutische Übungsbehandlung nach ärztlicher Verschreibung zuständig; ihre in der Regel dreijährige medizinisch orientierte Ausbildung erfolgt an Fachschulen. Eine vergleichbare Qualifikation besitzen die Atem-, Sprech- und Stimmlehrer(innen) der Schule Schlaffhorst-Andersen (in Bad Nenndorf) und andere Sprachtherapeuten.

Sprecherzieher(innen) und Sprechwissenschaftler(innen).

- Die an Universitäten bzw. Hochschulen ausgebildeten Sprecherzieher(innen) und Sprechwissenschaftler(innen) arbeiten mit sehr unterschiedlichen Schwerpunkten. Seit 1979 ist für die »Sprecherzieher (DGSS)« auch Studium und Prüfung im Fach »Sprechtherapie« obligatorisch. Die Stuttgarter »Diplom-Sprecherzieher« müssen ebenfalls entsprechende Lehrveranstaltungen und Praktika nachweisen, sie können einen »Studienschwerpunkt Sprechtherapie« wählen. Besonders qualifiziert und in ihrer Therapieberechtigung den Logopädinnen gleichgestellt sind ferner die in Halle (Saale) ausgebildeten »Klinischen Sprechwissenschaftler(innen)«.

Sonstige Berufsgruppen:

- In Einzelfällen können andere Berufsgruppen wertvolle Hilfe leisten. Zum Beispiel werden viele Psycholog(inn)en bei Stot-

terproblemen konsultiert; klinische Linguist(inn)en wirken
z. T. sehr erfolgreich bei der Diagnose und Therapie von Aphasien.

Weiterführende Literatur und Quellenangaben zu den Sprechauffälligkeiten

Beushausen, Ulla: Kindliche Stimmstörungen. Ein Ratgeber für
Eltern und pädagogische Berufe. Idstein: Schulz-Kirchner Verlag, 2001.

Brauer, Thomas; Tesak, Jürgen: Logopädie. Was ist das? Eine
Einführung mit Tonbeispielen. Idstein: Schulz-Kirchner Verlag, 2003.

Brüggebors, Gela: So spricht mein Kind richtig. Entwicklungen
und Störungen beim Sprechenlernen. Wie Eltern und Erzieher
helfen können. Reinbek: Rowohlt Taschenbuch Verlag, Neu-
druck 2000.

Franke, Ulrike: Logopädisches Handlexikon. 7., aktual. Auflage.
München, Basel: E. Reinhardt, 2004.

Habermann, Günther: Stimme und Sprache. Eine Einführung in
ihre Physiologie und Hygiene. 4. unv. Auflage. München: dtv/
Thieme 2003.

Hermann-Röttgen, Marion: Unser Kind spricht nicht richtig ...
Kindliche Sprachstörungen und ihre Ursachen; Woran man
sie erkennt und was Sie dagegen tun können; Viele praktische
Ratschläge und Spiel-Ideen zur Sprachförderung. Stuttgart:
Trias (G. Thieme), 1997.

Miethe, Erhard; Hermann-Röttgen, Marion: Wenn die Kinder-
stimme nicht stimmt ...: Ein Ratgeber für Therapeuten und
Eltern mit vielen Spielen zur Behandlung kindlicher Stimmstörungen. Wehrheim: Verlag gruppenpäd. Literatur, 2002.

Naumann, Carl Ludwig: Ein Schüler hat einen Sprechfehler – was
tun? In: S. Berthold; C. L. Naumann (Hrsg.): Mündliche Kommunikation im 5.–10. Schuljahr. Bad Heilbrunn: Klinkhardt,
1984 (S. 169–176).

Sandrieser, Patricia; Schneider, Peter: Stottern im Kindesalter.
Diagnostik und Therapie. 2. aktualisierte und erw. Auflage.
Stuttgart, New York: Georg Thieme Verlag, 2003.

Sick, Ulrike: Poltern. Theoretische Grundlagen, Diagnostik, Therapie. Stuttgart: Thieme, 2003.

WEBER, Christine: Poltern – eine vergessene Sprachbehinderung. Berlin: V. Spiess, 2002.

WENDLER, Jürgen; SEIDNER, Wolfram; EYSHOLDT, Ulrich: Lehrbuch der Phoniatrie und Pädaudiologie. 4., völlig überarbeitete Auflage. Stuttgart, New York: Thieme, 2005.

WIRTH, Günter: Sprach- und Sprechstörungen, Kindliche Hörstörungen. Lehrbuch für Ärzte und Logopäden und Sprachheilpädagogen. 5. Auflage, überarbeitet von M(artin) PTOK und R(ainer) SCHÖNWEILER. Köln: Deutscher Ärzte-Verlag, 2000.

WIRTH, Günter: Stimmstörungen. Lehrbuch für Ärzte, Logopäden, Sprachheilpädagogen und Sprecherzieher. 4. überarb. Auflage. Köln: Deutscher Ärzte-Verlag, 1995.

Fragen zu Kapitel 2

1. Für welche Bereiche ist mündliche Kommunikation relevant?
2. Was sind (nach Bühler) die wichtigsten Funktionen von sprachlichen Äußerungen?
3. Mit welchen Fragewörtern könnte man (nach Geißner) die Kommunikation beeinflussenden Faktoren ermitteln?
4. Welche »Ich-Zustände« kennt die Transaktionsanalyse?
5. Nach Schulz von Thun hat eine Aussage vier Seiten – welche?
6. Was bildet die Basis, was die Spitze einer Bedürfnispyramide?
7. Welche Vorurteile gibt es gegen Dialektsprecher?
8. Mit welchen Tricks könnten Sie Ihr Gedächtnis stärken?
9. Warum sollte man normale Referate nicht im Wortlaut vorlesen?
10. Wie lauten die beiden TZI-Hauptforderungen?
11. Was zeichnet gutes Feedback aus?
12. Welche Sprechauffälligkeiten sollten von Fachleuten behandelt werden?

RHETORISCHE GRUNDLAGEN | 3

3.1 Ein wenig klassisches Rhetorik-Wissen

3.1.1 Die »triviale« Disziplin: Was ist eigentlich Rhetorik?

Rhetorik gehört zu den ältesten Wissenschaften des indoeuropäischen Kulturkreises. Viele Jahrhunderte lang war es Usus, sie neben der Grammatik und Dialektik als selbstverständlichen Bestandteil des sprachlichen »Triviums« der »Septem Artes Liberales« (der sieben freien Künste) zu verstehen. Die am häufigsten zu hörende Übersetzung von Rhetorik ist »Redekunst«. Im Duden – Das große Wörterbuch der deutschen Sprache (Mannheim u. a. 1994; S. 2779) steht z. B. unter Rhetorik: a) Redekunst; b) Lehre von der wirkungsvollen Gestaltung der Rede; c) Lehrbuch der Redekunst. Das Metzler Lexikon Sprache (Stuttgart, Weimar 1993; S. 510) definiert Rhetorik (aus dem Griechischen Begriff »techné rhétoriké« = »Redekunst«) als Fähigkeit, durch öffentliche Rede einen Standpunkt überzeugend zu vertreten und so Denken und Handeln anderer überzeugend zu beeinflussen sowie als Theorie bzw. Wissenschaft von dieser Kunst.

Diese Definitionen entsprechen nicht ganz der heutigen Realität. Die zeitgenössische Rhetorik (als Wissenschaft) beschäftigt sich nicht nur mit der Rede, sondern auch mit den unterschiedlichsten Gesprächsformen, z. B. Small Talk, Konferenzen, Debatten, Beratungsgesprächen. Ferner interessieren sie nicht nur Überzeugungsprozesse (»Persuasive Rhetorik«; »persuasiv« kann je nach Kontext und Absicht sowohl »überredend« wie auch »überzeugend« bedeuten), sondern auch Aspekte der verständlichen und anschaulichen Information (»Informative Rhetorik«) und der hilfreichen Beratung (»therapeutische« bzw. »konsultative« Rhetorik«). Problematisch sind ferner die mit »Kunst« verbundenen Assoziationen, wenn man dabei an ausschließlich bei hervorragender Begabung bzw. ungewöhnlich großem Fleiß zu erzielende herausragende Leistungen denkt. Bis ins 18. Jahrhundert wurde mit »Kunst« bzw. »den Künsten« (lateinisch: *artes*) der gesamte Bereich menschlicher Fertigkeiten ohne eine besonders heraushebende Wertung bezeichnet. Es geht bei Rhetorik meistens nicht um Kunstfertigkeit, sondern nur um die Beherrschung des rhetorischen Handwerkszeugs. Dass in Ausnahmefällen bestimmte »große« Reden den Kunstwerkstatus mit Recht einnehmen, ist ein anderes Thema.

Deshalb schlage ich folgende Definition vor:

> *Rhetorik ist zum einen die menschliche Fähigkeit, Sprache möglichst wirksam einzusetzen (»Seine Rhetorik war eindrucksvoll«), zum anderen eine seit der Antike praktizierte Wissenschaft, die verschiedene Aspekte der Kommunikation untersucht und sich primär mit geschriebener und gesprochener Sprache, vor allem ihrer Wirksamkeit, beschäftigt. Sie untersucht dabei unterschiedliche Gesprächs- und Redeformen und gibt Anregungen zu deren Verbesserung. (»Die heutige Rhetorik befasst sich auch mit dem Unterrichtsgespräch«)*

Da die traditionelle Rhetorikvorstellung viele Vorurteile weckt (z. B. »Da wurde mit vielen schönen Worten nichts Konkretes gesagt«) und sich Rhetorik heute mit der gesamten menschlichen Kommunikation beschäftigt, wird innerhalb der modernen Sprechwissenschaft der Begriff »**Rhetorische Kommunikation**« bevorzugt.

Rhetorische Kommunikation

3.1.2 Reden für jeden Anlass: Die Redegattungen

Seit der Antike unterscheidet man in der Rhetorik drei Gattungen: die Gerichtsrede (*genus iudiciale*), die Beratungsrede bzw. (politische) Entscheidungsrede (*genus deliberativum*) und die Lob- und Festrede (*genus demonstrativum*). Im Rahmen dieser Möglichkeiten kann man informieren oder belehren (*docere*), argumentieren (*probare*), andere erfreuen (*delectare*), ja sogar rühren und besonders bewegen (*flectere, movere*).

In der heutigen Alltagspraxis sind die klassischen Gattungen sehr selten geworden. Gerichtsreden und politische Reden werden in der Regel von Profis gehalten, Festreden sind für die meisten nur bei wenigen Anlässen (Hochzeiten, runde Geburtstage) üblich. Stattdessen werden fast täglich in Schulen und Hochschulen unzählige Referate und Vorlesungen präsentiert, von Aus- und Fortbildnern jede Menge Lehrvorträge gehalten, in den Medien Hunderte von Moderationen und Kommentare gesprochen.

Quantitativ gibt es weit mehr Gespräche als Reden (wobei jede Rede auch dialogisch sein kann, z. B. durch Zwischenfragen oder -rufe, durch Gegenreden oder durch anschließende Diskussionen, und umgekehrt manche Gesprächsbeiträge schon an richtige Kurzreden erinnern).

3.1.3 Systematisches Vorgehen: Die Erarbeitung

Nach klassischer Vorstellung sind bis zu einer Rede bzw. einem Vortrag fünf Schritte nötig – an den Fingern einer Hand kann man sie gut abzählen:

1. die *inventio*: Auffindung der vorzubringenden Inhalte oder Argumente. Wichtigstes Hilfsmittel ist dabei die Topik (die Lehre von der Gedankenfindung)
2. die *dispositio*: die Gliederung des Vortrags, z. B. in Einleitung (*exordium*), Erzählung (*narratio*), Beweisführung (*argumentatio*) und Schluss (*peroratio*)
3. die *elocutio*: Die Umsetzung der Gedanken in die Formulierungen des Vortrags. Dabei geht es um die Wahl der Worte, den Satzbau, den Redeschmuck (*ornatus*; z. B. mit Hilfe von Rhetorischen Figuren).
4. die *memoria*: das Auswendiglernen der Rede für den Vortrag (z. B. mit Hilfe der Mnemotechnik)
5. die *pronuntiatio / actio*: Darunter versteht man die eigentliche Präsentation des Vortrags mit Hilfe der sprecherischen und körpersprachlichen Mittel.

3.1.4 Besondere Formulierungen: Die Stilfiguren

Was wünschen wir uns von gut gesprochenen Texten? Sie sollen anschaulich, eindringlich, spannend und kommunikativ sein, sie sollen gut klingen und sie sollen in unserem Sinne wirken. Stilfiguren bzw. Tropen (= Mittel, um etwas ungewöhnlich auszudrücken) können dazu einen nicht geringen Beitrag leisten: Sie schaffen – richtig und mit Gespür für die »Sprechsituation« eingesetzt – außergewöhnliche Formulierungen!

Erfahrungsgemäß gehört die Stilfigurenrhetorik zu den eher unbeliebten Themen des Deutschunterrichts und der Sprechpädagogik. Vielleicht liegt es an den oft komplizierten griechisch-stämmigen Bezeichnungen oder an der Trockenheit mancher Textanalysen, möglicherweise auch an manchen Reden selbst, die vor lauter Form den Inhalt vergessen lassen. Dabei wird gerne vergessen, dass viele stilistische Mittel gerne und häufig in der alltäglichen Sprache (unabsichtlich?) verwendet werden. Umgekehrt wird manches mündlich Wirksame absichtlich unterdrückt, wenn bestimmte Stilregeln aus dem Aufsatzunterricht (z. B. das Verbot von Wiederholungen) verallgemeinert werden.

Der folgende Katalog enthält in alphabetischer Reihenfolge die wichtigsten Stilfiguren und Tropen. Er braucht natürlich nicht auswendig gelernt zu werden, gezeigt werden soll vielmehr, wie viele Möglichkeiten ein gut sortierter »Werkzeugkasten der Formulierungskunst« enthält.

Exkurs

Akkumulation	Anhäufung von Begriffen »Dieser Abschnitt hilft Ihnen beim Vortragen und Referieren, beim Appellieren und Überzeugen, beim Diskutieren und Debattieren«
Allegorie	Sinnbild, Gleichnis (i. d. R. ausführlicher als die Metapher) »Bei einer Rede geht es wie beim Zuknöpfen: wenn der erste Knopf nicht passt, läuft alles verkehrt« (frei nach Goethe)
Alliteration	»Stabreim«, Lautwiederholung; gleicher Anlaut von (meist bedeutungstragenden) Wörtern (vgl. Homöopropheron) »Alle Alliterationen aktivieren Aufmerksame!«
Allusion	Anspielung »Sie wissen doch, was ich meine ...«

Anadiplose	Der folgende Satz beginnt mit dem Schluss des vorangehenden »Üben Sie! Sie werden davon profitieren!«
Anaklasis	Wiederholung eines Worts oder einer Wortgruppe in einem »Sei bitte so lieb!« – »So lieb will ich sein, aber nicht so dumm!«
Anakoluth	Satzbruch (Grammatikalische Formen von Satzanfang und -fortsetzung stimmen nicht überein) »Der Vorteil ist dabei, Sie wissen dann Bescheid!«
Anapher	Wiederholung des Anfangswortes »Das Wasser rauscht, das Wasser schwoll.« (Goethe)
Anastrophe	Umdrehung der üblichen Wortfolge (»Röslein rot«)
Annominatio	Auf Lautähnlichkeit beruhendes Wortspiel »Leerer Kopf – Lehrerkopf«; »demonstrieren – demolieren«
Antiklimax	Formulierung vom stärkeren zum schwächeren Ausdruck hin »Edle Verpackung, stabiler Karton, dürftiger Inhalt!«
Antistasis	Wiederholung mehrdeutiger Begriffe im Monolog (vgl. Diaphora) »Ein viel versprechender, sich viel versprechender Referent«
Antithese	Kombination von Gegensätzen »Arm und Reich«; »Der Wahn ist kurz, die Reu› ist lang.« (Schiller)

Antonomasie	Umbenennung von Eigennamen – Eigenschaft statt Namen: Der Alte, Der Spitzbart – Name statt Eigenschaft: Krösus, Caruso
Aposiopese	Verstummen, Satzabbruch (vor dem Wichtigsten) »Du bist ein ...«
Apostrophé	Anrufung nicht persönlich Anwesender »O, Ihr Götter; O Freiheit ...«
Archaismus	veraltetes Wort oder Ausdrucksform Veloziped, Fernsprecher
Assonanz	Binnenreim; gleiche oder ähnliche Vokale im Inneren von mindestens zwei benachbarten Wörtern »reiten ohne zu leiden«, »Gut reden bringt Segen«
Asyndeton	Aneinanderreihung ohne Konjunktionen »Veni, vidi, vici.« (Caesar); »Alles rennet, rettet, flüchtet.« (Schiller)
Ausruf	»Was! Einmal kein Fremdwort!«
Barbarismus der Wortebene	Verstoß gegen die Sprachrichtigkeit auf »Die heisere Stimme behandelt der Fonitiker«
Captatio benevolentiae	Das Einfangen des Wohlwollens; ein Kom- am Anfang »Ich freue mich, dass Sie so pünktlich gekommen sind ...«
Chiasmus	Überkreuzstellung, Kreuzfigur »Weißt du, was du sagst, sagst du, was du weißt?«

Complexio	Wiederholungen gleicher Wörter am Anfang und Ende aufeinander folgender Sätze (vgl. Symploke) »Da gingen einige Jahre ins Land. Da gingen einige Reden ins Land.« (Wolf Biermann)
Conduplicatio	Wörtliche Wiederholung »Wörter, Wörter, Wörter ...«
Contradictio in adiecto	»Widerspruch im Hinzugefügten« (zwischen Substantiv und Adjektiv); vgl. Oxymoron »Toleranter Neonazi«
Correctio	Verbesserung eines schwächeren Ausdrucks »Dieses Vergehen, nein, dieses Verbrechen ...«
Dialogismus	Fingiertes Frage- und Antwortspiel »Da sagt er: ... Und ich darauf: ...«
Diaphora	Wiederholung gleicher Wörter mit ganz unterschiedlicher Bedeutung (= Traductio) »Da kommt ein Tor durchs Tor« »DER NEUE WEG – DER NEUE WEG« (Die Plakatautoren meinten: »Der neue Weg« – Kritiker lasen »Der Neue weg!«)
Diärese	Trennung eines Oberbegriffs in Unterbegriffe Statt »reden«: informieren, plaudern, überzeugen usw.
Dubitatio	Zweifelnde »rhetorische« Frage »Machen wir es vielleicht? Ich weiß es selbst nicht!

Ellipse	Auslassung von nicht unbedingt nötigen Wörtern, Satzteilen oder Argumentationsschritten, z. B. bei Erregung oder bei Routineaussagen »Morgen!« »Was nun?« »Je schneller, desto besser!«
Emphase	»Verdeutlichung« durch stärkere »nonverbale« Betonung (z. B. höhere Lautstärke, Stimmhebung)
Enallagé	Versetzung von Adjektiven »Das blaue Lächeln der Augen«
Epanalepse	»Wiederaufnahme«, wörtliche Wiederholung von Wörtern bzw. von Satzteilen »Ich frage mich, frage mich immer öfter ...«
Epipher (Epiphora)	»Zugabe«; Wiederholungen von Wörtern am Ende von aufeinander folgenden Sätzen; Umkehr der Anapher »Er kommt aus dem Wasser, er geht ins Wasser.«
Epitheton	Schmückender Zusatz (meist Adjektiv oder Partizip) Pausenloser Einsatz, gähnende Tiefe
Euphemismus	»Hüllwort«, beschönigender Ausdruck Nullwachstum; Entsorgungspark, ethnische Säuberung
Exemplum	Beispiel »Ich möchte ihnen dazu ein Beispiel erzählen ...«
Exkurs	Abschweifung »Lassen Sie mich zunächst den Wählern danken ...«

Figura etymologica	Kombination stammverwandter Wörter »Das Beste vom Besten«; »die Nacht der Nächte«
Geminatio(n)	Wörtliche Wiederholung eines Wortes oder Satzteils »Freude, Freude ...«, »Schaut her, schaut her ...«
Gradation	Abstufung oder Steigerung (vgl. Klimax bzw. Antiklimax)
Hendiadyoin	Kombination sinnverwandter Wörter (Synonyme) »Heim und Herd«, »sprechen und reden«
Homöopropheron	»Gleichführung« (z. B. Stabreim); vgl. Alliteration »Milch macht müde Männer munter.«
Homöoptoton	Folge gleicher Wortarten mit gleicher Kasusendung »Sie finden in diesem Baustein Ellipsen, Inversionen und Ironien.«
Homöoteleuton	Folge von Wörtern mit gleicher Endung »Erst Verhältnis, dann Empfängnis, dann Bedrängnis«
Hyberbaton	»Übersteigendes«; ungewöhnliche Wortstellung »Da macht ein Hauch mich von Verfall erzittern.« (Georg Trakl)
Hyperbel	Übertreibung »Ich verhungere gleich ...«; »ich hab's dir schon tausendmal gesagt«, »supermegacool«

Hysteron–Proteron	»Das Spätere als Früheres«; Vorwegnahme des zeitlich bzw. logisch Nachfolgenden »Ihr Mann ist tot und läßt Sie grüßen.« (J. W. Goethe: Faust)
Inversion	Ungewöhnliche Umstellung von Satzgliedern »So wie hier ein Beispiel steht dafür ...«
Invokation	Anrufung Gottes (»Mein Gott, ...«)
Ironie	Redeweise, die das Gegenteil des Wortlauts meint »Die guten Manieren der Skinheads«
Isokolon	»Gleichgliedrigkeit«; (fast) gleiche Gestaltung mehrerer Satzglieder »Wir lernen, Sie arbeiten, wir reden, Sie schweigen ...«
Katachrese	»Missbrauch«; uneigentlicher Wortgebrauch (Tischbein) bzw. Kombination nicht zusammengehörender Bilder im Satz; kann lustige oder peinliche Stilblüten ergeben. »der Lungenkrebs reibt sich ... die Scheren« (WAZ)
Klimax	»Leiter«; Steigerung vom schwächeren zum stärkeren Ausdruck »Nach Tagen, Wochen, Monaten und Jahren ...«
Kyklos	»Kreis«; »Ringbau«; Wiederholung des Satzanfangs am Satzende (vgl. Epanalepse) »Mein Haus ist klein, aber mein!«

Litotes	[gr. »Einfachheit«] Aussage mit der Verneinung des Gegenteils »Keine dumme Idee! Er hat nie geleugnet, dass ...«
Metalepse	»Vertauschung«; Einsatz eines Pseudo-Synonyms (Synonym zu einer nicht gemeinten Bedeutung) »Er war Gesandter – doch kein geschickter« (Bismarck)
Metapher	»Übertragung«; bildliche Bezeichnung »Das Feuer der Rede; Im Lichte der Weisheit ...«
Metaplasmus	»Falsche«, wegen des Wohlklangs geduldete Wortformen »Bescheidenheit ist eine Zier, doch weiter komm' wir ohne ihr.«
Metonymie	»Umbenennung«; ein Begriff wird für einen verwandten gebraucht »Goethe lesen – ein Glas trinken«
Narratio(n)	Anschauliche Erzählung, Gleichnis oder Anekdote (vgl. z. B. das Neue Testament)
Neologismus	Erfindung eines neuen Wortes »Sie Düffeltoffel!«, »Bundesagentur«
Onomatopoesie	Laut- bzw. Klangmalerei (auch Onomatopöie) »knistern und knastern«, »Hatschi machen« (= niesen)
Oxymoron	(»scharfsinnige Dummheit«) Kombination zweier sich widersprechender Begriffe bittersüß, süße Qual, »freundlicher Klassenfeind« (Biermann)

Paradox(on)	Etwas scheinbar Widersinniges »Das Gegenteil von gut ist gut gemeint.« »Wer überzeugen will, soll nicht zeigen, dass er/sie überzeugen will!«
Parallelismus	gleiche (parallele) Struktur der Gedankenführung (Isolog) bzw. des Satzbaus (Isokolon) »Pack schlägt sich, Pack verträgt sich«
Paraphrase/ Periphrase	Oberbegriff für Umschreibungen aller Art »Götz von Berlichingen zitieren ...«
Parenthese	Einschub »– und ich sage dies in aller Deutlichkeit –«
Paronomasie	»Vorbeibenennung«; Zusammenstellung lautlich gleicher oder ähnlich klingender Wörter; Wortspiel (= Adnominatio) »Nomen est omen«, »Einmal ist keinmal.«
Pars pro toto	»Teil für das Ganze«; vgl. Antonomasie »Das Kollegium zählt 20 Köpfe.«
Personifikation	Vermenschlichung von Begriffen oder Dingen »Die Sonne lacht«, » Mutter Natur«
Pleonasmus	(gr. »Überfluss«), »Schwellausdruck« mit überflüssigem Zusatz »weißer Schimmel«, »das bestmöglichste Schnäppchen«
Polyptoton	Wiederholung desselben Wortes in verschiedener grammatikalischer Form »Gleiches mit Gleichem vergelten«

Polysyndeton	Mit der gleichen Konjunktion verbundene Wort- oder Satzfolge »Und es wallet und siedet und brauset und zischt« (Schiller)
Prolepse/Prolepsis	Vorwegnahme eines Satzglieds[1] »Schau die Pferde, wie sie laufen!«
Repetitio	Wiederholung von Worten oder Satzteilen (ganz allgemein) »Halt! Halt! Komm zurück, komm zurück!«
Rhetorische Frage	Frage, die von anderen nicht beantwortet werden soll (Interrogatio) »Was soll dieses Beispiel? Ich will es erläutern ...« »Wohin wird uns das noch führen?«
Sentenz	Sinnspruch, Denkspruch »Wer zu spät kommt, den bestraft das Leben« (Gorbatschow)
Sermocinatio	Zitat in direkter Rede »Dann sagte sie: ›Das ist aber ein seltenes Wort‹ ...«
Solözismus	Bewusster syntaktischer Fehler (auch: Soloezismus) »Marmor, Stein und Eisen bricht ...«

[1] Hier wurde die Definition der Stilistik wiedergegeben. In der Argumentationslehre bedeutet Prolepsis die Vorwegnahme eines gegnerischen Einwands; in der Sprechtherapie die nicht korrekte Vorwegnahme eines erst später kommenden Lauts (z. B. »Faffee« statt »Kaffee«).

Subiectio	In der Rede formulierte Frage und Antwort (= Dialogismus) »Schaffen wir das? Ich meine ja!«
Sustentio	Spannungserhöhung durch überraschende Wendung am Satzende »Selbsterkenntnis ist der beste Weg zur – Verstellung!«
Syllepse	Sonderform der Ellipse; irreguläre Kombination von Satzteilen »Die Rede wurde gehalten und drei Beispiele gebracht.«
Symploke	Verflechtung (= Complexio), Verbindung von mehreren Wiederholungsfiguren (Anapher und Epipher) »Da haben sie viele Artikel gelesen, da haben sie viele Bücher gelesen ...«
Synästhesie	»Mitempfindung«, Sonderform der Metapher, bei der verschiedene Sinnesgebiete kombiniert werden. »Die Wärme der Stimme« (taktil/akustisch)
Synekdoche	Ein engerer Begriff steht für den umfassenderen »Klinge« statt »Schwert«
Synonymie	Kombination sinnverwandter Wörter »dösen, schlummern, schlafen, pennen«
Tabuwort	Verpöntes Wort bzw. Wendung »Ich find' dich scheiße« (Tic Tac Toe)
Tautologie	synonyme Wortwiederholung ohne relevante neue Information »Immer und ewig«

	»Sprechwissenschaft ist die Wissenschaft vom Sprechen« (meist überflüssige oder banale Formulierungen, verpönt!)
Tmesis	»Zerschneidung«, Einfügung eines Satzteils in eigentlich zusammengehörige Wortteile »Eine Hoch- wörtlich gemeint -schule ...«
Trikolon	Satzgefüge aus drei Satzteilen »Er war ein kompetenter Wissenschaftler, ein kooperativer Kollege, ein fürsorglicher Freund«
Understatement	Absichtliche Untertreibung (= Meiosis) »Da haben wir ein wenig trainiert und sind dann halt Weltmeister geworden«
Zeugma	»Zusammenjochung«; Kombination mehr oder weniger gut zusammenpassender Satzteile »Er darf Gäste beherbergen und schlachten.«

Quellen und weiterführende Literatur zur klassischen Rhetorik

Best, Otto F.: Handbuch literarischer Fachbegriffe. Definitionen und Beispiele. 6. Auflage. Frankfurt: Fischer, 2002.

Genzmer, Herbert: Rhetorik. Schnellkurs / Die Kunst der Rede. Köln: DuMont Literatur und Kunst Verlag, 2003.

Kolmer, Lothar; Rob-Santer, Carmen: Studienbuch Rhetorik. Paderborn u. a.: Ferdinand Schöningh, 2002.

Krahl, Siegfried; Kurz, Josef: Kleines Wörterbuch der Stilkunde. 6., neubearb. Auflage. Leipzig: Bibl. Inst., 1984

Lange, Gerhard: Breviarium Rhetoricum. 2., erw. Auflage. Bayreuth: Tasso-Verlag, 1971

LAUSBERG, Heinrich: Handbuch der literarischen Rhetorik. Eine Grundlegung der Literaturwissenschaft. 2 Bände. Dritte Auflage. München: Max Hueber Verlag, 1990.

LEMMERMANN, Heinz: Lehrbuch der Rhetorik. Redetraining und Übungen. 6. Aufl., Landsberg, München: mvg, 1997.

PLETT, Heinrich: Einführung in die rhetorische Textanalyse. 9. aktualisierte und erweiterte Aufl., Hamburg, 2001.

RECLAM, Herta; MIDDERHOFF, Illo: Elemente der Rhetorik. München: R. Oldenbourg, 1979.

UEDING, Gert: Klassische Rhetorik. 3. Aufl., München: C. H. Beck, 2000.

UEDING, Gert; STEINBRINK, Bernd: Grundriss der Rhetorik. Geschichte – Technik – Methode. Dritte Auflage. Stuttgart, Weimar: Metzler, 1994.

UEDING, Gert (Hrsg.): Historisches Wörterbuch der Rhetorik in 8 Bänden. Tübingen: Niemeyer bzw. Darmstadt: Wissenschaftliche Buchgesellschaft, 1992 ff.

3.2 Sprechleistungen beurteilen

3.2.1 Grundsätze einer fairen Beurteilung

Gerechte Urteile von Sprechleistungen wären leicht, wenn es eine feststehende und allgemein akzeptierte Norm gäbe. Doch gibt es kein »gutes Sprechen« an sich, das für jede Situation gleichermaßen geeignet wäre und auf alle Zielgruppen ausnahmslos positiv wirken könnte! Wir haben höchstens Erfahrungswerte, was bei bestimmten Zielgruppen und in bestimmten Situationen besser oder schlechter ankommt.

Unfair und destruktiv wäre es, wenn man bei einer Beurteilung ausschließlich die negativen Aspekte im Blick hat. Falsch wäre es natürlich auch, wenn die Beurteilung von Sprech- und Redeleistungen zu schematisch und absolut ablaufen würde. Nur bei irrealer Realitätssicht und ausgeprägter Arroganz wäre es möglich, den eigenen Geschmack zum einzig gültigen Vorbild für alle zu erklären.

3.2.2 Ein Katalog relevanter Kriterien

Die Zusammenstellung in diesem Kapitel liefert einen Überblick, welche Aspekte beim Sprechen und Reden eine Rolle spielen (können). Einige zentrale Begriffe der Sprechwissenschaft und Sprecherziehung werden vorgestellt und in den folgenden Abschnitten ausführlicher erklärt. Mit ihrer Hilfe können Sie Sprech- und Redeleistungen (bei sich selbst und bei anderen) genauer und ausführlicher beobachten und beurteilen.

Hinweis

Eine leider nötige Vorbemerkung zur Begriffswahl: Leider gibt es für einige Bereiche nur Fremdwort-Bezeichnungen, die zwar erklärbar, aber nicht übersetzbar sind. Vor allem fehlen für die Hauptunterscheidung »nonverbal« und »verbal« entsprechende eindeutige deutsche Begriffe.

»Verbales« kann unsere Buchstabenschrift problemlos zu Papier bringen; im Mittelpunkt steht die Frage, was und wie formuliert wird.

»Nonverbales« lässt sich in der Regel nur beschreiben; es geht in erster Linie um das optisch und akustisch wahrnehmbare Verhalten beim Sprechen.

Ganz genaue Sprachwissenschaftler benutzen statt »nonverbal« die Termini »paralinguistisch« oder »paraverbal« (= beim Sprechen gleichzeitig auftretend) und »extralinguistisch« oder »extraverbal« (= Körpersprache im engeren Sinn, die auch ohne Sprechen zu beobachten ist). Paraverbal ist z. B. der Stimmklang, extraverbal die Körperhaltung beim stillen Zuhören.

Paul WATZLAWICK prägte die Begriffe »analoge« (= nonverbale) und »digitale« (= verbale) Kommunikation, die ebenfalls gelegentlich verwendet werden.

Noch eine letzte Bemerkung zum Umgang mit dem Kriterienkatalog: Ganz unpraktisch wäre es, wenn Sie beim eigenen Sprechen permanent an diesen und an alle seine Aspekte denken, denn das würde Sie wahrscheinlich viel zu sehr ablenken! Nur Angewohnheiten, die die meisten Zuhörenden massiv stören, verdienen es, Schritt für Schritt berücksichtigt und durch besser wirkende ersetzt zu werden.

Kriterien zur Beurteilung von Sprech- und Redeleistungen

1 Nonverbale Kriterien

1.1 *Sichtbare Kriterien (»Visueller Eindruck«)*

1.1.1 *Haltung und Auftreten (z. B. verspannt, lässig, sicher, unruhig)*

1.1.2 *Gestik (z. B. nicht wahrnehmbar, eingeschränkt, lebhaft, übertrieben, fahrig, »Übersprungsgesten«, »Haarpflegegestik«)*

1.1.3 *Mimik (z. B. freundlich, verspannt, grimassierend, zu ernst)*

1.1.4 *Blickkontakt (z. B. nicht vorhanden, zu selten, zu kurz, eher fixierend, nur zu einzelnen, lange ins Konzept, zur Decke, zum Boden)*

1.1.5 *Konzepttechnik (= Gestaltung und Handhabung des Konzepts)*
(z. B. unübersichtlich, zu eng, zu knapp, zu ausführlich, »abgelesen«)

1.1.6 *Proxemik (= Verhalten im Raum und Distanz zu anderen)*
(z. B. ungünstiger Standpunkt im Raum, zu naher/zu weiter Abstand zum Tisch/zu den Gesprächspartnern)

1.1.7 *Sonstige sichtbare Auffälligkeiten*
(z. B. sichtbare Hochatmung, Mundeinatmung, Aussehen, Kleidung, Frisur)

1.2 Hörbare Kriterien (»Auditiver Eindruck«)

1.2.1 *Stimmklang und Stimmlage (»Phonation«)*
(z. B. angenehm, angespannt, grell, heiser, knarrend, rau, unterspannt, überhöht, verhaucht)

1.2.2 *Aussprache (»Artikulation«) (z. B. undeutlich, etwas/stark dialektal, nuschelnd, umgangssprachlich, normgerecht, übertrieben exakt)*

1.2.3 *Betonung (»Intonation«) (z. B. monoton, gekünstelt, variationsreich, dem Text angemessen, überbetont)*

- *Lautstärke und Lautstärkevariation*
  (z. B. zu leise, zu laut, ohne Variation)
- *Sprechgeschwindigkeit und Pausensetzung*
  (z. B. zu langsam / zu schnell; zu seltene / zu häufige / zu kurze / zu lange Pausen)
- *Sprechmelodie und Stimmsenkungen*
  (z. B. zu gleichförmig, zu große Melodieintervalle, keine/seltene/häufige Stimmsenkungen am Ende von Aussagen)

1.2.4 *Sonstige hörbare Auffälligkeiten*
  (z. B. gelegentliche/häufige Verlegenheitslaute [äh ...], hörbare Atmung, Lippenöffnungsgeräusche)

2 Verbale Kriterien

2.1 Verständlichkeit

2.1.1 *Einfachheit*
  (z. B. zu viele oder überflüssige Fremdwörter, zu lange Sätze, zahlreiche Wörter mit abstrakten Endungen, komplizierter Satzbau, relativ abstrakter Stil)

2.1.2 *Gliederung und Ordnung*
  (z. B. kein/deutlich wahrnehmbarer »roter Faden«, ohne/gute Gliederungsübersicht in der Einleitung, keine/deutlich getrennte Abschnitte)

2.1.3 *Kürze und Prägnanz*
  (z. B. zu knapp oder zu ausführlich formuliert; zu viele/zu wenige Aspekte behandelt; zu kurz oder zu lang gesprochen)

2.1.4 *Zusätzliche Anregungen*
  (z. B. nicht vorhanden, zu selten in den Sprechtext eingebaut, gute/wenige/keine Beispiele, witzige Formulierungen; kein/gutes direktes Ansprechen der Zuhörenden)

2.2 Rhetorische Wirksamkeit

2.2.1 *Einleitung*

(z. B. ohne Motivation, zu kurz/zu lang, ohne Themennen-
nung, zu trocken, originell, engagiert)

2.2.2 *Allgemeiner Aufbau*
(z. B. spannungslos, erweckt Vorurteile, logisch,
erschwert/erleichtert das Mitdenken, ungeplant)

2.2.3 *Schluss*
(z. B. ohne klare Schlussaussage, zu ausführlich, zu vage,
richtig zusammenfassend, eindringlich, deutlich erkennbar)

2.2.4 *Argumentation*
(z. B. logisch, sachlich, mehr behauptend als argumentie-
rend,
nachdenklich, Einsatz unfairer Tricks, ohne Bezug zur Ziel-
gruppe)

2.2.5 *Formulierungen und rhetorische Stilmittel*
(z. B. gleichförmiger, langweiliger Satzbau, »Schreibstil«,
Tendenz zu »Lieblingswörtern« (»halt«, »eben«, »also«
usw.),
keine besonderen Stilmittel erkennbar)

2.3 **Sonstige Auffälligkeiten**
(z. B. grundsätzliche Dialogbereitschaft, inhaltliche Aspekte,
Eindruck von Sachkompetenz bzw. ausführlicher Vorberei-
tung)

3.3 Angemessen sicher sprechen

3.3.1 Hintergrundwissen zum »Lampenfieber«

Mehrere Umfragen belegen, dass Sprechängstlichkeit in unserer
Kultur eher die Regel als die Ausnahme bildet: nur für ein knappes
Zehntel der Bevölkerung scheint es kein Problem zu sein, in den
für sie schwierigen Situationen »unbeschwert« zu reden. Auch
viele berühmte Künstler geben bereitwillig zu, dass sie nicht frei
von Lampenfieber sind. Höchstens Menschen mit ungewöhnlich
großer Routine, mit einer ausgeprägten Laisser-faire-Einstellung
oder mit extrem eingeschränkter Intelligenz, die objektiv vorhan-
dene Kommunikationsrisiken nicht erkennen können, zeigen
keine Sprech-Stress-Signale.

Ganz abgewöhnten sollte man sich das Lampenfieber sowieso nicht: Eine leicht erhöhte Spannung in problematischen Kommunikationssituationen wirkt sich in der Regel positiv aus: Sie wird von den Zuhörenden erwartet, sie führt fast immer zu konzentrierterem und besserem Sprechen. Zum Beispiel steigert eine etwas intensivere Gehirndurchblutung die Möglichkeiten, sich an Gelerntes zu erinnern und einen größeren Wortschatz korrekt zu benutzen. Ferner vermeidet man so Eindrücke von aufdringlicher Arroganz oder unangemessener Lässigkeit.

Ein wenig Lampenfieber ist nützlich!

Wird allerdings durch übergroße Spannung die Sprechqualität objektiv verschlechtert, fallen also bestimmte Symptome (sie werden im dritten Abschnitt dieses Kapitels beschrieben) Ihnen selbst und anderen als objektiv störend auf, so kann und sollte dagegen etwas getan werden. In rhetorischen Lehrveranstaltungen können hierzu Empfehlungen geliefert werden, die auf die Teilnehmenden individuell abgestimmt sind.

Als erstes soll über die potentiellen Ursachen von Sprechängstlichkeit informiert werden, denn wer hier Bescheid weiß, kann das Problem direkt an der Wurzel angehen.

Die Wissenschaft erklärt die Sprechängstlichkeit aus zwei Perspektiven: zum einen als Folge der individuellen Sozialisation (Herkunft, Erziehung, Sprecherfahrungen usw.) und zum anderen als Ergebnis von allgemein angelegten Reaktionsmustern (»Stress«).

Folgende Sozialisationsfaktoren führen nach Umfragen verstärkt zu Sprechängstlichkeit: bestimmte Berufe der Eltern (primär jene, in denen wenig frei gesprochen werden muss), starker und wenig angesehener Dialekt im Elternhaus (nur wenn die Kinder später eine einigermaßen korrekte Standardsprache gebrauchen müssen!), fehlende bzw. unangenehme Sprecherfahrungen und vor allem ein autoritärer bzw. die elterliche ängstliche Veranlagung zu sehr kompensierender Erziehungsstil, der negative Konditionierungen der Kinder bewirkt (»Nur wenn ich perfekt bin, werde ich anerkannt«) und deren geringe Selbsteinschätzung bis hin zum Minderwertigkeitskomplex fördert.

Frauen geben »Lampenfieber« übrigens bereitwilliger zu als Männer, die eher zur Überkompensation neigen und gerne so tun, als wären sie in einer Stresssituation ganz »cool«.

Für eine erfolgreiche Therapie ebenso wichtig ist der zweite Ansatz. Für ihn ist Sprechängstlichkeit eine ganz normale Stressreaktion des Menschen. Im Stress stellt sich der Organismus unbewusst auf die echte oder vermeintliche Notwendigkeit ein, hohe körperliche Leistung erbringen zu müssen (Ziel: Angriff, Flucht oder »Sich tot stellen«). Schließlich hat diese Strategie über Tausende von Jahren hinweg die Überlebenschancen der Säugetiere verbessert. Die anschließend aufgeführten Probleme auf der physiologischen Ebene werden aus diesem Reaktionsmuster verständlich.

Symptome der Sprechängstlichkeit können in drei verschiedenen Ebenen auftreten. Sie beeinflussen sich in der Regel gegenseitig, so dass es bei positiven Eingriffen zur Angstreduzierung, im negativen Fall aber zu einem »Aufschaukeleffekt« kommt.

Lampenfieber-Probleme auf der »kognitiv-emotionalen Ebene« (= was die Gedanken und Gefühle betrifft)

- Angstgefühle, Verunsicherung, situative Fehleinschätzung (der Schwierigkeitsgrad der Sprechsituation wird überschätzt);
- Vermeidungsverhalten (es wird versucht, den Angst auslösenden Situationen auszuweichen);
- negative Selbsteinschätzung; evtl. sogar Minderwertigkeitskomplexe
- trotzdem Drang zur Perfektion (ausgeprägter Wunsch, möglichst keine Fehler machen zu wollen, gerade dadurch entsteht jedoch eine ungünstige Fixierung auf eben diese Probleme)

Lampenfieber-Probleme auf der »physiologischen Ebene« (= was sich im Körper ereignet)

- Gesteigerte Aktivierung des Sympathicus (»ergotrope Reaktion« = »die Arbeit liebendes Verhalten«), egal, ob positiver »Eustress« oder negativer »Dysstress« vorherrscht

- Der Hypothalamus stimuliert die Hypophyse (ein Teil des Stammhirns) zur Ausschüttung von ACTH (= adrenocorticotropes Hormon) in die Blutbahn; die Nebennieren registrieren dies.
- Das ACTH bewirkt eine stärkere Produktion von entzündungshemmenden Glukokortikoiden (Kortisol, Kortison, Kortikosteron) in der Nebennierenrinde.
- Vermehrte Freisetzung der typischen »Stresshormone« und Neurotransmitter Adrenalin (ca. 80 %) und Noradrenalin (ca. 20 %)
- Erhöhung der Herz- und Pulsfrequenz, höherer Blutdruck (solange der Puls pro Minute geringer ist als die Formel »240 minus Lebensalter« ist dies medizinisch unbedenklich, erst darüber ist der Begriff »Herzrasen« angebracht.)
- Schnellere und höhere Atmung (»Leistungsatmung«)
- Zunahme der Blutgerinnungsfähigkeit und des Blutzuckerspiegels
- Steigerung der Energiezufuhr für die Muskulatur; höherer Muskeltonus
- Vermehrte Schweißabsonderung, feuchte Hände, Schweißperlen, abnormes Hitze- oder Kältegefühl
- Austrocknung der Schleimhäute im Kehlkopf- und Mundbereich (trockener Mund)
- Überspannung der Muskulatur im Stimm- und Artikulationsbereich
- Verminderung der Darmperistaltik (Reduktion der Verdauungsaktivität), daher Harn- und Stuhldrang
- Funktionsbeeinträchtigung der Großhirnrinde und der Synapsen im Gehirn, somit gestörte Weiterleitung von Impulsen (»Denkblockade« / »Blackout«)
- Erweiterung der Pupillen (dies erweckt einen eher interessierten, sympathischen Eindruck!)
- Allgemeine, auch längerfristige Überspannung der Muskulatur

Lampenfieber-Probleme auf der »motorisch-behavioralen Ebene« (= beim Bewegungs- und Sprechverhalten)

- eingeschränkte Gesamtmotorik (»verkrampfte Haltung«)
- unkontrollierte Bewegungen oder fehlende Gestik

- starre Mimik oder unnatürliche »Grimassen«
- fehlender oder eingeschränkter Blickkontakt
- überhöhte Stimmlage
- unhygienischer, gepresster Stimmeinsatz (»Knackgeräusch«)
- übermäßiges Pressen der Stimmlippen beim Stimmabsatz (hörbares »Abknarren«)
- schlechterer Stimmklang durch Überspannung der Schlund- und Rachenmuskeln (»faukale Enge«)
- Zunahme von Verlegenheitslauten und -floskeln (»äh«, »nicht wahr«)
- Unterbrechung des Gedanken- und Redeflusses (»Steckenbleiben«)
- eingeschränkte Wahrnehmungsfähigkeit (z. B. erschwertes Erkennen von Konzeptnotizen und »Publikumsreaktion«)

Soweit die Symptomatik. In den nächsten drei Abschnitten geht es um die Eingriffsmöglichkeiten.

3.3.2 Die Einstellungen verbessern

Mit manchen Lampenfiebergeplagten kann man wenig Mitleid haben. Es gibt nämlich auch weniger leistungsorientierte Menschen, die als Folge ihrer defizitären Vorbereitung Lampenfieber bekommen. Zu bedauern sind eher jene, deren intellektuelle Möglichkeiten mit den üblichen Anforderungen nicht harmonieren, die objektiv überfordert sind und deshalb unter starker Sprechangst leiden. Die meisten sprechängstlichen Personen, die ich in meiner Arbeit traf, sind jedoch überdurchschnittlich fleißig und begabt, aber eher selbstkritisch und pessimistisch veranlagt bzw. erzogen. Deshalb wäre es für sie besonders wichtig, ihre Selbsteinschätzung und ihre individuellen Einstellung zur Sprechängstlichkeit bzw. zu den damit verbundenen Situationen zu überprüfen und zu ändern.

Hilfsfragen dazu sind:

- Besteht ein realistischer, objektiver Grund zur Sprechängstlichkeit?

- Welche Nachteile kommen im schlimmsten Fall auf mich zu?
- Welche Vorteile liefert mir meine Ängstlichkeit? (z. B. ein höheres Prestige, als wenn ich das Image »faul« oder «dumm« hätte)
- Bin ich gut genug vorbereitet? (Die meisten echt Lampenfiebrigen sind überzeugt, weniger als andere getan zu haben, obwohl objektiv meist das Gegenteil stimmt.)
- Haben mich andere richtig über die Situation informiert?
- Ist meine Selbstwahrnehmung/-einstellung realistisch?
- Neige ich zu Strategien wie Verleugnung (»Ich will nichts von Angst wissen!«), Intellektualisieren (»Ich erfinde gute Ausreden!«) oder Vermeidung (»Ich will gar nicht erst in die unangenehme Situation kommen!«)?
- Habe ich schon einmal bewusst »Positives Denken« versucht? (Statt negativer Erwartungen werden absichtlich positive eingesetzt.)
- Akzeptiere ich, dass bestimmte Symptome auftreten?
- Akzeptiere ich, dass ich manchmal unsicher und nicht »perfekt« bin?

Eigenes intensives Nachdenken und gute Gespräche mit Vertrauten bzw. gesprächstherapeutisch Geschulten (im Rahmen von Einzelsitzungen oder Gruppentherapie) können zusammen mit Informationen über Stress auslösende bzw. erhöhende Faktoren die nötige Sicherheit aufbauen.

Einen besonders großen Einfluss auf das Lampenfieber haben **Autoritätssignale**. Es handelt sich dabei um Attribute, die Macht demonstrieren und Unsicherheit fördern. Auftreten können sie in vielfältiger Form, z. B. als Folge von Raumgestaltung, Sitzordnung, Kleidung, Distanzverhalten, Blickkontakt, laute Stimme oder auch als Gewohnheit, andere warten zu lassen. Nicht in jedem Fall werden diese Phänomene absichtlich bzw. bewusst eingesetzt. Wer allerdings Durchblick zeigt und Autoritätssignale als solche erkennt, wird feststellen, dass sie ab diesem Moment kaum mehr wirken. Manche beginnen dann sogar, die Menschen zu bedauern, die mit solchen Tricks vermeintlich ihre Wirkung erhöhen müssen.

Ein Kardinalfehler passiert gerne vor und während kritischer Sprechsituationen: Man denkt vor allem an das, was nicht passieren soll, z. B. »Ich habe Angst, den roten Faden zu verlieren«, »Hoffentlich komme ich nicht ins Stottern«, »Ich will nicht rot werden«. Dass derartige Gedenken kommen, ist normal (vor allem, wenn man schon einmal derartige Erfahrungen machen musste); nicht sinnvoll wäre es allerdings, diese Gedanken länger kreisen zu lassen. Ihr Unterbewusstsein kann schließlich mit negierten Bemerkungen nichts anfangen, schlimmstenfalls fördern Sie so genau das, was Sie nicht wollen. Also heißt die Aufgabe: Umformulieren! Denken Sie an das, was Sie wollen, also z. B. Ihr gutes Konzept einhalten, normal flüssig sprechen, einigermaßen cool bleiben. Beachten Sie dabei, dass Ihr positiver Vorsatz realistisch bleibt, denn bei Wünschen wie »Ich möchte alles richtig machen« bringt eine kleine Panne bereits eine große Krise!

Ungewohnte Umgebungen wirken fast immer ablenkend. Diese (in der Regel nur unbewusst) störenden Einflüsse können minimiert werden, wenn die Gelegenheit besteht, den unbekannten Raum vorher einige Minuten auf sich einwirken zu lassen. Vor Examina könnten die Prüfungszimmer (meist Unterrichts- oder Büroräume) zu einer Beratung aufgesucht werden, vor Vorträgen kann man sich im noch leeren Raum einige Minuten hinter das Redepult stellen, bis einem die neue Perspektive vertraut erscheint.

Ein praktischer Tipp: Viele nutzen höchst erfolgreich die Möglichkeit, sich vorher »warm zu reden«. Sie plaudern z. B. vor Beginn der schwierigen Redesituation mit netten Bekannten bzw. melden sich zum frühestmöglichen Zeitpunkt zu einer anderen Frage. So haben Sie sich zu Beginn einer Prüfung bereits »eingeredet« und Sie genießen die Vorteile eines »fliegenden Starts«.

3.3.3 Den Körper entspannen

Verlockend klingt die Möglichkeit, mit Hilfe bestimmter Medikamente die Wirkung der »Stresshormone« zu reduzieren bzw. auszuschalten. Rezeptfreie Mittel (z. B. auf Baldrian-, Hopfen- oder Johanniskrautbasis) können in der empfohlenen Dosierung wirklich ein wenig helfen (vor allem, wenn die Einnahme bereits einige Tage vor dem Ernstfall begonnen wird) und einen besseren Schlaf in der Nacht vor dem wichtigen Auftritt fördern – starker Glaube an die Wirkung vorausgesetzt.

Bei anderen Pillen ist eine deutliche Warnung angebracht: Das unkontrollierte Schlucken von »Tranquilizern« oder »Anti-Depressiva« kann zu schwerwiegenden Nebenwirkungen führen! Rezeptpflichtige Beruhigungsmittel dämpfen Sie global, so dass Sie nicht mehr normal denken und sprechen können. Die oft als Geheimtipp angepriesenen Beta-Rezeptorenblocker (die primär den Herzschlag normalisieren) dürfen aus guten Gründen nicht ohne vorangegangene EKG-Untersuchung verschrieben werden (sonst riskieren Sie im schlimmsten Fall einen Herzstillstand); ihre üblichen unangenehmen Begleiterscheinungen sind u. a. trockene Schleimhäute und beim Abklingen der Wirkung häufig auftretende (jedoch zum Glück meist ungefährliche) Herzrhythmusstörungen.

Kohlehydratreiche Ernährung (Zucker, Getreidekost), Vitamin B (z. B. in Milchprodukten) und vegetarische Kost (Gemüse, Obst, vor allem Bananen) kann die Lampenfiebersymptome ebenfalls reduzieren! Auch Schokolade wird häufig als Stimmungsaufheller empfohlen, da deren Kakaoanteile den Serotoninspiegel erhöhen.

Viele wissen, dass Alkohol die Zunge lösen kann (ab 0,2 Promille Blutalkohol spürt man meistens eine etwas größere Lockerheit) – sobald Sie aber über ca. 0,4 Promille geraten, nehmen die Sprechprobleme objektiv zu, und bei über 0,8 Promille bemerken das die meisten Trinker sogar selbst. Also lohnt es sich, nüchtern zu bleiben, denn jede Alkoholfahne reduziert die Ihnen entgegengebrachte Sympathie!

Weit mehr bringen regelmäßig eingesetzte und im Schwierigkeitsgrad gesteigerte **Atmungsübungen**. Sie verhelfen zu einer allgemein reduzierten Spannung. Hierzu steht mehr im Kapitel 3.5.

Wer die Möglichkeit hat, vor schwierigen Sprechsituationen ein wenig auf und ab zu gehen, hilft dem Körper, die Stresshormone produktiv umzusetzen und lockert sich dabei gleichzeitig.

Grundsätzlich sollten beim Sprechen Körperhaltungen eingenommen werden, die Verspannungen erschweren bzw. verhindern. Ungünstig ist z. B. ein Verknoten der Hände oder ein Verschränken der Arme. Beides blockiert die natürliche Gestik, die Sie unbedingt brauchen, wenn Sie nicht monoton, sondern variabel sprechen wollen!

Die höhere Muskelspannung des Körpers kann – nur im Notfall und in Sprechpausen – über die Füße durch einen kurzen und intensiven Druck in den Boden »abgeleitet« werden.

Gegen Trockenheit im Mundraum hilft meist ein alter Schauspielertrick: leichtes (!) Beißen auf die Zungenspitze erhöht kurzfristig den Speichelfluss. Zusätzlich können Sie an etwas denken, was Ihnen das Wasser im Mund zusammenlaufen lässt.

Einige zum Teil höchst lustige, aber effektive Lockerungsübungen für den Stimm- und Artikulationsbereich verhindern Überspannungen. Diese werden im Folgenden kurz beschrieben; sie sollten so lange individuell geübt werden, bis sie jederzeit bei Bedarf abrufbar sind.

Lockerungsübungen gegen Verspannungen

- »Lippenflattern«: Lippen mit der Zunge leicht befeuchten, Unterkiefer locker hängen lassen, Lippen bequem geschlossen halten (nicht zusammenpressen!), dies alles bei relativ entspannter Mimik (»Schafsgesicht«), dann ein paar Sekunden lang so durch den Mund blasen, dass ein blubberndes Geräusch entsteht (vgl. Pferdeschnauben).
- »Motorrad«: Dies ist die gleiche Übung wie das Lippenflattern, aber mit Stimme. Wichtig: ein sonorer, eher tiefer und nicht zu lauter Summton fördert die Entspannung! Der so produzierte Klang erinnert an ein hubraumstarkes Zweirad im Leerlauf (für Insider: mindestens 500 ccm, maximal 500 UpM!).
- »Kieferschütteln«: Eine gefährliche Übung, wenn sie übertrieben eingesetzt wird! Die Unterkieferpartie hängt – wie der ganze Kopf – so bequem wie möglich nach unten; der Mund bleibt entspannt geöffnet. Dann sollte nur ein paar Sekunden lang und nur im Millimeterbereich der Kopf so schnell nach links und rechts geschüttelt werden, dass ein »klapperndes« Geräusch entsteht. Auch diese Übung kann mit oder ohne (bequemen) Stimmton praktiziert werden. Eine wichtige Warnung: Bei falscher (= zu langer und zu intensiver) Anwendung entstehen unangenehme Schwindelgefühle!
- Gähnen bzw. Höflichkeitsgähnen (= Gähnen mit geschlossenem Mund): diese unproblematischen Tätigkeiten entspannen vor allem die Kehlkopfregion und damit die Stimme!
- dezente Brummtöne. Statt Räuspern sind die fast unhörbaren Tönchen im besonders entspannten (= relativ tiefen) Tonbe-

reich eine bewährte Lockerungshilfe. Bei überhöhter Stimmlage reicht übrigens oft schon der Vorsatz, etwas tiefer zu sprechen bzw. die bewusste Stimmsenkung am Ende von Aussagen. Letztere wirkt nicht nur entspannend, sondern bringt auch die Äußerungen »auf den Punkt«.

Soll eine der jeweiligen Situation angemessene Körperspannung das Ziel sein, so helfen vor allem komplexere Entspannungsmethoden (»Progressive Muskelrelaxation« und »Autogenes Training«). Mit ihrer Hilfe ist man in der Lage, den Grad der muskulären Spannung innerhalb von Sekunden zu reduzieren. Leider gelingt das Erlernen kaum, wenn man unter großem Stress steht; ebenfalls hilft es den meisten wenig, wenn sie sich nur ein entsprechendes Buch durchlesen und wenig Zeit für die individuellen Übungen erübrigen können. Ideal wäre also der Besuch eines speziellen Kurses in einer relativ entspannten Lebensphase, kombiniert mit ausreichend viel Trainingszeit.

3.3.4 Das Stressverhalten ändern

Hier wird das gesamte rhetorische Trainingsrepertoire wirksam. Neben Haltungsempfehlungen und Lockerungsübungen nützen vor allem Übungen zur Arbeit mit Konzepten, zum Blickkontakt, zur Stimmführung, zur Pausensetzung, zur Strukturierung und Formulierung. Sie werden in den folgenden Kapiteln dieses Buchs beschrieben.

Die aufmerksame und geschulte Beobachtung – nicht nur im rhetorischen Seminar – verhilft mit angemessenem Feedback zur Gewissheit, welche Faktoren unauffällig sind (es sind meist überraschend viele!) und welche verändert werden sollten.

Obwohl es banal klingt, muss es hier erwähnt werden: Routine und Sicherheit werden in erster Linie durch wiederholtes Üben (auch und vor allem in der Praxis) erworben.

Ein Tipp zum Geldsparen:

Gegen Lampenfieber werden auch Audiokassetten und CDs angeboten, die mehr oder weniger suggestiv oder per Subliminalmethode angeblich das Selbstbewusstsein steigern. Bisher konnte meine Klientel in keinem Fall die versprochene Wirkung bestätigen.

Zum Problem des Steckenbleibens:

Meist ist es keine Schande (im Gegenteil: es schafft sogar oft größere Sympathie), wenn man ehrlich zugibt, aus dem Konzept gekommen zu sein oder – geschickter – »einen Moment überlegen muss«. Sprechpausen werden i. d. R. von den Zuhörenden kürzer als von den Sprechenden selbst empfunden; mit Pausen können Sie ferner eine positive Erwartungsspannung aufbauen. Die folgenden Möglichkeiten sollten sehr vorsichtig eingesetzt werden: Sobald der Verdacht entsteht, dass Sie Tricks einsetzen, ist Ihre Glaubwürdigkeit beschädigt!

a) Sie haben ein Wortfindungsproblem oder ein Name ist Ihnen entfallen?
- Hilft eine kleine Pause oder ein Blick ins Konzept?
- Sie fragen sich selbst: Wie heißt das Wort?
- Sie bringen zunächst andere Informationen, die mit dem entfallenen Wort in Verbindung stehen (z. B. biographische Fakten bei einem entfallenen Namen).
- Ist die Information besonders wichtig? Wenn nicht, dann sagen Sie dies und gehen zum nächsten Gedanken über.
- Fragen Sie doch die Zuhörenden direkt! Meist gibt es mitdenkende Hilfsbereite!

b) Sie haben sich vergaloppiert: Sie wissen z. B. nicht mehr, wie ein kompliziert begonnener Satz korrekt zu Ende geführt werden kann ...
- Dieses Problem ist oft kein objektives Problem, denn die meisten Zuhörenden können sich vermutlich nicht mehr an den Anfang erinnern und wissen erst recht nicht, wie dieser komplizierte Satz korrekt zum Ende geführt werden muss. Fast jeder mit Überzeugung gesprochene Satzschluss klingt gut.
- Satzabbruch: Sie formulieren den Gedanken neu; Überleitung z. B.: Ich möchte dies einmal anders / etwas einfacher ausdrücken.
- Ebenenwechsel: Statt Theorie ein konkretes Beispiel, statt weiterem Monolog ein nachgespielter Dialog.

- (Falls dies häufiger vorkommen sollte): Sie üben einfacheren Satzbau mit vielen Stimmsenkungen und Pausen.

c) Sie wissen überhaupt nicht mehr, wie es weitergehen soll?
- Manche Redeprofis haben einen kleinen Fundus von (fast immer) passenden Versatzstücken (Sätze, Zitate, Anekdoten, z. B. eine kleine Erzählung, wie eine prominente Person in einer ähnlichen Situation handelte: »Jetzt geht es mir fast so wie dem ehemaligen deutschen Bundespräsident Heinrich Lübke, als er in Helmstedt einen absoluten Blackout hatte und nicht mehr wusste, in welcher Stadt er gerade war ...«).
- Sie formulieren eine rhetorische Frage, die Sie dann selbst beantworten.
- Sie fragen das Publikum, ob zum letzten Abschnitt Fragen aufgetreten sind (und gönnen allen Beteiligten eine längere Überlegungspause).
- Sie wiederholen sinngemäß den letzten Gedanken (weil er so wichtig ist und deshalb wegen der besseren Einprägsamkeit zweimal gesagt werden sollte!).
- Sie schlagen eine kleine Pause vor (z. B. zum Lüften).
- Sie beenden den Beitrag. Vielleicht haben Sie ja den Schluss gut vorbereitet – was stets empfehlenswert ist – oder sogar wörtlich im Konzept?

Weiterführende Literatur und Quellenangaben zum »Lampenfieber«

ALLHOFF, Dieter-W.: Sprechangst. Psychophysische Grundlagen und Modelle zur Reduktion, in: Mündliche Kommunikation: Störungen und Therapie, hg. v. Dieter-W. ALLHOFF, Frankfurt/Main: Scriptor, 1983, S. 145–159.

ALLHOFF, Dieter-W.; BERNER, Winfried: Ursachen und Ausmaß von Sprechangst. Ergebnisse einer empirischen Untersuchung, in: sprechen, März 1983, S. 23–31.

ANDERS, Hans-Ulrich; WAGNER, Roland W.: Rhetorische Übungen in der Sprechangsttherapie – Hilfen oder Stressoren, in: Sprechangst in ihrer Beziehung zu Kommunikationsstörungen, hg. v. Geert Lotzmann, Berlin: Marhold, 1986. S. 219–237.

BEUSHAUSEN, Ulla: Sicher und frei reden. Sprechängste erfolgreich abbauen. 2., überarbeitete Aufl. München, Basel: Ernst
Reinhardt Verlag, 2004.

KRIEBEL, Reinholde: Sprechangst, in: Handbuch der Sprachthe-
rapie, Band 5 – Störungen der Redefähigkeit, hg. v. Manfred
Grohnfeldt, Berlin: Ed. Marhold, 1992.

METZIG, Werner; SCHUSTER, Martin: Prüfungsangst und Lampenfieber. Bewertungssituationen vorbereiten und meistern.
Berlin, Heidelberg, New York: Springer, 1998.

PÜTTJER, Christian; SCHNIERDA, Uwe: Reden ohne Angst. Souve-
rän auftreten und vortragen. Frankfurt/M.: Campus, 2002.

SONNTAG, Robert: Hilfe, ich muss reden! Rede- und Sprechangst
verstehen und einfach überwinden. Die Erfolgsmethode für
mehr Selbstsicherheit: So sprechen Sie frei und gelassen. Das
Selbsthilfe-Paket aus CD und Buch. Stuttgart: MVS Medizin-
verlage, 2003.

STEINBUCH; Ursula: Raus mit der Sprache. Ohne Redeangst
durchs Studium. Frankfurt, New York: Campus, 1998.

TARR KRÜGER, Irmtraud: Lampenfieber. Ursachen; Wirkung; Therapie. Stuttgart: Kreuz-Verlag, 1993.

3.4 Der Körper spricht (Nonverbale Kommunikation)

Texte zur Körpersprache bzw. zur nonverbalen Kommunikation
beginnen gerne mit Angaben zu ihrer Relevanz. Häufig liest man
dazu Zahlenangaben, dass angeblich nur 7 % der Wirkung vom
Redeinhalt (Text) abhängen, 55 % von den visuell wahrnehm-
baren Eindrücken und 38 % vom Stimmklang«. Dahinter stecken
ein paar einfache Experimente von Albert Mehrebian, der mit
einer kleinen Gruppe amerikanischer Studentinnen 1967 die Wirkung des Wortes »maybe« in positiver, neutraler und negativer
Haltung untersuchte, und die höchstens belegen können, dass
bei den untersuchten Frauen in Zweifelsfällen die Optik intensiver
als die Akustik wirkt.

(Vgl. LENHART, Heinrich; WACHTEL, Stefan: Zu sieben Prozent
kommt es auf den Inhalt an. Wie ein Mythos entsteht und was
er anrichtet, in: LEMKE, Siegrun (Hrsg.): Sprechwissenschaft-

ler/in und Sprecherzieher/in. Eignung und Qualifikation. München, Basel: E. Reinhardt, 2001, S. 74–79).

Nun wäre es aber genau so falsch, die Wirkung der Körpersprache zu vernachlässigen. Immerhin ist sie für den ersten Eindruck hauptverantwortlich, und in allen Zweifelsfällen glaubt man eher ihr als dem gesprochenen Text.

3.4.1 Was Körpersprache bewirken kann

Wir wissen, dass es bei jeder Kommunikation nicht nur um das geht, was gesagt wird – viel wichtiger ist oft, wie es gesagt wird. Sogar wenn wir nicht sprechen und andere uns beobachten können – bestimmte Ausdrucksmerkmale (z. B. unsere Frisur oder die Kleidung) bleiben immer sichtbar.

Die »Nonverbale Kommunikation« umfasst die sichtbaren und hörbaren Verhaltenskomponenten Auftreten, Körperhaltung, Gestik, Mimik, Blickkontakt, Stimmklang, Aussprache und Betonung. Eine zentrale Fragestellung bei ihrer Erforschung heißt: Was bedeuten bestimmte Signale?

Allgemein können nonverbale Signale folgende Aufgaben wahrnehmen (nach Allhoff):

1. Sie fördern die Sprechproduktion, begleiten und unterstützen das Gesagte (z. B. mit unterstreichenden Gesten).
2. Sie schwächen Äußerungen ab (z. B. als freundliche Ermahnung).
3. Sie verschärfen Aussagen (z. B. als Bitte im Befehlston).
4. Sie widersprechen dem formulierten Text (z. B. beim unprofessionellen Lügen).
5. Sie ersetzen gesprochene Sprache (z. B. beim »Stinkefinger« oder beim »Vogelzeigen«).
6. Sie demonstrieren die Einstellung beim Zuhören (z. B. durch Nicken oder brummen).
7. Sie regeln Dialogabläufe (z. B. durch Variation des Sprechtempos).
8. Sie verdeutlichen die Stimmung der beteiligten Personen (z. B. durch Angespanntheit oder Gähnen).
9. Sie prägen die Einschätzung bei anderen (z. B. durch das Aussehen oder die Kleidung).

10. Sie weisen auf die Art der Beziehung hin (z. B. durch eine eher enge Distanz bei Verliebten).

3.4.2 Wie Körpersprache interpretiert wird

In sprecherzieherischen Veranstaltungen spielt die nonverbale Kommunikation fast durchgängig eine zentrale Rolle. In diesem Abschnitt geht es vor allem um die Frage, wie körpersprachliche Signale interpretiert werden können.
Die folgende Zusammenstellung enthält Zusammenhänge, die in zahlreichen sozialpsychologischen Untersuchungen als relativ wahrscheinlich ermittelt wurden und die deshalb viele populäre Bücher als gesicherte Tatsachen aufführen. Keine dieser Interpretationen ist jedoch immer und bei jeder Person zutreffend. Absolut falsch wäre es also, voreilig »nach Katalog« zu urteilen (so wie es leider viele tun)!

Beispiele für häufig angenommene Interpretationen (Das Wort »angenommene« sollte die Hauptbetonung tragen):

- die Füße um die Stuhlbeine winden *kann* bedeuten: Unsicherheit, Halt suchen
- die Füße nach hinten nehmen *kann* bedeuten: Gespannte Aufmerksamkeit, Abneigung, Widerspruchslust
- mit den Füßen gemächlich wippen *kann* bedeuten: Arroganz, Sicherheit, Langeweile
- die Beine zur anderen Person hin übereinander schlagen *kann* bedeuten: Aufbau eines Sympathiefeldes (oder bloße Gewohnheit)
- die Beine von der anderen Person abgewandt übereinander schlagen *kann* bedeuten: Ablehnung, Unwillen (oder nur Unbequemlichkeit)
- den Oberkörper nach vorne legen *kann* bedeuten: Engagement; Zuneigung, Versuch zu unterbrechen
- den Oberkörper weit zurücklehnen *kann* bedeuten: Desinteresse, Ablehnung
- die Schultern hochziehen *kann* bedeuten: Angst, Nervosität, Verkrampfung

- die Arme beim Sprechen verschränken *kann* bedeuten: Ablehnung, Verschlossenheit (so wurde es bei Männern behauptet) und Angst, Schutzbedürftigkeit (wie es Frauen unterstellt wurde), aber auch einfach Bequemlichkeit oder Kältegefühl
- weite Armbewegungen machen *kann* bedeuten: Sicherheit (oder Südländer)
- sich die Hände reiben *kann* bedeuten: Selbstzufriedenheit, -gefälligkeit (oder kalte Hände)
- mit den Händen ein Spitzdach formen *kann* bedeuten: Arroganz, Konzentration, Abwehr von Einwänden
- mit einem Stift spielen *kann* bedeuten: Nervosität, Angst, Suche nach Halt
- mit dem Zeigefinger auf andere zeigen *kann* bedeuten: Wut, verhaltener Zorn, Anklage
- mit den Fingern trommeln *kann* bedeuten: Nervosität, Ungeduld
- das Kinn streicheln *kann* bedeuten: Nachdenklichkeit, Zufriedenheit
- die Finger an den Mund halten *kann* bedeuten: Verlegenheit, Unsicherheit
- während des Sprechens die Hand vor den Mund nehmen *kann* bedeuten: Unsicherheit (oder Mundgeruch)
- nach dem Sprechen die Hand vor den Mund nehmen *kann* bedeuten: Versuch, das Gesagte zurückzunehmen
- die Oberlippe hochziehen *kann* bedeuten: Verachtung, Skepsis
- sich an die Nase greifen *kann* bedeuten: Verlegenheit, Fehlereingeständnis
- einen Nasenflügel reiben *kann* bedeuten: Nachdenklichkeit
- hastig die Brille abnehmen *kann* bedeuten: Widerspruch, Angriff, Nervosität
- keinen oder kaum Blickkontakt halten *kann* bedeuten: Verlegenheit, Nachdenklichkeit, Inkompetenz, Unehrlichkeit
- zu intensiver Blickkontakt (= über 90 % der Redezeit) *kann* bedeuten: Dominanz, Aufdringlichkeit[2]
- die Augenbrauen heben *kann* bedeuten: Skepsis, Arroganz
- häufig die Augenlider bewegen *kann* bedeuten: Nervosität (oder Nervenleiden)

---

[2] Ein sehr intensiver Blickkontakt ist auch bei Hörbehinderten festzustellen, die oft nur mit permanenter »Antlitzgerichtetheit« kommunizieren können.

- mit überhöhter Stimme sprechen *kann* bedeuten: Anspannung, Naivität, Inkompetenz, geringere Glaubwürdigkeit (dies gilt jedoch nicht beim Ausdruck bestimmter Gefühle, z. B. Angst, Erregung)
- sehr laut sprechen *kann* bedeuten: Dominanz, Aggressivität (aber auch Schwerhörigkeit)
- leiser und/oder langsamer werden *kann* bedeuten: Unsicherheit, Ende des Beitrags
- überdurchschnittliches Sprechtempo *kann* bedeuten: Engagement, Kompetenz, Hektik
- auffälliger Dialektgebrauch *kann* (je nach Vorurteil!) Unterschiedliches bedeuten: Gemütlichkeit, geringere Bildung bzw. Sprachkompetenz, Naivität, höhere Glaubwürdigkeit (vgl. diverse Werbespots), aber auch Arroganz. Das Image der jeweiligen Region wird gerne auf die Dialekt-Sprechenden übertragen.

3.4.3 Wie Körpersprache trainiert werden kann

Die beiden Hauptziele eines Trainings im nonverbalen Bereich sind
- bewusste und sensiblere Wahrnehmungen der Kommunikationspartner ohne »Schubladeninterpretationen«
und
- selbstkritische Beobachtung des eigenen Ausdrucks (zur Vermeidung von Inkongruenz) ohne Beeinträchtigung der angemessenen Authentizität (»Echtheit«) und Spontaneität.

Dabei nützen aufmerksame Beobachtungen anderer (auch mit Hilfe von Fotos, Filmen und Videos, evtl. ohne Bild oder ohne Ton betrachtet), Analyseversuche mit Rückfragen, Selbstbeobachtungen mit Bandaufzeichnungen und Kommentierungen durch andere, Ausdrucksübungen (z. B. Stimmungen ohne Text darstellen, Interpretationen mehrdeutiger Sätze), Scharaden (= pantomimisches Begriffe- bzw. Personenraten), »Spiegeln« (= Imitieren einer gegenüberstehenden Person), absichtliche Demonstration problematischer bzw. inkongruenter nonverbaler Mittel, angemessenes Vorlesen ausdrucksstarker Texte, Pantomime, Hörspiele, Rollen- und Planspiele, darstellendes Spiel, gruppendynamische Übungen zum Blickkontakt und zum Distanzverhalten.

Die folgenden Empfehlungen zur Körpersprache haben sich in der Seminarpraxis als besonders nötig und sinnvoll erwiesen.

- Ein guter Stand gibt mehr Sicherheit. Wenn es Ihnen schwer fällt, die übliche entspannte Grundstellung mit Stand- und Spielbein einzusetzen, sollten die Füße etwa »beckenbreit« auseinander stehen und gleichmäßig guten Bodenkontakt herstellen. Die Zehen zeigen leicht nach außen, so dass Sie sich gut nach allen Seiten abstützen können.
- Die Knie sind bei einem stabilen Stand nicht durchgedrückt, sondern federn das Körpergewicht elastisch ab.
- Die Arme und Hände sollten eine Grundstellung einnehmen, die Gestik ermöglicht (und so für eine variable Intonation sorgt). Das bedeutet: kein Sich-an-den-eigenen-Händen-Festhalten, keine verschränkten Arme, keine Hände in den Hosentaschen (nur wenn man sich in einer eher lässigen bzw. von US-amerikanischen Sitten beeinflussten Umgebung befindet, wird eine Hand in der Tasche toleriert). Für manche »Gestikmuffel« kann eine vor dem ersten Satz kurzfristig absichtlich eingesetzte eher unbequeme Armhaltung dafür sorgen, dass rasch die normale unterstreichende Gestik einsetzt. Wer nicht weiß, wohin mit den Händen, kann etwas zur Situation Passendes in die Hand nehmen (z. B. Konzeptkarten oder eine Schreibmappe).
- Auch beim Sitzen ist ein guter Kontakt zum Stuhl vorteilhaft. Wer nur die vordere Stuhlkante als Unterlage nutzt, gerät automatisch in eine höhere Körperspannung.
- Wenn man hinter einem Tisch sitzt, dann sollten die Hände für die Gegenübersitzenden sichtbar sein. Als Ausgangsposition empfiehlt sich eine lockere, offene Ablage der Hände und Unterarme auf dem Tisch. Achten Sie einfach einmal auf die üblichen Sitzpositionen bei informativen Fernsehsendungen – diese werden (meist unbewusst) als Standard interpretiert!
- Sobald man mit dem Sprechen begonnen hat, kann und sollte die Gestik vergessen werden, damit Sie sich auf den Inhalt, die Formulierungen und die Gesprächspartner konzentrieren können. In der Regel entwickelt sich aus einer günstigen Anfangshaltung die natürliche Körpersprache von selbst.
- Zu einem guten ersten Eindruck gehört meistens auch eine angemessene Begrüßung. Dabei ist ein angenehmer Hände-

druck sehr wichtig, denn drücken Sie zu fest zu, dann tut es weh und man hält sie für grob und unsensibel. Erinnert andererseits der Händedruck an einen feuchten Waschlappen, dann wirkt dies eher eklig und ziemlich unsicher.

- Schaffen Sie es auf Anhieb, natürlich zu lächeln? Mit dieser Fähigkeit zeigen Sie, dass Sie sich wohl fühlen und sich über den Kontakt freuen.
- Zeigen Sie körpersprachlich, dass Sie gut zuhören. Ein guter Blickkontakt und gelegentliches verstehendes Nicken signalisieren dies.
- Falls für andere störende oder für einen selbst unangenehme körpersprachliche Gewohnheiten entdeckt wurden, geht es vor allem darum, positive Alternativen zu entwickeln. Diese sollten dann ohne Publikum solange geübt werden, bis die neuen Verhaltensweisen zur Routine geworden sind.

Literaturauswahl

Zur Nonverbalen Kommunikation gibt es inzwischen ein fast nicht mehr überschaubares Literaturangebot. Deshalb folgt hier eine kommentierte Auswahlbibliographie.

a) **»Populärwissenschaftliche« Bücher** mit der allgemeinen Tendenz zur Vereinfachung und Verallgemeinerung. Sie sind weit verbreitet, besonders anschaulich gestaltet und sehr leicht lesbar.

AXTELL, Roger E.: Reden mit Händen und Füßen. Körpersprache in aller Welt. München: Knaur, 1994 (Gesten von Kopf bis Fuß und von Afrika bis Zentralamerika; vergriffen; eine engl. Ausgabe »Gestures« ist noch erhältlich).

FAST, Julius: Körpersprache. Reinbek: rororo 2002 (= rororo 7244; das Taschenbuch wird laufend neu aufgelegt; amerikanische Erstveröffentlichung. 1970; Motto: »Körpersprache ist Symbolsprache: Gesten und Bewegungen enthüllen das Unbewußte, die verschleierten Gefühle«; der »Klassiker der Körpersprache« mit immenser Verbreitung).

MOLCHO, Samy: Körpersprache. München: Mosaik 1983 (Der weltbekannte Pantomime demonstriert optisch und verbal scheinbar eindeutige Interpretationen; ein schönes »Bilderbuch«).

MOLCHO, Samy: Körpersprache der Kinder. München: Mosaik Verlag 1992 (Teils einleuchtende, teils etwas gewagte Interpretationen).

MOLCHO, Samy: Alles über Körpersprache. Sich selbst und andere besser verstehen. München: Mosaik Verlag 2002 (1. Aufl. 1995. Das opulent ausgestattete Buch enthält zwar nicht alles, aber vieles zum Thema).

MORRIS, Desmond: Der Mensch, mit dem wir leben. Ein Handbuch unseres Verhaltens. Sonderausgabe. München: Droemer, 1978 (empfehlenswerte und mit 680 Farbfotos schön illustrierte Zusammenstellung von Forschungsergebnissen).

MORRIS, Desmond: Körpersignale (Bodywatching). München: Heyne, 1986 (mit 500 Abbildungen; Motto: »Körperbeobachtung von Kopf bis Fuß«).

SCHWERTFEGER, Bärbel: Macht ohne Worte. Wie wir mit dem Körper sprechen. München: Heyne, 1988 (gut lesbare Einführung mit vielen Beispielen).

b) »Seriösere« Bücher und Aufsätze zur »Nonverbalen Kommunikation« (»Körpersprache«)

ARGYLE, Michael: Körpersprache & Kommunikation. 8. Auflage. Paderborn: Junfermann, 2002 (Erste englische Auflage 1975; Standardwerk mit Aufarbeitung der Forschung bis ca. 1974).

ECKERT, Hartwig; LAVER, John: Menschen und ihre Stimmen. Aspekte der vokalen Kommunikation. Weinheim: Psychologie Verlags Union, 1994 (einschl. CD mit ca. 200 Hörbeispielen).

HEIDEMANN, Rudolf: Körpersprache im Unterricht. Ein Ratgeber für Lehrende. 7. Auflage. Heidelberg, Wiesbaden: Quelle & Meyer, 2002 (Früher u. d. T.: »Körpersprache vor der Klasse«; gute schulbezogene Übungshilfe).

ROSENBUSCH, Heinz S.; SCHOBER, Otto (Hrsg.): Körpersprache in der schulischen Erziehung. 3. Auflage. Hohengehren: Schneider Verlag, 2000 (lesenswerte Aufsatzsammlung zur Forschungslage, Relevanz und Didaktik der nonverbalen Kommunikation).

SCHERER, Klaus R.; WALBOTT, Harald G. (Hrsg.): Nonverbale Kommunikation. Forschungsberichte zum Interaktionsverhalten. Weinheim: Psychologie Verlag, 1979 (Überwiegend sozialpsychologisch orientierte Aufsatzsammlung, z. T. nicht ganz leicht lesbar; besonders empfehlenswert für pädagogisch Interessierte: »Nonverbale Kommunikation im Klassenzimmer« von Mark L. KNAPP, S. 320–329).

SCHERER, Klaus R. (Hrsg.): Vokale Kommunikation. Nonverbale Aspekte des Sprachverhaltens. Weinheim, Basel: Beltz, 1982 (Teilweise schwer lesbare Aufsatzsammlung über hörbare nonverbale Signale).

WALLBOTT, Harald: Nonverbale Komponenten der Sprachproduktion, in: Sprachproduktion, hg. v. Th. Herrmann u. J. Grabowski, Göttingen: Hogrefe, 2003. S. 561–586.

Die hier aufgeführten Titel enthalten Hunderte von Hinweisen auf die originalen Forschungsarbeiten und auf speziellere bzw. weiterführende Literatur.

Die bereits vergriffenen Bücher sind in gut sortierten Bibliotheken ausleihbar.

3.5 Ökonomisch und entspannend atmen

3.5.1 Warum die Atmung so wichtig ist

Die Überschrift deutet die wichtigsten Zielsetzungen dieses Abschnitts an: die Atmung sollte beim Sprechen ökonomisch (= mit nicht mehr Kraft als nötig) eingesetzt und als Hilfe zum Abbau unerwünschter Spannungen genutzt werden können. Dazu kommen stimmhygienische Aspekte, denn eine zweckmäßige Einatmung reduziert gesundheitliche Probleme (z. B. Austrocknungen der Schleimhäute). Nicht vergessen sollte man auch die kommunikative Wirkung, denn laute Atemgeräusche irritieren und lenken ab.

Auch Nichtmediziner wissen, dass ohne Atmung weder menschliches Leben (Fachleute reden hierbei von der »Primärfunktion«) noch Sprechen (= die »Sekundärfunktion«) vorstellbar ist. Bekannt dürften ebenfalls die wichtigsten Teile des Atemapparates sein: die Lungen mit ihren Bronchien und Alveolen

(Lungenbläschen), der Brustkorb und seine Muskulatur, das Zwerchfell als Hauptatemmuskel, die Luftröhre, der Kehlkopf und die Mund- und Nasenhöhlen.

Als einfache Faustregel für Laien gilt: Die beste Atmung ist die, die nicht störend auffällt (z. B. durch Kurzatmigkeit, Atemnot, unangenehme Geräusche). Fachleute können es präziser beschreiben. Bei der entspannten Einatmung (= Inspiration) zieht sich die Zwerchfellmuskulatur zusammen; die kuppelförmige Wölbung flacht ab, der Brustraum wird um etwa ein Drittel nach unten erweitert (»Abdominalatmung«). Fast gleichzeitig heben sich die Rippen und das Brustbein; der obere Teil des Brustraums wird ein wenig nach vorn, der untere Teil stärker zur Seite hin ausgeweitet. Durch den Volumenzuwachs entsteht ein Unterdruck, der die Atemluft einströmen lässt.

Bei der Ausatmung (= Exspiration) erschlafft die Einatmungsmuskulatur; unterstützt durch leichte Aktivität der Bauchmuskeln entsteht der nötige Überdruck. Nach der Ausatmung tritt in der Regel eine kurze Atempause ein, besonders ausgeprägt in sehr entspannten Situationen.

Bei kurzfristiger hoher körperlicher Belastung ändert sich die Atmung: der Anteil der Zwerchfelltätigkeit sinkt, die Zwischenrippen- und evtl. sogar die Schlüsselbeinmuskulatur werden aktiver. Die dadurch mögliche hohe Atmungsfrequenz befriedigt den größeren Sauerstoffbedarf. Auch in Stresssituationen (z. B. bei Sprechängstlichkeit) oder zuweilen aus Gewohnheit besteht die Tendenz zur »Leistungsatmung« (= »Hochatmung«, »Brustatmung«, »Schlüsselbeinatmung«, »Clavikularatmung«). Für Sprechsituationen ist dies nachteilig: der Redefluss wird durch häufigeres Atemholen unterbrochen, die unangenehme Spannung steigt weiter.

Deshalb wird hierfür die ruhigere Sprechatmung (= Phonationsatmung) empfohlen, die vor allem vom Zwerchfell ausgeht (umgangssprachlich gibt es hierzu die z. T. missverständlichen Begriffe »Bauchatmung«, »Zwerchfellatmung« und »Tiefatmung«). Die Kennzeichen dieser Atmung: der Schulterbereich bleibt absolut ruhig, die Bauchdecke wölbt sich während der Einatmung leicht nach außen, eine minimale Flankendehnung ist spürbar. Ein willkommener Nebeneffekt dient der Entspannung, denn durch die Zwerchfellbewegungen wird das Sonnengeflecht (der »Solarplexus«), ein Steuerungszentrum des vegetativen

Nervensystems, positiv beeinflusst. Besonders intensiv ist die Beruhigung während der Atempausen, in denen das Zwerchfell nach vollzogener Ausatmung seine ganz besonders entspannte Stellung einnimmt.

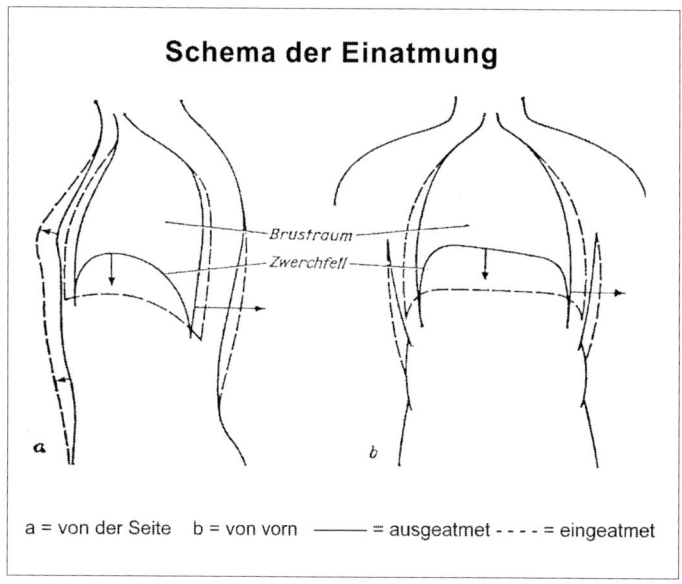

Schema der Einatmung

Brustraum
Zwerchfell

a = von der Seite   b = von vorn   ———— = ausgeatmet - - - - = eingeatmet

Abb. 7 | Schema der Einatmung (nach FIUKOWSKI)

Die **ideale Sprechatmung** hängt erheblich von der Körperhaltung ab. Bequem stehend funktioniert sie am besten; als Zusatznutzen bekommen Sie optimale Resonanzverhältnisse und eine ungedämpfte Schallausbreitung. Verkrampftes, stark vorgebeugtes Sitzen behindert massiv die Zwerchfelltätigkeit, auch übereinandergeschlagene Beine können sich für die Atmung einschränkend auswirken. Von besonders enger Kleidung oder einschnürenden Gürteln wird natürlich ebenfalls abgeraten.

Die Einatmung sollte möglichst durch die Nase erfolgen. Dies bringt viele Vorteile: die Luft wird stärker erwärmt, befeuchtet und gefiltert; die Atmungsmuskulatur wird aktiviert, Kehlkopf und Stimmlippen kommen leichter in ihre günstigen Positionen. Wer überwiegend durch den Mund einatmet, trocknet z. B. die Schleimhäute im Kehlkopf schneller aus, bekommt eher Stimmprobleme und riskiert vermehrt Infektionen. Häufig verbindet

Ideale Sprechatmung

sich Mundeinatmung auch mit störenden Geräuschen. Trotzdem ist es absolut üblich und legitim, gelegentlich bei lebhaften und längeren Passagen durch den Mund zu atmen.

Der Luftverbrauch orientiert sich an der Aktivität: Erwachsene benötigen bei völliger Ruhe pro Minute 5–6 Liter, beim Sprechen oder Gehen 15–25 Liter, bei schwerer körperlicher Arbeit ca. 80 Liter, bei extremen Sportleistungen ca. 120 Liter. Pro ruhigem Atemzug wird etwa ein halber Liter Luft bewegt; in Sonderfällen kann der Durchschnittsmensch ca. zweieinhalb Liter einatmen, sportlich Trainierte noch mehr. Für ein nicht überhauchtes Sprechen oder Singen reichen relativ kleine Luftmengen (1–1,5 Liter pro Atemzug) aus! Ebenso können selbst extrem lange Sinneinheiten mit der normalerweise vorhandenen Fähigkeit, 15–25 Sekunden auszuatmen, problemlos bewältigt werden. Zusätzlich ist nachweisbar, dass ein ausreichendes Nach- bzw. Zwischenatmen beim Sprechen nicht länger als 0,2 Sekunden dauert.

Die Atemfrequenz kann stark schwanken, abhängig von Alter, Stimmung und körperlicher Belastung. Einige Zahlen dazu: Neugeborene vollziehen ca. 40 Atemzüge pro Min., Erwachsene bei ruhiger Atmung 6–20, in Erregung 20–22, bei schwerer Arbeit 30–64 Atemzüge. Es wäre jedoch in den meisten Fällen rationeller, bei Belastung die eingeatmete Luftmenge zu erhöhen (also »tiefer« zu atmen), als die Atmungsfrequenz zu steigern.

3.5.2 Wie die Atmung verbessert werden kann

Das grundsätzliche Problem ist wohl bekannt: Seit Jahrzehnten praktizierte Gewohnheiten sollen – natürlich nur, wenn sie als nachteilig erkannt wurden – geändert werden. Dies geht fast nie in wenigen Minuten oder Stunden. Für eine erfolgreiche Umstellung der Sprechatmung sollten einige Wochen bis Monate regelmäßigen »Übens« einkalkuliert werden. Warum steht »Üben« hier in Anführungszeichen? Es liegt an vier zentralen und bewährten Prinzipien, die für alle Atmungsübungen gelten:

1 *Jede Atmungsübung beginnt mit einer Ausatmung!*
2 *Alles Unangenehme und Anstrengende ist verkehrt!*
3 *Kurze und häufigere Übungen sind besser als seltene lange!*
  (Die Zeitspanne »kurz« reicht hier von wenigen Sekunden bis
  zu ca. 5 Minuten.)
4 *Was gut läuft, muss nicht mehr geübt werden!*

Atmungsübung 1: Erfahrung der ruhigen Atmung

Legen Sie sich bequem auf den Rücken, die Hände auf den Bauch. Schließen Sie die Augen und versuchen Sie, sich zu entspannen (evtl. mit Hilfe von Erinnerungen an wirklich entspannte bzw. entspannende Situationen).
Nach einigen Sekunden beobachten Sie Ihre Atmungsbewegungen. Wenn sich die Bauchdecke bei der Einatmung leicht hebt und der Schulterbereich unbeweglich bleibt, ist alles in Ordnung. Später können Sie diese Übung auch sitzend, stehend und sogar kurz vor echten Stressereignissen versuchen.

Atmungsübung 2: Intensivere Einatmung erleben

Beginnen Sie wie bei der Übung 1. Um das Zwerchfell zu aktivieren, gibt es nun drei Möglichkeiten: sich intensiv etwas Wohlriechendes vorstellen und daran »schnüffeln«, mit einer Hand ein Nasenloch zuhalten oder (ausnahmsweise!) durch die leicht gespitzten Lippen wie mit einem Trinkhalm saugend einatmen. Eine Hand fühlt wieder die Bewegungen der Bauchdecke. Auch diese Übung funktioniert liegend, gerade sitzend und stehend. Vor allem beim Stehen ist es möglich, eine leichte Dehnung im Flankenbereich mit den Händen zu spüren.

Atmungsübung 3: Entspannende Atempausen

Die folgende Übung kann unmittelbar vor Stress-Situationen eingesetzt werden; sie vermindert die gesamte Körperspannung. Zunächst wird eine Ausatmungsphase etwas intensiver als normal durchgeführt (wenn niemand zuhört, kann ein leichter Seufzerton mitschwingen). Danach wird bewusst der nächste Einatmungsimpuls abgewartet, aber nur, solange es angenehm ist (es geht nicht um krampfhaftes Luftanhalten!). In diesem Wartezustand befindet sich das Zwerchfell in seiner entspannten Lage. Die anschließende Einatmung wird unwillkürlich etwas tiefer.

Atmungsübung 4: Das Abspannen (= unwillkürliches entspanntes und schnelles Einatmen)

Vorübung: Husten oder lachen Sie einmal künstlich und lassen Sie dabei eine Hand auf dem Bauch liegen – Sie spüren, dass sofort nach dem Luftausstoß die Bauchdecke zurückfedert, neue Luft strömt in die Lungen.

Probieren Sie es nun mit den Silben »Hopp« oder »Halt«; steigern Sie dabei vorsichtig die Lautstärke (»Atemwurfübung« nach Helene Fernau-Horn). Dann können Sie zu mehrsilbigen Wörtern, zu Sätzen und ganzen Texten übergehen.

Richtig läuft es, wenn Sie nicht bewusst Luft einsaugen müssen, sondern wenn »automatisch« innerhalb von Zehntelsekunden neue Atemluft eindringt (das »Abspannen« nach Horst Coblenzer).

Mit diesen Übungen ist es ferner möglich, die Stärke der Stimme zu steigern. Um eine Überforderung der Stimmlippen zu vermeiden, sollten anfänglich stets mit »h« anlautende Übungssilben gewählt werden.

Atmungsübung 5: Körperspannung aktivieren durch die Atmung

Zuweilen tritt der Entspannungseffekt in einer unerwünscht massiven Form ein: Sie werden bzw. sind müde, obwohl Aktivität verlangt wird. In solchen Fällen (aber auch nur da und nie bei Asthmagefährdung!) reicht es in der Regel aus, ein- bis dreimal bewusst etwas schneller und »höher« (mit leichter Schulterhebung) zu atmen.

Der Weg einer Atmungsumstellung

Nach dem Prinzip: »Vom Einfachen zum Schwierigeren« sollte zunächst in stressfreien und bequemen Situationen (z. B. kurz vor dem Einschlafen im Bett liegend) »geübt« werden. Meistens wird dabei der natürliche Atmungsablauf zu beobachten sein.

Wenn es bei mindestens drei verschiedenen Übungseinheiten in Folge keine Probleme gab, kann zur nächsten Schwierigkeitsstufe (z. B. entspannt sitzend) übergegangen werden. Klappt es bei einer etwas stressigeren Stufe nicht auf Anhieb, so ist es oft günstiger, eine neue Zwischenstufe mit geringerer Spannung zu probieren.

Je häufiger die Übungen in der Lernphase eingesetzt werden, umso schneller ist das Ziel erreicht: eine wie von selbst ablaufende, entspannende und ökonomische Atmung.

Ein Tipp für Vergessliche: optische Erinnerungshilfen (z. B. ein »A« wie Atmungsübung auf der Armbanduhr oder an der Zimmerwand) haben sich gut bewährt!

In den schwierigen Sprechsituationen selbst wäre es unpraktisch, die eigene Atmung bewusst zu kontrollieren – das lenkt häufig vom Formulieren ab. Nur in längeren Atempausen trägt ein absichtlich eingesetztes ruhiges und entspannendes Einatmen zur Sicherheit bei.

Weiterführende Literatur und Quellenangaben zur Atmung

BIENSTEIN, Christel; KLEIN, Gerd; SCHRÖDER, Gerhard: Atmen. Die Kunst der pflegerischen Unterstützung der Atmung. Stuttgart, New York: Georg Thieme, 2000.

COBLENZER, Horst; MUHAR, Franz: Atem und Stimme. Anleitung zum guten Sprechen. 17. Auflage. Wien: Österreichischer Bundesverlag, 1997 (1. Aufl. 1976; erhältlich ist dazu auch eine CD mit Übungsbeispielen).

COBLENZER, Horst: Erfolgreich sprechen. Fehler und wie man sie vermeidet. 3. Auflage. Wien: Österreichischer Bundesverlag, 1994 (1. Aufl. 1987; v. a. Übungen zum »Abspannen«; dazu erhältlich 2 CDs mit Übungsbeispielen).

FIUKOWSKI, Heinz: Sprecherzieherisches Elementarbuch. 6. Auflage. Tübingen: Niemeyer, 2002.

LODES, Hiltrud: Atme richtig. Der Schlüssel zu Gesundheit und Ausgeglichenheit. München: Goldmann, 2000.

SCHMITT, Johannes L.: Atemheilkunst. 8. Aufl., Bern: Humata Verlag, 1986 (auch zahlreiche frühere Auflagen, z. T. mit anderen Verlagsorten).

3.6 Gut gestimmt durch gute Stimme

3.6.1 Die Stimmerzeugung – ein Phänomen

Zweckmäßiger Stimmgebrauch ist ein Hauptziel der Sprecherziehung. Dies bedeutet im einzelnen eine Stimmgebung, die relativ mühelos abläuft, keine störenden Klangelemente (z. B. Heiserkeit) enthält, auch größeren Beanspruchungen (z. B. in manchen Unterrichtssituationen) gewachsen ist und variables (= nicht monotones), wirksames und ausdrucksrichtiges Sprechen erleichtert. Es geht dabei um ein besonders wichtiges Thema, nicht nur, weil viele pädagogisch Tätige auf Grund von Stimmproblemen ihren Beruf aufgeben müssen. Viel häufiger kommt es in der Praxis vor, dass eine falsch eingesetzte Stimme die Kommunikation beeinträchtigt, Missverständnisse erzeugt und zu einem ungünstigen Eindruck von der sprechenden Person führt.

Die Stimmerzeugung (= Phonation) geschieht primär im Kehlkopf, der das obere Ende der Luftröhre bildet. Besonders wichtig ist hierbei die Tätigkeit der Stimmlippen (früher auch »Stimmbänder« genannt). Dies sind zwei wulstige Gebilde, die aus Muskulatur, Bindegewebe und Schleimhaut bestehen. Zwischen den Stimmlippen befindet sich eine Öffnung, die Stimmritze (Glottis). Sie kann durch Drehung und Verschiebung der Stellknorpel geschlossen bzw. unterschiedlich verengt werden. Bei der Stimmgebung läuft ein komplizierter dreidimensionaler Schwingungsvorgang ab, der hier nur vereinfacht dargestellt werden kann. Beim Sprechimpuls schließen sich die Stimmlippen, die Ausatmungsluft staut sich, drängt die Stimmlippen auseinander, etwas Luft entweicht, der »subglottische« Druck sinkt, die Stimmlippen gehen wieder zusammen usw. – manchmal bis über 1000mal pro Sekunde (bei den höheren Lagen der Sopranstimmen). Mit Hilfe der vorhandenen Resonanzräume (Mund- und Nasenraum) wird der dabei entstehende Primärton zum menschlichen Stimmklang modifiziert (»Aerodynamische Stimmentstehungstheorie«). Wie gut schließlich die Stimme klingt, hängt auch von der Körperhaltung und der Raumakustik ab.

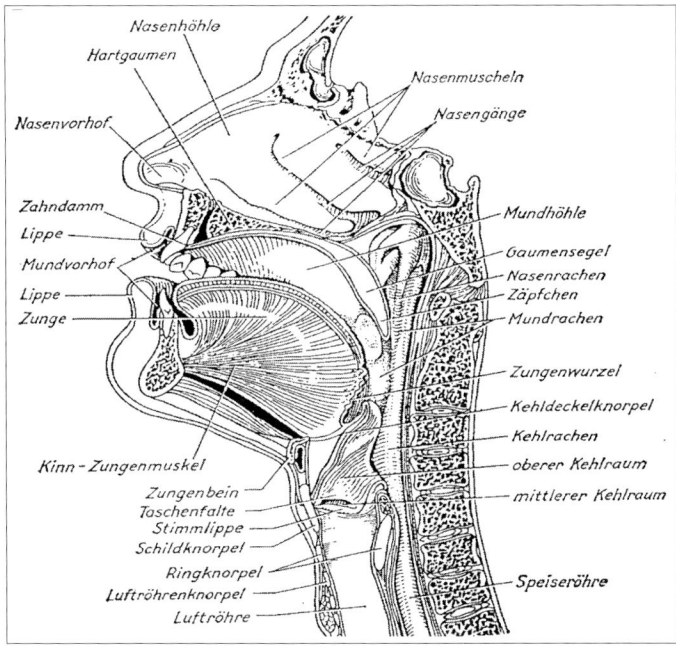

Abb. 8 | Medianschnitt durch den menschlichen Kopf (nach FIUKOWSKI)

3.6.2 Wie Stimmen angenehm und kräftig klingen

Beispiel

Die folgende bei mir eingegangene E-Mail-Anfrage ist typisch für
Leute, die häufig eine kräftige Stimme einsetzen müssen:
Wir befinden uns momentan im Fachpraktikum Sport. Hier unter-
richten wir wöchentlich drei Stunden Sport – zwei in der Schwimm-
halle und eine in der Sporthalle. Jede Woche stellen wir erneut fest,
dass der Unterricht sehr anstrengend für die Stimme ist, da wir sehr
laut sprechen müssen. Wir wollen Sie deshalb nach Tipps fragen, wie
wir uns das »laut sprechen« stimmschonend aneignen können.

Die richtige Stimmhöhe

Die häufigste Ursache für Stimmprobleme ist zu hohes Sprechen
– absichtlich oder (meist) unabsichtlich verursacht durch stärke-

re Spannung der Stimmlippen. Besonders besteht die Gefahr beim lauten Sprechen, bei Nervosität und Sprechängstlichkeit (Lampenfieber), beim Vorlesen und im Gespräch mit Kleinkindern. In allen genannten Fällen wäre eine überhöhte Stimme unsinnig. Berechtigt und nötig ist diese nur, wenn bestimmte Emotionen (Eifer, Begeisterung, Wut usw.) ausgedrückt werden sollen.

Selbstverständlich gibt es keine für alle gültige »ideale« Stimmlage – je nach Geschlecht, Größe und Bau der Stimmlippen unterscheiden wir Bass-, Bariton-, Tenor-, Alt-, Mezzosopran- und Sopranstimmen. Jedoch verfügt jeder Mensch über einen bestimmten Tonhöhenbereich innerhalb seines Gesamtstimmumfangs, in dem mit relativ wenig Kraftaufwand und gutem Klang gesprochen werden kann: gemeint ist der Hauptsprechtonbereich (oft auch »Indifferenzlage« genannt).

Der ideale Sprechtonbereich umfasst die obere Hälfte des unteren Drittels des Gesamtstimmumfangs. Es handelt sich nicht um einen monotonen Ton, sondern um einen Bereich, der ca. eine Quart bis eine Quinte umfasst. Die oberen und unteren Grenzen können gelegentlich überschritten werden.

Warum ist es wichtig, den eigenen Hauptsprechtonbereich zu kennen und überwiegend einzuhalten? Es gibt viele Gründe: der zum Sprechen nötige Energieaufwand ist am geringsten; die Stimme ist im Hauptsprechtonbereich besonders modulationsfähig und »raumwirksam«. Längeres überhöhtes Sprechen bedeutet stimmliche Ermüdung und Unlustgefühle, Räusperzwang und Heiserkeit, Verspannungen der Artikulationsmuskulatur und des ganzen Körpers, oft sogar krankhafte Veränderungen an den Stimmlippen (z. B. Knötchen- oder Ödembildungen). Die Zuhörenden ahmen unbewusst durch »inneres Sprechen« die gehörte Stimmgebung nach (»CARPENTER-Effekt«): Verspannungen übertragen sich, erzeugen Unbehagen (Räusperzwang, evtl. sogar Heiserkeit), Unruhe und Unaufmerksamkeit. Die Urteile über Glaubwürdigkeit und Kompetenz fallen bei überhöhten Sprechstimmen meist negativ aus!

Übungen zur Ermittlung des individuellen Hauptsprechtonbereichs:

Stimmübung 1: Bequemes Brummen
Beim Kauen eines wohlschmeckenden Essens (oder bei der Vorstellung davon) kann ein bequemer, anerkennender Brummton erzeugt werden. Dieser Ton markiert meist die untere Grenze des idealen Sprechtonbereichs. Prägen Sie sich diesen Ton gut ein!

Stimmübung 2: Test der Resonanzen
Aus dem gerade erzeugten Ton kann in ein (mindestens) zimmerlautstarkes »a ...« übergegangen werden. Zur Selbstkontrolle ist es günstig, eine Hand auf den oberen Brustkorb zu legen. Es wird deutlich, dass sich bei gleich bleibender Lautstärke die Resonanz je nach Tonhöhe ändert. Versuchen Sie, durch Ausprobieren die Tonhöhe zu erreichen, bei der die Vibrationen des Brustkorbs besonders intensiv spürbar sind.

Stimmübung 3: Resonanzreiches Sprechen
Sprechen Sie Aussagen, hinter denen Sie wirklich stehen können, in einem nicht übertriebenen »Brustton der Überzeugung«! Lassen Sie dabei die Stimme bei normaler Lautstärke entspannt im tieferen Bereich klingen, so dass Sie die Resonanzen im Brustkorb wahrnehmen.

Der richtige Stimmeinsatz

Zweithäufigste Ursache für Stimmprobleme sind falsche Stimmeinsätze.

Stimmeinsatz

Stimmeinsatz bedeutet den Übergang der Stimmlippen von der ruhigen, offenen Atmungsstellung in die geschlossene, schwingende Stimmstellung. Sie können gehaucht (= »h«), weich (= unhörbar), mit hygienischem Glottisschlag (= mit für Geübte hörbarem »Ventiltönchen« bzw. »Coup de Glotte«) oder übertriebenen, gepresst (als »Sprengeinsatz«) vorkommen.

Vor allem unter Stress passiert es häufig, dass die Stimmlippen stark zusammengepresst und mit großem Atemdruck auseinandergesprengt werden. Kaum eine Stimme hält diese Überbeanspruchung länger aus! Verhauchtes Sprechen führt im Gegensatz dazu zu Atemnot, Verständlichkeitsproblemen und zur Austrocknung der Schleimhäute.

Ähnliche Probleme können auch beim Stimmabsatz beobachtet werden: die Beendigung der Tongebung wäre ungünstig, wenn dabei hörbare Hauch- oder Abknarrgeräusche auftreten würden.

Übungen zur Richtigstellung der Stimmeinsätze bzw. Stimmabsätze können Sie bei Bedarf in individuellen Sprech- oder Übungsstunden von Logopädinnen und Sprecherziehern gezeigt bekommen.

Die richtige Lautstärke

... gibt es nicht (zumindest nicht allgemeingültig). Wer nicht in der Lage ist, die Lautstärke beim Sprechen zu verändern, erzeugt Monotonie. Das Problem der Lautstärke wird übrigens oft überschätzt: Für die Verständlichkeit wäre es viel wichtiger, deutlich artikulieren zu können, statt laut zu »nuscheln«. Leider ruft ein normales Publikum immer nur »lauter« und nicht »deutlicher«, wenn es zu wenig versteht ...

Manchmal besteht eher die Gefahr, in offiziellen Situationen zu laut zu werden. Fast nie wird zu große Lautstärke signalisiert. Dabei ist es nachgewiesen, dass hohe Lautstärkepegel die Aggressionen bei Sprechenden wie bei Zuhörenden steigern, dass Unruhe nicht »überschrieen« werden sollte (Sie haben nämlich aus akustischen Gesetzmäßigkeiten heraus keine Chance, dies gegen den Willen der Störer zu schaffen!) und dass natürlich auch die Stimme beim lauten Sprechen stärker belastet wird.

Nur in Ausnahmefällen (z. B. bei weiten Distanzen im Freien, in großen Hallen, bei starken Verkehrsgeräuschen) ist es wichtig, eine hohe und nicht unangenehm klingende Lautstärke erreichen zu können. Zwei Elemente sind dazu wichtig: ein etwas höherer Atemdruck und eine Stimmgebung, die sich noch innerhalb des individuellen Hauptsprechtonbereichs befindet und so die vorhandenen Resonanzmöglichkeiten optimal ausnutzt. Die in diesem Abschnitt vorgestellten Übungen zur richtigen Stimmhöhe können auch zur Steigerung der Lautstärke eingesetzt werden.

Das richtige Sprechklima

Zweierlei kann darunter verstanden werden: naturwissenschaftlich definiert gilt der Grundsatz »Je feuchter die Luft, desto angenehmer fällt das Sprechen«. Zu trockene und sauerstoffarme Luft (z. B. in überheizten Räumen) erhöht ebenso wie spürbare Luftverschmutzung (durch Abgase, Rauch, Schimmelpilzsporen) das Risiko von Stimmstörungen.

Übertragen meint Klima die Stimmung, die in einer Kommunikationssituation herrscht. Banal, aber trotzdem wichtig ist der Hinweis, dass gespannte, unangenehme Situationen sich in der Regel schnell negativ auf die Stimme auswirken (z. B. durch überhöhte Stimmlage, ungünstige Körperhaltung).

3.6.3 Erste Hilfe bei Stimmproblemen

Stimmerkrankungen kommen normalerweise nicht über Nacht; sie kündigen sich meist durch eines oder mehrere der folgenden Symptome an:

- häufige leichte bzw. stärkere Heiserkeit; sie ist vor allem dann problematisch, wenn sie ohne gleichzeitige Erkältung auftritt (Heiserkeit ist Symptom und Folge von gestörtem Schwingungsverhalten der Stimmlippen; dies kann viele Ursachen haben: entzündete bzw. zu trockene oder schleimbelastete Stimmlippen, organische Veränderungen, z. B. Knötchen, Ödeme, Polypen u. v. a.);
- Ansprechen der Stimme erst nach Räuspern (»Ungeschmeidigkeit«);
- Druck-, Kitzel- oder Schmerzgefühle im Kehlkopfbereich, Räusperzwang;
- ungewöhnlicher Durst bei oder nach dem Sprechen.

In allen Fällen von unerklärlichen Stimmstörungen sollte so schnell wie möglich fachärztliche Hilfe eingeholt werden. Viele Stimmerkrankungen können nämlich problemlos behandelt werden, wenn sie rechtzeitig und richtig diagnostiziert werden. Für die üblichen

Stimmprobleme ist die nächste HNO-Praxis die richtige Anlauf-stelle. Für schwierigere Fälle sind die »Phoniater« (Fachärzte für Stimm- und Sprachstörungen) die besten Ansprechpartner. Sie sind z. B. an vielen Universitätskliniken vertreten.

Bei Stimmproblemen (auch nach Erkältungen und Überanstren-gung) hilft:
* nicht oder nur möglichst wenig sprechen, notfalls die »Schon-stimme« gebrauchen (leise und entspannt tief, mit deutlicher Artikulation), keinesfalls flüstern (dies strengt die Stimmlip-pen stärker an!); als Berufssprecher(in) dürfen Sie sich krank-schreiben lassen;
* bei Bedarf die Stimme durch bequeme, leise (fast unhörbare) »Brummtöne« aktivieren (Räuspern hilft nur bei unange-nehmen Schleimbelägen, sonst ist es eher schädlich!);
* Einatmung möglichst durch die Nase; nicht (oder möglichst wenig) rauchen;
* die Kehlkopfpartie warm halten (mit Schal bzw. feuchten hei-ßen Umschlägen);
* für feuchte Luft sorgen (z. B. durch nasse Handtücher, Du-schen oder Luftbefeuchter);
* viel trinken (ca. 1,5 bis 2 Liter pro Tag): gut sind fast alle war-men Getränke (vor allem Salbeitee!); jedoch sollte man schwarzen Tee bzw. Kaffee (da die darin enthaltenen Gerbsäu-ren entzündete Schleimhäute reizen), säurereiche Fruchtsäf-te, alkoholische Getränke im Übermaß vermeiden, ebenso sehr scharf gewürzte Speisen!
* viel lutschen, denn dies regt die Speichelsekretion an und massiert den Kehlkopf. Besonders empfehlenswert sind Sal-beipastillen. Je nach Heiserkeitsursache sind ansonsten auch die Schleimhaut glättende (z. B. Malz-/Honig-) oder ab-schwellende (z. B. Eukalyptus-/Menthol-) Bonbons möglich;
* evtl. inhalieren (z. B. Kamillendämpfe), gurgeln oder Einrei-bemittel benutzen; in Notfällen wirken kurzfristig »Stimmlip-penpinselungen« (beim Facharzt).

Die von der Pharmaindustrie angebotenen rezeptfreien Medika-mente sind überwiegend nicht zu empfehlen; sie sind relativ teuer, fast wirkungslos oder zeigen manchmal unerwünschte Ne-benwirkungen! Umstritten sind vor allem die Lutschtabletten oder Sprays, die antibakteriell wirken sollen, denn in den meisten Fällen werden die Hals- oder Rachenentzündungen durch Viren hervorgerufen.

Weiterführende Literatur und Quellenangaben zur Stimme

BERGAUER, Ute G.: Praxis der Stimmtherapie. Logopädische Behandlungsvorschläge und Übungsmaterialien. Mit einem Geleitwort von G. WIRTH. Mit zahlreichen Übungsvorlagen. Berlin u. a.: Springer, 1998.

BERNHARD, Barbara Maria: Sprechen im Beruf. Der wirksame Einsatz der Stimme. Wien: öbv&hpt, 2003 (Dazu ist eine CD mit Übungsbeispielen erhältlich).

COBLENZER, Horst; MUHAR, Franz: Atem und Stimme. Anleitung zum guten Sprechen. 17. Auflage. Wien: Österreichischer Bundesverlag, 1997 (1. Aufl. 1976; Erhältlich ist dazu auch eine CD mit Übungsbeispielen).

DYCKHOFF, Katja; WESTERHAUSEN, Thomas: Stimme: Instrument des Erfolgs. Vom Stimmtraining zum Stimmenergiekonzept. Handbuch mit CD. Düsseldorf, Berlin: Metropolitan-Verlag, 2002.

FIUKOWSKI, Heinz: Sprecherzieherisches Elementarbuch. 6. Auflage. Tübingen: Niemeyer, 2002.

GUNDERMANN; Horst: Heiserkeit und Stimmschwäche. Ein Leitfaden zur Selbsthilfe, wenn die Stimme versagt. 4., durchges. Aufl. Stuttgart: G. Fischer, 1995.

HAMMANN, Claudia: Übungsprogramm für eine gesunde Stimme. 2., neu bearb. Auflage. München, Basel: E. Reinhardt, 2001.

KUTTER, Uta; WAGNER, Roland W. (Hrsg.): Stimme. Frankfurt am Main: Cornelsen-Scriptor, 1991.

HERMANN-RÖTTGEN, Marion; MIETHE, Erhard: Stimmtherapeutisches Programm. Basisübungen für die belastete oder geschädigte Stimme. Stuttgart: Thieme, 1990.

SPIECKER-HENKE, Marianne: Leitlinien der Stimmtherapie. 2., überarb. Auflage. Stuttgart, New York: Thieme 2004.

STENGEL, Ingeburg; STRAUCH, Theo: Stimme und Person. Personale Stimmentwicklung, personale Stimmtherapie. Vierte Auflage. Stuttgart: Klett-Cotta, 2002.

Tesche, Bianca: Stimme und Stimmhygiene. Ein Ratgeber zum Umgang mit der Stimme. Idstein: Schulz-Kirchner Verlag, 2006.

Wendler, Jürgen; Seidner, Wolfram; Eysholdt, Ulrich: Lehrbuch der Phoniatrie und Pädaudiologie. 4., völlig überarbeitete Auflage. Stuttgart, New York: Thieme, 2005.

3.7 Deutliche Aussprache

3.7.1 Wie »richtig« artikuliert wird

... kann nicht absolut und eindeutig beantwortet werden! Es gibt keine Ausspracheform, die für jeden Text und jede Kommunikationssituation gleich gut geeignet wäre. Die meisten Menschen wissen und praktizieren dies im Rahmen ihrer Möglichkeiten. So ist es selbstverständlich nicht das Ziel der Sprecherziehung, dialektale bzw. umgangssprachliche Formen zu verhindern. Im Gegenteil: oft wären derartige Fähigkeiten sehr nützlich, z. B. im Kontakt mit Dialektsprechenden oder zum differenzierten Ausdruck bestimmter Gefühle. Eine persönliche Färbung der Sprechweise erzeugt i. d. R. mehr Sympathie bei den Gesprächspartnern (falls nicht Vorurteile gegen bestimmte Dialekte überwiegen).

Viele benötigen allerdings eine überregional verständliche Aussprache; viele wollen nicht, dass die leider vorhandenen Dialektvorurteile ihre Kommunikation erschweren; viele müssen für bestimmte Berufe auch »normgetreue« Aussprache beherrschen. Überwiegend herrscht nämlich die Meinung vor, dass (relativ) dialektfreie Artikulation ein Zeichen von »Kompetenz« wäre (schließlich ist Dialekt innerhalb der sozial niedriger eingeschätzten Gruppen häufiger anzutreffen, so dass gerne der logisch falsche Umkehrschluss gezogen wird!). In Beliebtheitsumfragen schneiden »fremde« Dialekte oft schlechter ab.

Für den Schulunterricht verlangen die Lehrpläne von den Schülern und selbstverständlich erst recht von den Lehrkräften standardsprachliche Kompetenzen. Regionale Sprachformen können aber durchaus ihren Platz im Unterricht haben; Mundarten sollten ja auch gepflegt werden. Die »Bildungsstandards« des MKS Baden-Württembergs von 2004 fordern, dass die Kinder bereits in den ersten beiden Schuljahren Dialekte und Standardsprache unterscheiden und am Ende der 4. Klasse beide situationsgemäß und partnerbezogen einsetzen können.

Einig ist man sich, wenn im Deutschunterricht oder bei anderen Gelegenheiten nicht in Mundart geschriebene Dichtung bzw. Literatur gesprochen (»rezitiert«) werden soll: hier erwarten die Zuhörenden eine einigermaßen dialektfreie Artikulation! Diese Regel gilt ebenfalls für das Diktieren (nicht nur in der Schule).

Zur Begriffswahl

Überwiegend werden heute noch die Begriffe »Hochsprache«, »Hochdeutsch« oder »Schriftdeutsch« benutzt, wenn das Gegenteil von »Mundart«, »Dialekt« oder »Umgangssprache« gemeint ist. Die Vorsilbe »Hoch-« enthält jedoch eine Wertung, die im absoluten Sinne falsch wäre. Geschriebene Sprache unterscheidet sich erheblich von der gesprochenen, z. B. wird nur ein kleiner Teil der deutschen Wörter eindeutig »buchstabengetreu« ausgesprochen. Deshalb bevorzugt die Wissenschaft inzwischen die Ausdrücke »Standardsprache« (falls die normierten Bereiche Wortschatz, Grammatik, Artikulation und Intonation zusammen bezeichnet werden sollen) und »Standardaussprache« oder »Standardlautung« (für die nonverbalen Aspekte Artikulation und Intonation).

In der Germanistik ist »Hochdeutsch« (= Mittel- und Oberdeutsch) häufig als Gegenteil von »Niederdeutsch« rein regional definiert. Zuweilen verwendet die Sprach- bzw. Sprechwissenschaft den Begriff »Orthoepie« (= Rechtlautung; manchmal auch in der Form »Orthoepik«). Bei (großräumigeren) Dialektformen wird heute gern von »Regiolekten« gesprochen; die individuelle Sprechweise einer einzelnen Person wird »Idiolekt« genannt. Neuere Versuche, Dialekte nach ihrem Prestige in »Akrolekt« (hoch angesehen), »Mesolekt« (normal beurteilt) und »Basilekt« (niedrig bewertet) einzuteilen, haben sich in der Sprechpädagogik noch nicht durchsetzen können.

Die Aussprachenormen der deutschen Standardsprache

Leider ist die Aussprachenorm in Deutschland nicht so eindeutig geregelt wie die Rechtschreibung. Drei, demnächst vier Nachschlagewerke mit zum Teil verschiedenen Normvorstellungen können benutzt werden. Sie werden hier vorgestellt, damit die wichtige Frage »Wo kann ich im Zweifelsfall nachschlagen« geklärt ist.

a) Siebs: Deutsche Aussprache. Reine und gemäßigte Hochlautung mit Aussprachewörterbuch (Hrsg. v. Helmut de Boor, Hugo Moser, Christian Winkler; 19., umgearbeitete Auflage; Berlin: de Gruyter, 1969.)
Dieses Werk ist der »Klassiker« der Ausspracheregelung; sein früherer Untertitel »Bühnenaussprache« deutet auf den Haupteinsatzbereich hin. Die Normierung und das Wörterverzeichnis sind für das traditionelle Drama hilfreich.
Leider entspricht die Siebs-Norm der »reinen Hochlautung« oft nicht der zeitgemäßen Sprechrealität; z. T. gibt es unerfüllbare Forderungen; das Wörterverzeichnis ist eher klein und das Buch selbst ist nicht gerade billig. Eine Kaufempfehlung gibt es folglich nur für Theatergruppen oder ähnlich Interessierte.

b) Duden – (Das) Aussprachewörterbuch. Wörterbuch der deutschen Standardaussprache (Bearbeitet von Max Mangold; 6., überarbeitete und aktualisierte Auflage. Mannheim: Bibliographisches Institut, 2005).
Als neuestes Werk enthält der Duden die aktuellste Aussprachenorm, dazu ein mit ca. 130.000 Einträgen sehr umfangreiches Stichwörterverzeichnis. Manche süd- und mitteldeutsch Geprägte stört die uneingeschränkte Forderung des »stimmhaften S« sowie die Tolerierung des langen geschlossenen E ([e:] wie bei Ehre) statt einem langen offenen E ([ɛ:] wie bei Ähre); beide Beispielwörter dürfen (müssen aber nicht!) seit 2000 gleich ausgesprochen werden.

c) Großes Wörterbuch der Deutschen Aussprache (GwdDA). Hrsg. von einem Kollektiv; hauptverantwortlich: Ursula Stötzer; Leipzig: Bibliographisches Institut, 1982.)
Dieses Nachschlagewerk mit einer relativ zeitgemäßen Aussprachenorm (sie wurde vor allem durch Beispiele von Funksprechern ermittelt) ist bedauerlicherweise nur noch antiquarisch erhältlich.

d) Für 2007 bei de Gruyter angekündigt ist ein neues Aussprachewörterbuch, erarbeitet vor allem von Sprechwissenschaftlern
der Universität Halle (Lutz Christian Anders, Ursula Hirschfeld,
Eva-Maria Krech, Eberhard Stock, Uwe Hollmach u. a.). Sie berücksichtigen dabei die Ergebnisse ausführlicher soziophone-
tischer Untersuchungen, in denen zum Beispiel die Akzeptanz
verschiedener Sprechvarietäten bei unterschiedlichen Zielgruppen getestet wurde. Das Buch wird ca. 150.000 Stichwörter umfassen (auch Komposita und feste Wendungen sind enthalten);
vorgesehen sind eigene Kapitel zur Standardaussprache in Ös-
terreich und in der Schweiz.

Grundsätze der deutschen Standardaussprache
(Die »Artikulationsbasis«)

Jede Art gesprochener Sprache kann zunächst nach zwei Kriterien beurteilt werden: ob bestimmte Normen (für Standardsprache oder Mundart) eingehalten werden (dies beeinflusst den
regionalen Geltungsbereich) und ob eher lässig oder ausgeprägt
artikuliert wird (dies ist wichtig für die individuelle Verständlichkeit und Angemessenheit). Christian WINKLER bezeichnete diese beiden Parameter mit den Begriffen »Gemeingeltung« (heute würde wohl »Allgemeingeltung« bevorzugt werden) und
»Formstufe«.
»Artikulationsbasis« meint die typische Art und Weise, wie eine
bestimmte Sprachform (z. B. Deutsch oder Badisch) überwiegend gesprochen wird.
Für die deutsche Standardaussprache wurden folgende Grundsätze ermittelt bzw. festgelegt (vgl. FIUKOWSKI, S. 78–88):

- leichte Öffnung und Rundung der Lippen, die locker von den
  Zahnreihen abgehoben werden (»Hochrundeinstellung der
  Lippen«);
- leichte Öffnung der Zahnreihen (»kein Zahnreihen-
  schluss«);
- die Zungenspitze berührt die Rückseite der unteren Schneidezähne (»Zungenspitzenkontaktstellungsprinzip«; »vorne
  sprechen«),
- relativ große Kieferöffnung und weiter Rachenraum (»faukale
  Weite« nach TROJAN);

- das Gaumensegel (»Velum«) gestattet Luftdurchtritt durch Mund und Nase;
- der Kehlkopf befindet sich in lockerer Tiefstellung; die Stimmeinsätze kommen physiologisch richtig.

Ein anschaulicher Vergleich für diese »Sprechbereitschaftsstellung« (die selbstverständlich nicht für alle deutschen Laute gilt): »wie wenn ein Löffel mit einer wohlschmeckenden Speise zum Mund geführt wird.« In den meisten Dialekten wird »bequemer« artikuliert.

Akustische Beispiele für die Standardaussprache finden Sie problemlos in den Medien. Die Nachrichtensprecher(innen) des öffentlich-rechtlichen Rundfunks beherrschen normalerweise die Regeln. Ferner gibt es käufliche Kassetten- oder CD-Zusammenstellungen, die systematisch die »korrekte« Aussprache vermitteln.

Zu den empfehlenswerten Ausspracheübungswerken gehören:

Der kleine Hey. Die Kunst des Sprechens. Das multimediale Trainingsprogramm. Mainz: Schott, 2003 (DVD und CD-ROM mit 145 Min. Filmaufnahmen, Übungstexte, Trainingsprogramm mit Aufnahmefunktion usw.).

Fiukowski, Heinz: Sprecherzieherisches Elementarbuch. 6. Auflage. Tübingen: Niemeyer, 2002.

Franke, Ingolf: Sprachlabor. Eine multimediale und interaktive Einführung in die Welt des Sprechens. Hamburg: Buske, 1996. CD-ROM für PC (Physiologie, Akustik, Phonetik, Katalog der Sprachlaute, Sprachsignalanalyseprogramm, Literaturverwaltung mit über 4000 Einträgen).

Kaunzner, Ulrike A.: Aussprachekurs Deutsch. Ein komplettes Übungsprogramm zur Verbesserung der Aussprache für Unterricht und Selbststudium (mit 6 CDs). Text und Übungsbuch. Heidelberg: Julius Groos Verlag, 1997.

Stock, Eberhard: Deutsche Intonation. Leipzig u. a.: Langenscheidt, 1996 (dazu wurde auch eine Audiokassette mit ca. 60 Min. Beispielen produziert).

Vieregge, Wilhelm H., unter Mitarbeit von Johannes Pahn und Harm K. Schutte: Patho-Symbolphonetik. Auditive Transkription pathologischer Sprache. Stuttgart: Franz Steiner Verlag,

1996 (= Zs. f. Dialektologie u. Linguistik, Beihefte, Heft 100; dem Buch liegen zwei CDs bei).

3.7.2 Aussprachegewohnheiten, die irritieren können

Die folgende Auflistung enthält die häufigsten Besonderheiten der im deutschen Sprachraum vorkommenden dialektalen bzw. umgangssprachlichen Varianten. Ein den Beispielen vorangestellter Stern (*) signalisiert: Nicht normgerecht! Lautschriftangaben stehen in eckigen Klammern; ein nach Vokalen eingesetzter Doppelpunkt bedeutet, dass der vorangehende Laut lang gesprochen wird.

Probleme bei den Vokalen und Diphthongen:

1 Andere, meist bequemere Artikulationsbasis (allgemeiner Trend), kaum Zungenspitzenkontakt (in Süd- und Mitteldeutschland), deshalb oft dunklere (gemütlichere?) Färbung (*»hot« statt »hat«). Besonders auffällig sind Klangveränderungen bzw. »Umstellungen« bei den Diphthongen (= »Zwielauten«) z. B. im Schwäbischen (*»liab« statt »lieb«), Badischen und Bayerischen (*»Bruader« statt »Bruder«).

2 Geringere Mundöffnung bzw. andere Gaumensegelstellung, deshalb »nuscheln« und »offenes Näseln« (z. B. bei Pfälzern) oder »geschlossenes Näseln« (z. B. in Bremen).

3 Verwechslung von Länge und Kürze, z. B. [a] statt [a:] (Ruhrgebiet und Norddeutschland) und umgekehrt (im Süden) (z. B. *»Bat«, *»Rat«, *»Spass« / *»da:s«, *»u:n-«, *»vo:n«).

4 Ersatz von [ɛ:] (= »ä«) durch [e:] (norddeutsch mit Trend nach Süden) (*»Keese«). Die neuesten Auflagen des Duden-Aussprachewörterbuchs erlauben allerdings diese in der Praxis besonders häufig auftretende Variante, in dem festgestellt wird: »Der Vokal [ɛ:] kann auch [e:] gesprochen werden« (S. 21).

Probleme bei den Konsonanten:

5 b/p, d/t und g/k werden nicht deutlich unterschieden (v. a. in mitteldeutschen Dialekten). Die deutliche Aussprache von

p, t und k enthält ein hör- und spürbares Hauchgeräusch (= »Aspiration«)! Auslautendes oder vor Konsonant stehendes b, d, g wird jedoch in der Regel richtig zu p, t, k (= »Auslautverhärtung«).

6 Die Endungen -ig, -igs, -igt werden entgegen der Norm mit [k] statt mit [ç] gesprochen (v. a. im Süden). Hintergrund dieses Problems ist die »Auslautverhärtung« – ein mit einem richtigen »g« gesprochener Auslaut würde für deutsche Ohren sehr seltsam klingen. (Ausnahme: folgt in der nächsten Wortsilbe ein [ç], so wird korrekt [k] gesprochen! Beispiel: Die Regel verlangt »Könich«, aber »Könikreich«).

7 Auslautendes »g« wird vor allem in Norddeutschland (mit Trend nach Süden) zum »ch«, hinten als [x] oder vorne als [ç] gebildet (*»Tach« für »Tag«, *»Fluchzeuch« für »Flugzeug«, *»Teich« für »Teig«).

8 Statt einem [ç] (=»vorderes Ch« bzw. »Ich-Laut«) wird ein »sch«-ähnlicher Laut gesprochen (Pfalz, Hessen), anlautendes »Ch« in manchen Fremdwörtern (Chemie, China, Chirurg) wird normwidrig zum [k] oder zum »Sch«.

9 Wichtige r-Laute fallen aus (allgemeiner Trend, z. B. *[baːt] für [baːʀt]). In unbetonten Positionen ist allerdings die Vokalisierung des r-Lauts mit einem bequem gesprochenem »a« ([ɐ]) inzwischen Norm (z. B. [ˈbɛsɐ], Bier [biːɐ]).

10 Anlautendes »st« und »sp« sprechen Norddeutsche oft »buchstabengetreu« falsch (nur bei seltenen Fremdwörtern wäre dies korrekt!).

11 Der Buchstabe »v« wird bei Fremdwörtern vor Vokal entgegen der Norm oft wie [f] gesprochen (*»aktife«, *»Nofember«).

12 Besonders bei betontem Vorlesen wird gern vergessen, dass ein unbetontes »h« im Inneren deutscher Wörter stumm ist (*»stehen« statt »ste-en«; Ausnahmen sind nur aha, oho, ahoi, Ahorn, Oheim, Uhu, Schuhu).

13 Statt dem einheitlichen Laut »ng« [ŋ] sprechen manche überbetont [nk] (*»lank«, *»Frühlink«).

14 Die zwei s-Laute der deutschen Sprache (das stimmhafte bzw. lenis gebildete [z] und das stimmlose bzw. fortis gebildete [s]) werden gerne zusammengelegt. Besteht ein hörbarer Unterschied zwischen »reisen« und »reißen«? Die Regel sagt: »Anlautendes »s« vor Vokal ist stimmhaft bzw. mit geringerer Artikulationsspannung, also ›lenis‹ gebildet«.

Das falsch gebildete »s« (= »Sigmatismus«/«Lispeln«) ist die
häufigste Artikulationsstörung der deutschen Sprache.

15 Je nach Situation werden Endsilben entweder verschluckt oder
überbetont.

16 Die richtige Fremdwort-Aussprache scheint bei vielen Leuten
oft Glückssache zu sein!
(z. B. *»Kakka-o« statt »Kakau«, *»loggisch« statt »lo:gisch«,
*»theorätisch« statt »theore:tisch«) – Im Zweifelsfall kann in
einem Aussprachewörterbuch nachgesehen werden!

17 Dialektale Intonationsauffälligkeiten (z. B. falsche Wortbetonung, singender Tonfall) können ebenfalls irritieren, die Verständlichkeit beeinträchtigen oder die Persönlichkeitsein-
schätzung verändern.

3.7.3 Der Weg zur deutlichen Aussprache

Wer seine artikulatorischen Qualitäten verbessern möchte, nutzt
am besten eine sprecherzieherische oder logopädische Beratung,
denn hier bekommt man die Informationen, welche Laute irritieren und wie sie anders gebildet werden können.
In Ausnahmefällen bietet das Nachsprechen von Radio- und
Fernsehbeiträgen eine kostenlose Übungsgelegenheit. Für eine
natürlich klingende Sprechweise wären dabei seriös vorgelesene
Nachrichten nicht sinnvoll; nehmen Sie stattdessen eine Talkshow oder ein Interview auf Video bzw. DVD auf und sprechen
Sie dann Sätze jener Personen nach, deren Aussprache Ihnen
angenehm und nachahmenswert erscheint.
Die oft empfohlene Hilfe von Bekannten und Freunden ist nicht
unproblematisch, denn wer garantiert, dass diese die Ausspra-
chenormen beherrschen? Außerdem kann es eine Freundschaft
ganz schön belasten, wenn Gespräche zu oft durch Korrekturen
unterbrochen werden.
Übrigens kämpfte auch Goethe gegen zuviel Dialekt. Er selbst
versuchte, seine Frankfurter Sprachfärbung durch einen längeren
Studienaufenthalt in Leipzig zu reduzieren, seinem Weimarer
Schauspielensemble empfahl er, durch Überbetonung die Aussprache zu verbessern.

3.8 Gut betonen und vorlesen

Richtig betont sprechen und vorlesen – das wollen und brauchen viele. In diesem Kapitel sollen dafür die nötigen Grundinformationen vermittelt werden.

3.8.1 Die Palette der Betonungsmöglichkeiten

Folgende Möglichkeiten können isoliert oder (zumeist) in Kombination zur Betonung genutzt werden (z. B. als Wort- oder Satzakzent):

- Veränderung der Lautstärke (= »dynamischer Akzent«)
- Veränderung der Tonhöhe (= »melodischer Akzent«)
- Veränderung der Sprechgeschwindigkeit bzw. Pausensetzung (= »temporaler Akzent«)
- Veränderung des Stimmklangs (= »phonischer Akzent«)
- Veränderung der Artikulation (= »artikulatorischer Akzent«)

Beim freien Sprechen sind außerdem verbale Betonungselemente möglich, z. B. Wiederholungen, Wechsel der grammatikalischen Erzählzeit (Praesens statt Perfekt), hervorhebende bzw. dialektale Begriffe.

Mit mehreren Faktoren ist es möglich, den Ausdruck der gesprochenen Sprache zu verändern und ihn der jeweils vorhandenen Stimmung anzugleichen. Der österreichische Sprecherzieher Felix TROJAN beschrieb folgende Ausdruckshilfen (vgl. TROJAN, S. 127–61):

- der Grad der gesamtkörperlichen Spannung (entspannt, ausgeglichen, angespannt);
- die Stärke des Atemdrucks (schwach, verhaucht, normal, mit Überluft);
- die Resonanz der Stimme (Brust-, Mittel- oder Kopfregister);
- die Spannung der Muskulatur im Hals- und Rachenbereich (faukale Weite bzw. Enge);
- die Art des Luftdurchgangs durch Mund und Nase (ungenäselt, genäselt);
- die Artikulationsschärfe (z. B. exakt oder genuschelt);
- die Pausenlänge und -art (z. B. Atempausen oder Staupausen).

Eine Grundvoraussetzung sollte beim ausdrucksrichtigen Sprechen stets erfüllt sein: sich möglichst intensiv in die angestrebte
Emotion zu versetzen. Dabei hilft z. B. das »emotionale Gedächtnis« (nach STANISLAWSKI ist dies die Erinnerung an entsprechende eigene Erlebnisse und deren Verbindung mit der darzu-
stellenden Stimmung).

3.8.2 Die Regeln einer sinnvollen Intonation

In der deutschen Sprache kann theoretisch jedes Wort eines
Satzes betont werden. Ein Beispiel: **Das** ist mein Buch (= nicht
das daneben). Das **ist** mein Buch (= ich bin mir sicher!). Das ist
mein Buch (= nicht deines!). Das ist mein **Buch** (= keine Broschü-
re!).

> *Der zentrale Betonungsgrundsatz lautet: In einem Satz hat nur ein*
> *Wort die Hauptbetonung; alle anderen Wörter des Satzes ordnen*
> *sich diesem in verschiedenen Stufen (= Nebenbetonungen) unter.*
> *Dabei gilt als Faustregel: Das wichtigste neue Wort bekommt die*
> *Hauptbetonung!*

Zwei weitere wichtige Regeln zur Betonungsfindung:
— Bestimmende Begriffe werden i. d. R. stärker betont, z. B. eine
  kluge Frau, er macht **Un**sinn, die **Straßen**bahn, wir stehen
  auf.
— Bei Aufzählungen steigert sich die Betonung bis zum letzten
  Begriff. (»Wir besuchten München, Stuttgart und **Heidel-**
  berg.«)

In Betonungs-Zweifelsfällen helfen logische Überlegungen (z. B.
»Wie würde die Aussage als Einwortsatz lauten?«) und vor allem
das Ausprobieren von unterschiedlichen (Extrem-)Möglich-
keiten!

3.8.3 Wie vorgelesen werden sollte

Das richtige Lesetempo

Fast alle lesen zu schnell. Meist fehlen die Pausen, die beim normalen Sprechen zum Überlegen und Formulieren benötigt werden. Das Problem ist erklärbar: Häufig wurde und wird in der Schule das »flüssige und fehlerfreie« Lesen überbewertet; wer einen Text bereits kennt, unterschätzt leicht die Verstehensprobleme der Zuhörenden.

Einige Abhilfetipps gegen zu schnelles Lesen:
- Markieren Sie die Atem- und Betonungspausen durch senkrechte Striche (| für eine betonende Staupause; | oder || für Atempausen; || oder ||| für längere Pausen)!
- Setzen Sie verstärkt Blickkontakt ein (nicht nur in den Pausen am Ende eines Absatzes)! Ein an den Seitenrand gelegter Daumen erleichtert dabei das wieder Finden der folgenden Textstelle.
- Überlegen Sie vor dem Lesen einer Sinneinheit, in welcher Stimmung diese gesprochen werden sollte! Versuchen Sie dann, sich in diese Stimmung zu versetzen! Vielleicht hilft die Erinnerung an ein eigenes Erlebnis, an eine Theater- oder Filmszene mit vergleichbarer Emotionalität?
- Erzählen Sie den Inhalt des Textes in eigenen Worten; achten Sie auf Ihre »normale« Intonation und vergleichen Sie die dabei gemessene Dauer mit der Ihrer gelesenen Fassung!

Das Problem der Überbetonung

Nicht nur beim Lesen von Nachrichten stört häufig die Angewohnheit, jedes einigermaßen wichtige Wort eines Satzes gleich stark zu betonen. Für die Zuhörenden wird das Verstehen dadurch erheblich schwieriger. Denken Sie bitte an den Betonungsgrundsatz, dass nur ein Wort eines Satzes eine Hauptbetonung erhält!

Einige Abhilfetipps:
- Sprechen Sie den Satz frei mit eigenen Worten in einer vorgestellten Gesprächssituation! Prüfen Sie, ob die dabei gefundene Betonung auf den Text übertragen werden kann!

- Überlegen Sie, welches Wort für die Zuhörenden die wichtigste neue Information enthält! Nur dieses bekommt die Hauptbetonung.
- Markieren Sie das jeweils wichtigste Wort jedes Satzes durch eine auffällige Unterstreichung! Falls bei längeren Sätzen Nebenbetonungen nötig sind, können diese mit dünner, unterbrochener oder gepunkteter Unterstreichung hervorgehoben werden.
- Weniger Wichtiges, das nur beiläufig gelesen werden soll, kann mit einer dünnen Wellenlinie (~~~~~) symbolisiert werden.

Das richtige Lesen der Satzzeichen

Manche lernten in der Schule eine häufig unsinnige Regel: »Bei jedem Komma Stimme heben und eine kleine Pause machen!« Richtig wäre der Leitsatz: »Satzzeichen sind nicht unbedingt gleichzeitig Vortragszeichen!« Leider sind oft nur grammatikalische Gründe für unsere Zeichensetzung verantwortlich. Für die richtige Betonung hilft vor allem, sich Gedanken zu machen und verschiedene Versionen auszuprobieren! Oft nützt es, wenn Sie den Lesetext in die Ihnen vertraute Umgangssprache »übersetzen« und diese Fassung dann sich oder anderen »erzählen« (ohne Blick auf den Originaltext!). In Zweifelsfällen (auch bei der Suche nach der passenden Stimmung) empfiehlt sich versuchsweise die Gegenüberstellung von übertriebenen Interpretationen.

Nur wenige Regeln zur Satzzeichen-Intonation sind relativ allgemeingültig:

- Aussagen sollten mit Stimmsenkung abgeschlossen werden (= »terminaler Akzent«) – allerdings unterbleibt dies oft in der Umgangssprache;
- Fragen ohne Fragewort (z. B. »Gehst du mit«) erfordern am Ende eine Stimmhebung (= »interrogativer Akzent«);
- Fragen mit Fragewort (»W-Fragen«, z. B. »Wo bist du?«) enden in der Regel mit einer Stimmsenkung;
- Punkte können meistens (aber nicht immer) als Pausenzeichen gelesen werden;
- Strichpunkte erfordern überwiegend eine kurze Pause;
- Fragezeichen haben im Allgemeinen Pausenwert, es sei denn, mehrere Fragen folgen »überhastet« aufeinander;

- Doppelpunkte deuten meist eine Spannung an, bei der die Stimme weder gesenkt noch gehoben wird (= »progredienter Akzent«);
- Klammern (Parenthesen) verlangen in der Regel ein mehr zurück genommenes (leiseres und evtl. auch schnelleres, »beiläufigeres«) Sprechen.

Die Probleme der wörtlichen Rede

Manche lesen wörtliche Reden so dramatisch, als ob sie auf einer Bühne schauspielern müssten – bei vielen anderen ist jedoch überhaupt kein Unterschied zum »normalen« Erzähltext zu hören. Für die angemessene Interpretation der wörtlichen Reden gilt die Forderung, ihre Stimmung und die Charakteristik der sprechenden Person mit den normalen Ausdrucksmitteln der Vorlesenden nachzuvollziehen. Es klingt z. B. komisch und unecht, wenn Männer Aussagen von Frauen in überhöhter »Fistelstimme« lesen.

Die Scheu vor der Textbearbeitung

Vielen Texten (auch von berühmten Dichtern) ist anzumerken, dass sie »still« am Schreibtisch entstanden sind. Die Konsequenz: sie sind nicht gut »sprechbar«, sie klingen nach Papier. Übertriebene Ehrfurcht vor dem Originaltext verhindert dann häufig eine sinnvolle Textbearbeitung. Es gibt viele Beispiele dafür, wie berühmte Rezitatoren bzw. Regisseure erst durch Streichungen, Erweiterungen und Umformulierungen zu anhörbaren Fassungen kamen. Zuweilen können gewisse nonverbale Elemente (z. B. Seufzer, hörbare Atmung, Verlegenheitslaute) entsprechenden Passagen zu einer lebensnahen Stimmung verhelfen.

Das Mitlesen der Zuhörenden

Unbedingt verhindert werden sollte folgende Unsitte: eine(r) liest vor, und das Publikum verfolgt den vor ihm liegenden Text still mit. Dies beeinträchtigt den Kontakt zwischen den Beteiligten (z. B. den Blickkontakt), verändert die Beurteilung (z. B. fällt zu schnelles Lesen kaum auf) und erschwert den angemessenen Ausdruck.

Empfohlene Übungen zur besseren Betonung

Betonungsübung 1: Ein Satz – viele Stimmungen

Sprechen Sie einen einfachen Satz (z. B. »Das war so.«) in möglichst vielen verschiedenen Stimmungen (lustig, traurig, trotzig, schmollend, zweifelnd, neugierig, müde, erschreckt, vorwurfsvoll, fragend, stolz, besorgt, ausgelassen, verärgert usw.). Als Anregung können Sie dazu auch den Sprechstil von Bekannten bzw. Prominenten verwenden.

Betonungsübung 2: Mit Texten spielen

Sprichwörter (z. B. »Heute so, morgen so«) und mehrdeutige Texte (z. B. von Ernst JANDL) eignen sich hervorragend, um unterschiedliche Betonungs- und Ausdrucksvarianten auszuprobieren.

Betonungsübung 3: Ausdrucksimprovisation

Improvisieren Sie szenische Spielformen, in denen pro Spieler(in) nur ein Wort (z. B. »ja«) oder ein Satz (z. B. »Was ist das für ein Wetter!«) in den verschiedensten Ausdrucksmöglichkeiten vorkommen darf.

Betonungsübung 4: Texte markieren

Ein interessanter, abwechslungsreicher und lesbarer Text kann mit Hilfe von kleinen Symbolen vorbereitet werden. Neben den bereits vorgestellten Pausenzeichen (|, |/||, ||/|||) und Betonungsunterstreichungen (<u>dick</u>, <u>dünn</u>, <u>unterbrochen</u>, <u>gepunktet</u>) können Sie kleine Pfeile zum Wechsel der Lautstärke (↑ = lauter; ↓ = leiser), der Tonhöhe (↘ = tiefer bzw. Stimmsenkung, ↗ = höher) und des Sprechtempos (← = langsamer; → = schneller) bei Bedarf eintragen. Eine liegende Klammer (∪) signalisiert: keine Pause (= »Enjambement« oder »Zeilensprung«).

Betonungsübung 5: Spontanes Lesen

Versuchen und üben Sie das sinn- und ausdrucksrichtige Lesen ohne Vorbereitung (»Prima vista lesen«). Das geht so: Betrachten Sie die erste Sinneinheit (= vom Anfang bis zur ersten möglichen Pause), überlegen Sie den Sinn und die Stimmung! Sprechen Sie nun diesen ersten Teil, gleichzeitig überfliegen und überlegen Sie gegen Ende Ihres Sprechens bereits die nächste Sinneinheit, sprechen dann diese und wenden Ihren Blick zum dritten Sinnschritt usw.! Sie lesen also mit Ihren Augen stets einen Schritt voraus. Das Einüben dieser relativ schwierigen Technik wird Ihnen leichter fallen, wenn Sie sich zunächst einfache Texte (z. B. Kinderbücher) vornehmen.

Quellen und weiterführende Literatur zur Intonation

ADERHOLD, Egon: Das gesprochene Wort. Sprechkünstlerische Gestaltung deutschsprachiger Texte. Berlin: Henschelverlag, 1995.

ADERHOLD, Egon: Sprecherziehung des Schauspielers. Grundlagen und Methoden. 5. Auflage. Berlin: Henschel Verlag, 1998.

BEHME-GISSEL, Helma: Deutsche Wortbetonung. Ein Lehr- und Übungsbuch. München: Iudicium, 2005.

KRECH, Eva-Maria: Vortragskunst. Grundlagen der sprechkünstlerischen Gestaltung von Dichtung. Leipzig: Bibliographisches Institut, 1987.

OCKEL, Eberhard: Vorlesen als Aufgabe und Gegenstand des Deutschunterrichts. Baltmannsweiler: Schneider-Verl. Hohengehren, 2000.

PAWLOWSKI, Klaus: Sprechausdruck. Methodische Vorschläge für das 8.–10. Schuljahr, in: Mündliche Kommunikation im 5.–10. Schuljahr. Didaktische Konzepte und Unterrichtsvorschläge, hg. von S. Berthold und C. L. Naumann. Bad Heilbrunn: Klinkhardt, 1984, S. 104–117.

RITTER, Hans Martin: Sprechen auf der Bühne. Ein Lehr- und Arbeitsbuch. Berlin: Henschel, 1999.

SCHULZ, Gudrun: Umgang mit Gedichten. Didaktische Überlegungen, Beispiele zu vielen Themen, Methoden im Überblick. Berlin: Cornelsen Scriptor, 1997 (Reihe »Lehrer-Bücherei: Grundschule«).

SCHWEINSBERG-REICHART, Ilse: Vorlesen – Erzählen. 2. Aufl., Heidelberg: Kerle, 1975.

STANISLAWSKI, Konstantin: Die Arbeit des Schauspielers an der Rolle. 6. Aufl., Berlin: Henschel, 2002.

TROJAN, Felix: Der Ausdruck der Sprechstimme. Eine phonetische Lautstilistik. 2., ergänzte Aufl., Wien, Düsseldorf: Verlag für medizinische Wissenschaften, 1952.

WEITHASE, Irmgard: Sprachwerke – Sprechhandlungen. Über den sprecherischen Nachvollzug von Dichtungen. Köln, Wien: Böhlau, 1980.

3.9 Verständlich formulieren

Verständliches Formulieren ist für (fast) jede Kommunikationssituation wichtig – vorausgesetzt, Sie wollen nicht durch extrem kompliziertes Sprechen »Eindruck schinden« oder andere »übers Ohr hauen«. Dieses Kapitel zeigt die Möglichkeiten, wie die Verständlichkeit gesprochener Sprache beeinflusst werden kann. Vieles davon ist übrigens auch für die Gestaltung schriftlicher Texte interessant.

Eine Einschränkung vorab: Es gibt nicht die Darbietungsform, die stets für alle gleich gut verständlich ist. Somit bleibt einem die Aufgabe nicht erspart, sich vor wichtigen Gesprächen oder Vorträgen ein paar Gedanken zu machen: über die Zuhörenden bzw. Gesprächspartner, deren Bildungsniveau und Vorkenntnisse, deren Gewohnheiten und Einstellungen, über die eigene Motivation, über die Thematik und die Situation.

Selbstverständlich gehört zur Verständlichkeit auch eine bestimmte Sprechweise: z. B. deutliche Artikulation (abhängig von der Situation und Raumgröße), überzeugende Stimme (im Hauptsprechtonbereich), sinnvolle und abwechslungsreiche Betonung (ohne Überbetonung, dafür mit häufigeren Stimmsenkungen am Ende von Aussagen, angemessenes Sprechtempo mit ausreichenden Pausen. Unvermeidbare längere und kompliziertere Sätze sollten beispielsweise etwas schneller gesprochen werden, damit die Zuhörenden den Gedankengang innerhalb ihrer »Gegenwartsdauer« (ca. 7–15 Sekunden) speichern können.

3.9.1 So einfach wie angemessen

Früher war es leicht: »je einfacher – desto verständlicher« hieß die unumstrittene These. Heute wissen wir, dass Einfachheit stets relativ zur Zielgruppe und Situation verstanden werden muss (zu simple Texte lenken ab bzw. regen auf) und dass (angemessene) Einfachheit allein nicht ausreicht, Texte verständlich zu machen. Trotzdem sollten einige Tatsachen aus diesem Sektor bekannt sein. Es geht dabei um die Wortwahl, den Satzbau und um die Konkretheit der Information.

Zur Wortwahl: In älteren Stilfibeln und Sprachbüchern steht, »man solle Fremdwörter vermeiden«. So pauschal stimmt das nicht (zuweilen sind Fremdwörter verständlicher als die deutschen Übertragungen); in vielen Bereichen sind sie sogar unverzichtbar. Probleme treten also nur auf, wenn fremde Wörter verwendet bzw. nicht richtig eingeführt werden. Oft kommt es vor, dass ein fremdes Wort genannt und gleich anschließend erklärt wird. Paradox scheint, dass gerade die mitdenkenden Zuhörenden davon manchmal wenig haben: dann nämlich, wenn sie sofort überlegen, was das neue Wort bedeuten könnte – und dabei die Erklärung verpassen. Umgekehrt ist es besser: den neuen Begriff ankündigen, ihn erklären und mehrmals nennen (evtl. auch »visualisieren«, z. B. anschreiben).

Beim Satzbau gelten folgende Grundregeln:
- kürzere Sätze sind verständlicher, aber nur kurze Sätze langweilen;
- Schachtelsätze (= »hypotaktische Konstruktionen«) sind problematisch, aber nur Hauptsatzaufzählungen (bzw. »parataktische Konstruktionen«) wirken im akademischen Umfeld niveaulos;
- Passivsätze erschweren oft die Verständlichkeit, aber nur Aktivsätze verwenden geht (schon aus Sachgründen) selten.

Hinweis

Bei Untersuchungen kam heraus, dass professionell Sprechende im Durchschnitt erheblich kürzere und einfachere Sätze verwenden als »Amateure«.

Die Konkretheit der Information erleichtert (falls vorhanden) erheblich das Verstehen. Abstrakte Begriffe lassen sich leicht an ihren Endungen erkennen, z. B. -heit, -ie, -ik, -ion, -ismus, -ität, -keit, -enz, -tur und -ung. Treten sie gehäuft auf, dann fällt das Zuhören schwer.
Ullrich Günther und Norbert Groeben entwickelten folgenden Test (hier vereinfacht wiedergegeben), mit dem Sie herausfinden können, ob Texte zu abstrakt formuliert sind. Zählen Sie erst alle

Hauptwörter (Substantive), dann alle Hauptwörter mit einer der zehn genannten abstrakten Endungen. Erreicht diese Zahl über 30 % aller Substantive, dann ist der Text sehr abstrakt und kaum verständlich. Ein mittelmäßiger Wert liegt zwischen 16 und 25 %; sehr konkrete und anschauliche Texte enthalten höchstens 5 % abstrakte Begriffe.

3.9.2 Gut gegliedert – halb gewonnen

Gut gegliederte Texte brauchen zweierlei:

- einen Gedankengang (= »innere Ordnung« bzw. »roter Faden«), der dem Thema und der Situation angemessen ist, und
- eine Vortragsweise (= »äußere Ordnung«), die den Zuhörenden das Verstehen erleichtert.

Drei Grundsätze zum Aufbau von Informationstexten:

1 Vom Grundsätzlichen bzw. Überblick ausgehend hin zu den Einzelinformationen (= deduktiv) ist meist verständlicher als umgekehrt (= induktiv) vorzugehen. Ausnahmen: wenn mit einem guten Beispiel motiviert oder gemeinsam etwas erarbeitet werden soll.
2 Eine eher aufzählende, einfache Gliederung wirkt günstiger als eine zu stark differenzierte (Ein Satz wie »Ich komme nun zu Punkt 2.2.3« würde nur dann richtig verstanden werden, wenn alle die Gliederung vor sich liegen haben!).
3 Strittige Aspekte sollten eher am Ende und argumentativ eingeleitet vorgetragen werden. Ausnahme: Wenn die Zuhörenden bzw. Gesprächspartner diese bereits kennen und erwarten, ist es günstiger, sie möglichst früh anzusprechen.

Für die informative Vortragsform haben sich folgende Methoden bewährt:

1 Ein Überblick am Anfang, falls der Beitrag voraussichtlich länger als einige Minuten dauert. Vorinformierte Zuhörende können mehr verstehen!

2 Die Gliederung sollte auch während des Vortrags deutlich werden, z. B. durch Zwischenzusammenfassungen oder Ankündigungsformulierungen wie »der nächste Teil behandelt ...«. Nebeneffekte: jede neue Themenankündigung kann ein kleiner Motivationsschub sein, die Zuhörenden prägen sich das Gesagte besser ein.

3 Wichtiges und Interessantes sollte nicht nur sprecherisch stärker betont werden, sondern auch verbal als wichtig und interessant eingeführt werden.

4 Eine Zusammenfassung am Schluss ist selten verkehrt! Nur einmal Gehörtes merkt sich schlecht ...

3.9.3 Nicht zu kurz und nicht zu lang

Zunächst eine Begriffsklärung: Kürze meint die absolute Dauer eines Beitrags, mit Prägnanz bezeichnen wir das Verhältnis zwischen Informationsmenge und Sprechzeit.

Einige Überlegungen zur Kürze:

1 Wichtigstes Kriterium ist die Erwartung der Zuhörenden bzw. Gesprächspartner. Wird deren Vorstellung von der Sprechzeit überschritten, so droht Aufmerksamkeitsverlust. Zum Glück kann fast immer die Erwartung durch Vorausinformation korrigiert werden (»Ich fand so viele interessante Fakten, dass ich 10 Minuten länger ...«)

2 Experimentell konnte allerdings bewiesen werden, dass kaum eine Person einem Monolog länger als 40 Minuten ohne Informationslücken intensiv zuhören kann – auch bei den besten Vorträgen nicht! Durch Sprecher- bzw. Medienwechsel lässt sich diese Zeit leicht strecken.

3 Unsere populären Medien (z. B. die meisten Radiosender) bevorzugen extreme Kürze. Nur selten darf ein Beitrag fünf Minuten überschreiten. Dies erzeugt Hörgewohnheiten, die berücksichtigt werden müssen.

4 Bei Konferenzen, die unter Zeitdruck stehen, werden viele bereits nach einer Minute Sprechzeit ungeduldig. Besser ist es dann, sich mehrmals zu Wort zu melden.

5 Zu kurze Beiträge (= nur ein Satz) gehen oft unter! Die Zuhörenden brauchen einige Sekunden, um sich auf die sprechende
Person einzustellen. In dieser Zeit ist die Aufnahmefähigkeit
stark eingeschränkt.

... und zur Prägnanz:

1 Es geht hier um einen vernünftigen Mittelweg. Information
pur ohne anschauliche Zusätze, ohne kleinere Erholungspau-
sen ist so ungenießbar wie Kaffee-Extrakt ohne heißes Wasser.
Wer aber vom Hundertsten ins Tausendste kommt, ins
»Schwafeln« gerät, macht sich ebenfalls unbeliebt.

2 Unwillkürlich schließen Zuhörende von der Länge, die einem
Aspekt gewidmet wird, auf dessen Wichtigkeit. Dies kann
sachlich berechtigt sein – wenn nicht, dann helfen entsprechende Vorwegerklärungen.

3 Fast nie wird es möglich sein, alles zu einem Thema zu bringen. Perfektionismus in den Details erschwert das Verstehen
der zentralen Punkte. Nutzen Sie deshalb die Möglichkeiten
der »Dreispaltenkonzepttechnik« mit ihrer »Reservespalte«
(vgl. das Kapitel zur Konzepttechnik).

3.9.4 Die Würze gegen Langeweile

Wollen Sie, dass Ihren Gesprächspartner(inne)n das Zuhören
Spaß macht, dass Aufmerksamkeit und Motivation erhöht werden? Genau dafür brauchen Sie **zusätzliche Anregungen**. Wir
verstehen darunter eine Reihe von Mitteln:

1 Stilelemente wie Fragen (auch »rhetorische Fragen«), Aus-
rufe, wörtliche Rede, direktes Ansprechen der Zuhörenden,
witzige oder ungewöhnliche Formulierungen, Ausflüge in andere Stilebenen (z. B. Umgangssprache, Dialekt, Jugendsprache).

2 Direktes Eingehen auf Probleme, Gefühle, Motive der Zuhörenden (sogar wenn es scheinbar nicht so gut zum Thema
passt): Gesprächsstörungen haben Vorrang!

3 Konkrete Beispiele oder Vergleiche vermitteln Informationen vor
allem an die, die mit abstrakten Begriffen zu kämpfen haben.

4 Im rechten Maß eingesetzte Medien (z. B. Computer-Präsentationsprogramme, Tafel, Folien, Dias, Videos, CDs) können viele Worte ersparen. Beachten Sie jedoch: jeder Medienwechsel kostet einige Momente Umstellungszeit (auch bei den Zuhörenden, die sich erst auf die neue Darbietungsform einstellen müssen). Nur wenige können gleichzeitig etwas Neues sehen und gut zuhören! (Vgl. dazu die Gedanken zu den »Visualisierungen« im folgenden Abschnitt.)

Quellen und weiterführende Literatur zum verständlichen Sprechen:

Allhoff, Dieter-W. und Waltraud: Rhetorik und Kommunikation. 12. Auflage. Regensburg: bvs, 2000.

Groeben, Norbert; Günther, Ullrich: Abstraktheitssuffix-Verfahren: Vorschlag einer objektiven ökonomischen Messung der Abstraktheit/Konkretheit von Texten, in: Zs. f. exp. u. angew. Psychologie 28 (1978), S. 55–74.

Langer, Inghard; Schulz von Thun, Friedemann, Tausch, Reinhard: Sich verständlich ausdrücken. 7., überarb. und erweiterte Auflage. München, Basel: E. Reinhardt, 2002.

Schneider, Wolf: Deutsch fürs Leben. Was die Schule zu lehren vergaß. Reinbek: Rowohlt Taschenbuch Verlag, 1994 (Taschenbuch-Neuauflage 2001).

Teigeler, Peter: Verständlichkeit und Wirksamkeit von Sprache und Text. Stuttgart: Nadolski, 1968.

3.10 Anschauliches und abwechslungsreiches Sprechen

3.10.1 Das Kino im Kopf – So wird es anschaulich

Dass man mit Hilfe von prägnanten Begriffen eine höhere Anschaulichkeit erzielen kann, hat man wohl schon in der Schule gehört. Doch die schönsten Wörter helfen nicht weiter, wenn sie der Adressat nicht kennt. So hätte ich z. B. große Probleme, den Unterschied zwischen einer Revers- und einer Polobluse zu erfassen (höchstens, wenn ich im Duden-Bildwörterbuch auf S. 66 f. nachschlage), dafür kenne ich sofort den Unterschied zwischen

Calypsorot und Luziferrot (weil ich bereits Autos in diesen Farben gefahren habe).

Besser klappt das anschauliche Sprechen mit Hilfe von Vergleichen. Erinnern Sie sich noch an die »märchenhaften« Farbbezeichnungen »schwarz wie Ebenholz« oder »rot wir Purpur«? Oder finden Sie es eindrucksvoll, wenn man hohe Summen in aneinandergereihte Geldscheine umrechnet? (1 Million Euro = 2,8 km Fünfzig-Euro-Scheine). Wer solche bildhafte Vergleiche benutzt, nutzt damit das Imaginations- und Speicher-Potential der rechten Gehirnhälfte.

Eine sehr menschliche Methode der Veranschaulichung wird häufig vergessen: das Vorspielen. Bei vielen Themen bietet die Sprache des Körpers, die Gestik, der Einsatz von stimmlichen oder artikulatorischen Variationsmitteln ideale Möglichkeiten, das Gemeinte deutlich zu machen. Manche Informationen können in Form eines gespielten Dialogs verpackt werden. Sie brauchen dazu weder Geld noch Geräte, können kleine wie große Gruppen erreichen; die Teilnehmenden lachen und sind so optimal gestimmt. Aber: Ohne etwas Talent bzw. Training geht es nicht; bei ernsten Themen können intensive körpersprachliche Demonstrationen peinlich wirken.

3.10.2 Varietas delectat – So wird es abwechslungsreich

Abwechslung können Sie mit zahlreichen Mitteln erreichen:

- Wechsel in der Darbietung zwischen primär sichtbaren (visuellen) und primär hörbaren (auditiven) Passagen
- Wechsel zwischen Monolog und Dialog
- Wechsel zwischen verschiedenen Sprechern (evtl. auch per Toneinspielung)
- Wechsel zwischen eher abstrakten (theoretischen) und eher konkreten Aussagen (Beispiele)
- Wechsel zwischen komplizierteren und einfacheren Formulierungen
- Wechsel zwischen verschiedenen Intonationsmustern (lauter/leiser, höher/tiefer, schneller/langsamer, mehr/weniger regional gefärbt)

3.10.3 Übung macht den Meister

In kaum einem anderen Bereich ist Routine so wichtig wie in der Rhetorik, allerdings nur, wenn sie mit objektiver Qualität und positiver Resonanz verbunden ist. Umgekehrt formuliert: Wer bereits 99mal langweiligen Mist produziert hat und überwiegend negatives Feedback bekommen hat, kann kaum beim 100. Vortrag gut und sicher wirken. Wer sich jedoch als lernwillig und lernfähig zeigt, wird von den guten wie von den schlechten Erfahrungen viel profitieren.

Fragen zu Kapitel 3

1. Wie definieren Sie den Begriff »Rhetorik«?
2. Welche Stilfiguren kennen Sie?
3. Nach welchen Kriterien beurteilen Sie Sprechleistungen?
4. Wo sehen Sie Eingriffsmöglichkeiten bei Lampenfieber?
5. Vor Ihnen sitzt ein Schüler mit verschränkten Armen. Wie interpretieren Sie diese Körperhaltung?
6. Welche Atmung ist zum Sprechen optimal geeignet?
7. Warum ist eine überhöhte Stimme nachteilig?
8. Was könnten Sie gegen Stimmprobleme tun?
9. Wo können Sie die normierte Aussprache nachschlagen?
10. Welche Betonungsmöglichkeiten gibt es?
11. Was kennzeichnet besonders verständlich formulierte Texte?
12. Womit können Sie abwechslungsreiches Sprechen fördern?

PRÄSENTATION | 4

4.1 Allgemeines zu Referaten und anderen Präsentationen

4.1.1 Was wird erwartet?

Nicht nur in der Wirtschaft gilt das Motto: Zeit ist Geld! Nun in ganz seltenen Ausnahmefällen dürfen Sie erwarten, dass die Zuhörenden primär wegen Ihrer schonen Augen und ihrer tollen Figur kommen. Das Zuhören muss sich lohnen! Ein paar nützliche Informationen sind das Mindeste, was man erwarten darf. Viele freuen sich auch über Denkanregungen, andere fragen mehr nach dem praktischen Nutzen (z. B. Arbeits- oder Prüfungserleichterung). Im akademischen Bereich sind Qualitäten wie Anschaulichkeit und Unterhaltung zwar relativ unüblich, aber die wenigsten dürften etwas dagegen haben.

Was nicht so gerne gesehen wird, sind Referierende, die die Chance der Präsentation Ihres Wissens missbrauchen zur überheblichen Demonstration Ihrer Belesenheit und Klugheit. Aber auch peinliche Fälle von Nichtwissen, sprachlicher Inkompetenz und mangelhafter Vorbereitung nerven!

4.1.2 Voraussetzungen für eine gute Präsentation

Dass es ohne eine gewisse Motivation nicht klappt, ist eine Binsenweisheit. Die erste Frage ist deshalb für mich: **Warum ist mein Beitrag interessant oder wichtig?** Geht es um eine gute Note, um meine Karriere? Hilft der Beitrag meinen Zuhörenden bei ihren Aufgaben? Kann ich vielleicht sogar mit ungewöhnlichen Neuigkeiten überraschen?
Sollte Ihnen auf diese Fragen keine vernünftige Antwort einfallen, dann könnten Sie vielleicht die Person fragen, die Ihnen die Aufgabe gestellt hat. Und wenn auch die keine Erklärung weiß, was der Beitrag bringen soll, dann sollte man sich eigentlich die Vorbereitungsmühen sparen. Unter derartig schlechten Voraussetzungen kommt nämlich meist nicht mehr heraus als eine für alle Beteiligten langweilige Pflichtübung!

4.1.3 Die Formel zum guten Ankommen: E + E + E

Soll eine Vorbereitung zügig laufen, jedoch trotzdem das Allerwichtigste berücksichtigen, so empfehle ich die »**Drei-E-Methode**«:

Erwartung: *Was erwarten meine Zuhörenden?*

Ergebnis: *Welches Ergebnis sollte herauskommen?*

Einstieg: *Welchen Einstieg könnte ich bringen?*

Als erstes geht es um die Frage, was die Zuhörenden erwarten. Im Abschnitt 4.1.1 stehen dazu einige allgemeine Überlegungen, die Sie in Hinblick auf die reale Situation und Zielgruppe konkretisieren müssten. Falls Sie trotzdem keine befriedigenden Antworten finden sollten, lohnt sich eine Vorab-Befragung einiger Zuhörer bzw. der Lehrkraft. In Ausnahmefällen (aber nur, wenn Sie das Thema sehr gut beherrschen!) können Sie die Frage nach den Erwartungen sogar zu Beginn an die gesamte Zuhörergruppe richten, die Antworten sammeln (eventuell auch visualisieren) und ein echtes Unterrichtsgespräch beginnen.

Die zweite Frage sollte dem angestrebten Ergebnis gelten. Was soll hängen bleiben? Nur naive Utopisten würden diese Frage mit »Alles« beantworten. Realisten sind schon zufrieden, wenn langfristig von einem Beitrag ein einziger Satz behalten wird. Stellen Sie sich vor, Sie müssten einen prägnanten Werbeslogan zu Ihrem Thema formulieren ...

Die dritte Frage sollte erst bedacht werden, wenn Sie sich über die anderen beiden klar sind, denn schließlich muss ein wirksamer Einstieg sowohl die Erwartungen der anderen wie auch Ihr angestrebtes Ergebnis berücksichtigen. Zu den zahlreichen Einleitungsmöglichkeiten enthält dieses Buch ein eigenes Kapitel (4.4).

4.2 Ideen sammeln

Zahlreiche Techniken werden empfohlen, wenn es um die Stoffsammlung für Vorträge geht. Heute üblich (und deshalb hier nicht ausführlicher beschrieben) ist die Methode, den Computer anzuwerfen und im Internet eine der üblichen Suchmaschinen bzw. Wikipedia zu befragen. Experten kennen natürlich noch weitere Quellen, wie man mit technischer Hilfe an mehr Informationen kommt. CD-ROMs mit Nachschlagewerken oder mit relativ aktuellen Zeitschriftenjahrgängen (z. B. Zeit / Spiegel) sind hier zu nennen, für viele Themen gibt es spezielle Datenbanken und aktuelle Foren im Internet.

4.2.1 Klassische Methoden

Beginnen will ich hier mit einer scheinbaren Selbstverständlichkeit, die leider oft nicht ausreichend berücksichtigt wird: **Gespräche** haben nämlich einen unschätzbaren Wert beim Ideensammeln. Dabei ist es nicht unbedingt nötig, dass Ihre Partner über Expertenwissen verfügen. Oft sind mit »gesundem Menschenverstand« ausgestattete Laien, naive Fragen und gutes Zuhören viel hilfreicher. (Vgl. den lesenswerten Brief von Heinrich v. Kleist: Über die allmähliche Verfertigung der Gedanken beim Reden)

Immer noch empfehlenswert ist der Griff nach **Lexika** oder anderen **Nachschlagewerken**. Sie gewinnen damit zumindest die Sicherheit von (meist) allgemein anerkannten Definitionen, und manchmal tauchen darin sogar für »Insider« interessante Informationen auf. Will man Begriffe im Sinne des üblichen Sprachgebrauchs verwenden bzw. etwas über die Entstehung eines Wortes wissen, dann empfiehlt sich »Das große Wörterbuch der deutschen Sprache« von Duden in acht bzw. zehn Bänden oder das von Jacob und Wilhelm Grimm begründete »Deutsche Wörterbuch« (inzwischen auf CD-ROM und im Internet unter http://germazope.uni-trier.de/Projects/WBB/woerterbuecher/dwb/wbgui?lemid= zu finden).

In Bibliotheken stehen i. d. R. mehrere **Zitate-Handbücher** zur Verfügung. Wer darin die Schlüsselwörter des Vortrags nachschlägt, kommt oft auf besonders gut formulierte Aussagen, die dann auch gut ankommen (vorausgesetzt, Sie erwähnen die Originalquelle!).

Ein Beispiel zum Thema »Rede«: Im »DUDEN Bd. 12 – Zitate und Aussprüche« stehen dazu neun mehr oder weniger humorvolle Aussagen, z. B. ein Satz von Mark Twain: »Eine gute Rede hat einen guten Anfang und ein gutes Ende – und beide sollten möglichst dicht beieinander liegen.«

Wenn besonders viele verschiedene Ideen gefragt sind, könnte der bewährte Trick des »Perspektivenwechsels« helfen: Sie fragen sich, was andere zu Ihrem Thema sagen würden. Erinnern Sie sich beispielsweise an die Lehrkräfte Ihrer Schule: Was wüsste der Deutschlehrer, die Mathelehrerin, die Historikerin, der Geograph, der Sportlehrer, die Musiklehrerin? Vielleicht ist Ihnen inzwischen die Struktur einer Hochschule vertrauter: Welche Informationen zu Ihrer Fragestellung könnten die jeweiligen Fächer bringen? Oder gehen Sie in Gedanken die Teile einer guten Zeitung durch: Was steht im Politikteil, im Ressort Wirtschaft, im Feuilleton, auf den Sportseiten? Leider funktioniert diese Methode nur, wenn Sie zumindest ein wenig Ahnung von den jeweiligen Bereichen haben.

4.2.2 Brainstorming

Die weithin wohl bekannteste, nicht nur in der Wirtschaft bzw. in der Werbung bewährte Ideenfindungsmethode ist das **»Brainstorming«**: Das Gehirn wird nach passenden Einfällen durchgestöbert, alle spontan gefundenen Gedanken werden auf kleine Zettel, auf große Blätter oder in eine neue Computerdatei geschrieben. Um den Gedankenfluss nicht zu blockieren, sollte zunächst auf jede (Selbst-)Kritik verzichtet werden. Scheinbar dumme Ideen können nämlich später in leicht veränderter Form höchst originelle und positive Aussagen ergeben.

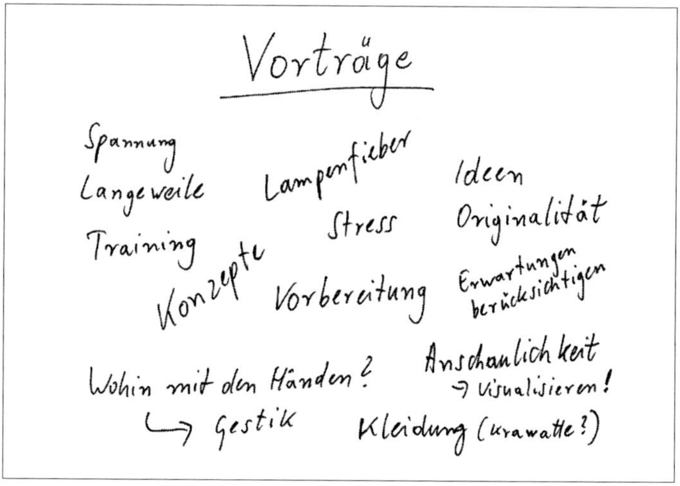

Abb. 9 | Ein Beispiel zum Brainstorming

4.2.3 Mind Mapping

Eine sehr anschauliche Art, Ideen und Zusammenhänge darzustellen, nennt sich »**Mind Mapping**« – dabei wird eine Art »Land-
karte der Gedanken« erstellt.
Begonnen wird mit einem zentralen Stichwort, das in die Mitte
eines möglichst großen Blattes geschrieben wird. Strahlenartig
davon ausgehend können nun die diversen Ideen notiert werden,
die sich bei Bedarf immer weiter verästeln.

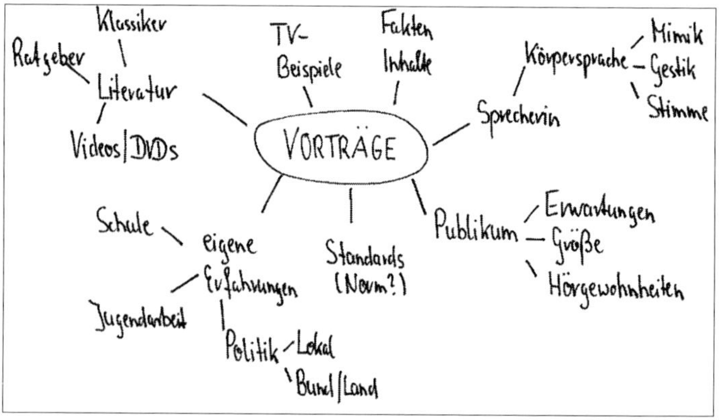

Abb. 10 | Ein Beispiel zum Mind Mapping

Literatur zum Mind Mapping:

BUZAN, Tony: Mind Map – die Erfolgsmethode. Die geistigen Möglichkeiten steigern und optimal nutzen. München: Goldmann Verlag, 2005.

BUZAN, Tony; BUZAN, Barry: Das Mind-Map-Buch. Die beste Methode zur Steigerung Ihres geistigen Potentials. 5., akt. Auflage. Frankfurt am Main: Redline, 2005.

4.2.4 Laterales Denken

Eine weitere, relativ neue Methode nennt sich **»laterales Denken«** (nach Edward de Bono). Sie ist vor allem dann wertvoll, wenn möglichst viele originelle Ideen gefragt sind: Diese kommen häufig erst dann, wenn Sie nicht mehr nur stur an Ihre Hauptaufgabe denken, sondern stattdessen ganz entspannte »Spaziergänge« durch vertraute »Denkräume« unternehmen und scheinbar wenig zusammenpassende Aspekte kombinieren.

Beispiel

Dazu ein Beispiel: Stellen wir uns vor, Sie müssten über »Das Problem der Arbeitslosigkeit« referieren. Sie gehen – echt oder in Gedanken – durch die Stadt. Sie sehen einen Autobus, vielleicht fällt Ihnen ein, dass es früher Schaffner gab, dass heute ein größeres Sicherheitsbedürfnis v. a. bei nächtlichen Fahrten besteht und Security-Personal gefragt wäre, vielleicht könnte man allgemein den ÖPNV ausbauen. Dann sehen Sie eine Bankfiliale, es kommen Ihnen einige finanzielle Aspekte in den Sinn (z. B. die Verschuldung, die Transferleistungen für Arbeitslose, die Steuereinnahmen). Die vielen Autos erinnern Sie an die Automobilindustrie und deren Zulieferer, an den Export, an die Umweltverschmutzung usw ...

Literatur zum Lateralen Denken:

DEBONO, Edward: Six Thinking Hats. New York: Little Brown, 2003.

KLUGE, Karl-J.; LÜNEBURG, Eva; PETERS-MOALLEM, Susanne: Erfolgreich »um die Ecke denken«. Laterales Denken als Wege zum vielfarbigen Lern- und Arbeitserfolg. Ein Leittext-Lern-Programm für Optimisten. Viersen: Verlag Humanes Lernen, 1998.

4.3 Gliedern und ordnen (Strukturierungshilfen)

Alle benutzen – bewusst oder unbewusst – bestimmte Vorgehensweisen, wenn es gilt, andere zu informieren oder zu überzeugen. Häufig entsteht dabei das Gefühl, dass das eigene Sprechen verständlicher, logischer, wirkungsvoller werden könnte. Auch die Rhetorik beschäftigt sich schon seit der Antike mit dieser Frage und liefert eine Reihe von Antworten in Form von »Strukturierungshilfen«. Zwei Ziele werden damit angestrebt:
- die Vorbereitung und Planung von Gesprächsbeiträgen und Reden zu erleichtern (auch wenn es am Anfang mangels Übung nicht so aussieht!),
- die Wirkung des Gesagten durch logischen Aufbau und durch eine an den Zuhörenden orientierte Vorgehensweise zu erhöhen (auch wenn die vielleicht vorhandenen alten »Streiterfahrungen« den neuen Vorschlägen zunächst scheinbar widersprechen!).

Strukturierungshilfen arbeiten mit Fragen oder mit Schlüsselwörtern, die in der vorgegebenen Reihenfolge beantwortet bzw. mit Inhalten versehen werden. Beispiele und Übungsanregungen, die sich in der Praxis bewährt haben, finden sich in den folgenden Abschnitten.

Noch eine methodische Bemerkung: Der souveräne Umgang mit Gliederungsvorgaben ist vor allem Übungssache. Werden die Grundformen beherrscht, könnten und sollten auch Variationen eingesetzt werden. Es würde mir nämlich widerstreben, Ihnen schematisiertes Reden anzutrainieren. Das wäre auch nur schwer möglich, denn kein Modell passt für alle Gesprächs- und Redesituationen.

4.3.1 Logische und pädagogische Gliederungs- prinzipien

Vor der Erarbeitung eines Beitrags steht die Stoffsammlung. Sortieren können Sie Ihre Ideen zunächst nach inhaltlichen Aspekten. Zusammenpassende Gedanken werden zu Häufchen oder »Clustern« gebündelt und mit Überschriften versehen (z. B. mit Hilfe von farbigen Blättern).

Eine einfache Frage hilft bei der Ordnung der Gedanken nach ihrer Wichtigkeit: **Muss, soll oder kann** etwas gebracht werden? Kleine Symbole zu den Stichwörtern (++, +, ?) oder unterschiedliche Textgestaltungsformen (**fett**, normal, *kursiv*) können die Hierarchie gut sichtbar machen.

Wenn es um die **Reihenfolge** geht, empfehle ich zwei Prinzipien: Das chronologische »früher kommt vor später« und das logische »Ursache kommt vor Wirkung«. Anschaulicher für die Zuhörenden wird es oft, wenn mit einem praktischen Beispiel begonnen wird.

Viele nutzen eine andere seit der Antike bekannte Methodik. Sie arbeiten mit **Strukturierungshilfen** und deren vorgegebenen Fragen oder Überschriften. Ganz einfach und aus der Schule wohl bekannt ist beispielsweise die Vorgehenswiese »Einleitung – Hauptteil – Schluss«.

Für die **Unterrichtsvorbereitung** gibt es an unserer Hochschule folgende Vorgabe (nach GONSCHOREK und SCHNEIDER):

1. Hinführung (Begrüßung, einleitende Maßnahme)
2. Erarbeitung (Einzelne Erarbeitungsphasen, Möglichkeiten der Differenzierung, Methodische Alternativen)
3. Ergebnissicherung (Präsentation, gemeinsame Erörterung des Erarbeiteten, Tafelbild, Hefteintrag, Hausaufgabe)

Hinweis

Manche amerikanische Rhetoriker (z. B. Paul Penfield jr.) empfehlen eine ganz einfache Vorgehensweise: Say what you want to say, say it, and say what you said (»Sage, was Du sagen willst – Sage es! – Sage, was Du gesagt hast«). Eine Auswahl von weiterführenden Vorschlägen finden Sie im folgenden Kapitel.

Quellen und Literatur zur Gliederung:

GONSCHOREK; Gernot; Susanne SCHNEIDER, Susanne: Einführung in die Schulpädagogik und die Unterrichtsplanung, 4. Auflage. Donauwörth: Auer, 2005.
WAGNER, Roland W.: Grundlagen der mündlichen Kommunikation. 9. erw. Auflage. Regensburg: BVS, 2004.

4.3.2 Kurz und einprägsam informieren

Soll ein neuer, wichtiger Begriff vorgestellt werden, wird eine gute Antwort auf eine Informationsfrage erwartet oder etwas in Gesprächen oder Vorträgen erklärt, passt das folgende Modell. Das dazu passende Motto »Aus eins mach vier – aus Vier mach Eins!« ist so zu verstehen: »Aus einem Satz mache vier Sätze – aus der Note Vier mache die Note Eins!«

Schritt 1: Motivation

– Warum ist das zu Erklärende wichtig und/oder interessant? Warum lohnt sich das Zuhören und Merken?
    Kurzfrage: **Wie wichtig ist X?**

Schritt 2: Deduktion

– Zu welchem den Zuhörenden bereits bekannten, übergeordnetem Thema gehört das zu Erklärende?
    Kurzfrage: **Wozu gehört X?**

Schritt 3: Definition

– Eigentliche Beschreibung oder Erklärung, z. B. durch eine klassische Definition (= der neue Begriff wird durch die logische Kombination von mindestens zwei bekannten Begriffen erklärt, z. B. Wallach = kastrierter Hengst). Weitere Möglichkeiten für eine gute Erklärung sind Übersetzungen, Informationen zur Begriffsherkunft, Aufzeigen eines bekannten Gegenteils)
    Kurzfrage: **Was ist X?**

Schritt 4: Exemplifikation

– Beispiel(e) zur Begriffsverwendung
   Kurzfrage: **Beispiel für X?**

Beispiel: »Motivation« in vier Sätzen erklärt

Wer wirkungsvoll sprechen will, sollte das Wort »Motivation« kennen.
Motivation ist ein Zentralbegriff der Psychologie und Pädagogik.
Nach Duden bedeutet Motivation: »die Beweggründe des Willens«.
Motivation hat man z. B., wenn man glaubt, dass sich das Zuhören lohnt.

4.3.3 Ein Sachreferat gliedern

Eine Redezeit zwischen 5 und 40 Minuten ist typisch für ein Sachreferat. Der folgende Gliederungsvorschlag in sechs Schritten hilft sowohl bei der Vorbereitung wie bei der eigentlichen Präsentation.

Schritt 1 (Motivation):

Wie lautet mein Thema? Warum ist dieses Thema für meine Zuhörenden wahrscheinlich interessant und/oder wichtig?

Schritt 2 (Methodik):

Wie behandle ich das Thema? Welche Schwerpunkte setze ich, was klammere ich aus? Welche Quellen gibt es, welche habe ich benutzt? Wie will ich in meinem Referat vorgehen (»Grobgliederung«)?

Schritt 3 (Sachinformation):

Was gibt es zum Thema zu sagen? Was steht in meinen Quellen?

Schritt 4 (Interpretation):

Was ist meine eigene Meinung zum Thema?

Schritt 5 (Abrundung):

Wie kann ich das Wichtigste kurz zusammenfassen? Welche Probleme sind noch ungeklärt?

Schritt 6 (Diskussion):

Gibt es Ergänzungen, Fragen oder Einwände?

Hinweis:

Zuweilen (z. B. unter Zeitdruck und bei manchen Dozierenden, die anscheinend an die absolute Objektivität glauben) muss beim Sachreferat auf die Schritte 4 (Interpretation) bzw. 6 (Diskussion) verzichtet werden!

4.3.4 Ein Problem ansprechen

Das seit über 70 Jahren bewährte »MISLA«-Modell hilft immer dann, wenn ein Problem oder Ärgernis nicht nur kritisiert, sondern möglichst sachlich und konstruktiv geklärt bzw. gelöst werden soll. Diese nach den Anfangsbuchstaben ihrer fünf Schlüsselwörter benannte Strukturierung wurde zuerst von Richard WITTSACK vorgestellt (Lerne reden! Ein Weg zum Erfolg. Praktische Redelehre. Leipzig 1935)

Schritt 1 (Motivation):

Warum spreche ich?
Anmerkung: Es genügt, wenn man kurz sagt, dass man ein Problem hat, sich geärgert hat, einen Vorschlag bringen möchte.

Schritt 2 (Ist-Zustand):

Was ist (war) das Problem?

Wichtigste Regel: Bleiben Sie sachlich, bringen Sie ausschließlich Fakten, verzichten Sie auf Wertungen.

Schritt 3 (Soll-Zustand):

Wie sollte es sein? Welcher Zustand soll eintreten?
Empfehlung: Formulieren Sie einen realistischen Idealzustand, mit dem auch Ihr Gegenüber leben könnte.

Schritt 4 (Lösung):

Wie könnte dies erreicht werden?
Anmerkung: Manchmal, vor allem bei überdurchschnittlich intelligenten, gebildeten und selbstbewussten Adressaten, ist es günstiger, mindestens zwei Lösungen vorzuschlagen.

Schritt 5 (Appell):

Was muss getan werden?
Tipp: Möglichst klar und eindeutig formulieren!

Ein Beispiel zum MISLA-Modell:

Seit unserem Einzug ärgere ich mich über die Elektrik.
Betreiben wir zwei Küchengeräte gleichzeitig, fliegt die Sicherung.
Besser wäre es, wenn wir den üblichen Standard hätten.
Dies könnte mit einer zusätzlichen Leitung erreicht werden.
Deshalb sollte morgen ein Elektriker kommen!

4.3.5 Für etwas werben

Das aus der amerikanischen Werbepsychologie stammende AIDA-Modell hat sich in der Originalform vor allem beim Verkauf (auch beim »Verkauf« von Meinungen) bewährt. Wer gelegentlich Werbespots sehen bzw. hören kann (oder muss?), wird diese Vorgehensweise häufig erleben.
Grundsätzlich ist es immer vorteilhaft, beim überzeugenden Sprechen die Interessen der Zielgruppe zu bedenken und in der eigenen Argumentation zu berücksichtigen, so wie es der dritte

Schritt des AIDA-Modells verlangt. Dieser sehr wichtige »Vorteils-aspekt« lässt sich normalerweise leicht mit den anderen in diesem Kapitel vorgestellten Strukturierungshilfen verbinden.

Schritt 1: Attention

(Aufmerksamkeitsweckung; die Zielgruppe soll zuhören!)

Schritt 2: Interest(ing)

(Interesseweckung; die Zielgruppe soll interessiert zuhören!)

Schritt 3: Desire

(Darstellung oder Erweckung von Wünschen; die Zielgruppe soll interessiert zuhören, welche Vorteile ihr geboten werden!)

Schritt 4: Action

(Appell, Aufforderung zum Handeln)
(= die Lösung, mit der die Zielgruppe ihre Wünsche befriedigen bzw. die Vorteile erlangen kann.)

Zum AIDA-Modell wurde auch eine einfachere und einprägsame Kurzfassung vorgeschlagen:
Hey – You – Why – What
(Hallo – [gerade] Du/Sie – Warum – Was)

Ein fingiertes Beispiel für das AIDA soll dies verdeutlichen:

Heute empfehlen wir etwas absolut Neues!
Es geht um Ihre gesunde Zähne!
Zuviel Zucker fördert Karies.
Kaufen Sie deshalb zuckerfreie Gummibärchen!

4.3.6 In drei Schritten überzeugen

Bei der Dreischritt-Vorgehensweise handelt es sich um eine klassische Strukturierungshilfe, die viele seit der Antike bewährte

Gedanken aufgreift. Sie ist fast universell einsetzbar, z. B. als Gerüst für einen wirksamen Gesprächsbeitrag oder als Element für eine argumentative Passage in einem Vortrag. Besonders geeignet ist sie, wenn mit kritischem Publikum bzw. mit Widerspruch gerechnet werden muss. Nur wenn Sie ganz sicher sind, dass niemand etwas gegen Ihren Vorschlag haben kann, können Sie auf Begründungen und somit auf den zentralen Schritt des Modells verzichten.

Drei Grundsätze sind bei der Dreischritt-Methode wichtig:

Erster und wichtigster Grundsatz:

Die Reihenfolge in der Planung eines Dreischritt-Beitrags läuft anders als anschließend gesprochen wird, nämlich (in der Regel) genau umgekehrt!

Begründung: Wer zu einer Meinungsänderung oder Handlung bewegt werden soll, zeigt oft wenig Bereitschaft dazu (Dahinter steht als Prinzip die von FESTINGER so genannte »kognitive Konsonanz«!). Erleichtert wird die Überzeugung, wenn den anderen zunächst nur das Thema genannt wird, anschließend eine nachvollziehbare Argumentation formuliert werden und erst am Ende der Zielsatz (= die eigene Ansicht, eine These, ein Appell, eine Forderung) ausgesprochen wird.
Somit ist die ideale Reihenfolge für Zuhörende, die überzeugt werden sollen: Einleitung (Themennennung) – Argumentation – Zielsatz.
Für die Planung eines wirksamen Dreischritts gilt die umgekehrte Reihenfolge: Zuerst muss das Ziel klar sein. Die Planung eines Beitrags beginnt deshalb mit der gedanklichen Formulierung des Zielsatzes.
Nächster Schritt: Das Ziel muss begründet sein! Also brauchen wir mindestens einen plausiblen Grund, ein gutes Argument.
Erst am Ende der Vorbereitung ist es sinnvoll, sich eine Einleitung zu überlegen. Sie sollte sich an der aktuellen Rede- bzw. Gesprächssituation orientieren.

Praktischer Tipp für die Vorbereitung eines Dreischritts: Beginnen Sie das Konzept auf dem Notizblatt nicht oben, sondern unten; schreiben Sie »von unten nach oben«!

Variationsvorschlag: Statt mit einer einfachen Argumentation kann auch mit drei Begründungssätzen gearbeitet werden. Bei der Kombination Einleitung – Drei Argumente – Zielsatz erhält man so ein »Fünfschritt-Modell«.

Zweiter Grundsatz der Dreischritt-Methode:

Beiträge sollten so ausführlich wie nötig und so kurz wie möglich sein!

Begründung: Wer zu lange redet, macht sich unbeliebt. Wer zu kurz spricht, kann kaum die eigene Meinung übermitteln. Wer zuviel in einem zu langen Satz formuliert, überfordert die Zuhörenden. Für Gesprächsbeiträge sind meistens drei bis fünf Sätze ideal: je einen für die Einleitung und den Zielsatz, einer bis drei für die Argumentation.

Hinweis

Praktischer Tipp: Senken Sie am Ende jeder Aussage die Stimme und sprechen Sie deutlich einen »Punkt«!

Dritter Grundsatz der Dreischritt-Methode:

Die Dreischritt-Methode ist kein starres Schema!

Die Dreischritt-Modelle können und sollen in der Praxis nach Bedarf verändert werden. So sind z. B. für ausführliche Beiträge mehrere argumentierende Gedanken sinnvoll – der Dreischritt wird vielleicht zum Sieben- oder Neunschritt.

Zur Einübung hilft allerdings ein eher formalistisches Vorgehen.

Das Dreischritt-Modell zur Darstellung der eigenen Meinung

a) Planungshilfe
(Vorgehensweise bei der Planung: von unten nach oben!)

Schritt 3 (Einleitung): Warum spreche ich zu welchem Thema?
Schritt 2 (Argument): Wie kann ich den Zielsatz begründen? Was spricht für meine Ansicht?
Schritt 1 (Zielsatz): Worauf will ich hinaus? (Appell, Forderung, Meinung, These)

b) Ausführungsbeispiele für die Dreischritt-Methode

Schritt 1:	Einleitung	... aktuelles Thema »Pausenaufsicht« ...
Schritt 2:	Argument	... ein Aspekt: Sicherheit ...
Schritt 3:	Zielsatz	... deshalb sind mehr Aufsichten nötig!

Variation bei einer Argumentation mit einer logischen Beweiskette:

Schritt 1:	Einleitung	... aktuelles Thema »Pausenaufsicht« ...
Schritt 2:	Herleitung	... Rauferei zwischen mehreren Schülern ...
	Argument	... Alleine ist man zu schwach ...
	Konsequenz	... Teamwork ist gefragt ...
Schritt 3:	Zielsatz	... deshalb sind mehr Aufsichten nötig!

Variation bei einer Argumentation mit chronologischer »Beweis«-Kette):

Schritt 1:	Einleitung	... aktuelles Thema »Pausenaufsicht« ...
Schritt 2:	»früher«	... friedliche Schüler ...

		»jetzt«	... höhere Aggressivi-tät
			»zukünftig« ... drohen schwere Verletzungen
Schritt 3:		Zielsatz	... deshalb sind mehr Aufsichten nötig!

4.3.7 In vier Schritten kommentieren

Kommentierungen fallen meistens leichter, weil man sich norma-lerweise beim Zuhören relativ spontan entscheidet, wie man zur anderen Meinung steht (ablehnend, zustimmend oder differen-zierend). Und da der hier empfohlene Einstieg relativ einfach geht, heißt die Vorbereitungsaufgabe nur, sich eine zur eigenen Interessenlage passende Argumentation zu überlegen.

Will man in größeren Gruppen, in denen man oft nicht sofort und unmittelbar die Gelegenheit zur Gegenrede hat, optimal ver-standen werden, ist es wichtig, zunächst klar zu sagen, zu wessen Aussage(n) gesprochen werden soll (= Ausführungsschritt 1).

Die Erinnerung wird reaktiviert und Missverständnisse kön-nen vermieden werden, wenn anschließend nochmals die andere Ansicht kurz genannt wird (= Ausführungsschritt 2). Zitieren Sie aber bitte ausschließlich das, was Sie danach auch kommentie-ren wollen, denn wiederholt gebrachte schlechte Argumente langweilen und mehrfach genannte gute Argumente wirken stär-ker (auch wenn das gar nicht in Ihrem Sinne sein sollte).

Die dann für die Schritte 3 und 4 vorgeschlagene Reihenfolge Argumentation – Meinung (vgl. 4.3.6) erhöht die Chance, dass die eigene Ansicht von den Gesprächspartner(inne)n akzeptiert wird.

Ausführungsbeispiel für eine Kommentierung:

Schritt 1 (Einleitung):	... eine Bemerkung zum Thema ... (Problem/Themennennung)
Schritt 2 (Anknüpfung)	... Du hast gesagt, ... (Nennung der anderen Ansicht)
Schritt 3 (Argumentation)	... Ich sehe da das Problem ... (Beurteilung der anderen Ansicht)
Schritt 4 (Zielsatz):	... So schlage ich vor ....

4.3.8 Ein Modell zur Kommentierung von zwei anderen Meinungen

Aus Platzgründen wird hier auf eine ausführliche Darstellung der Planung verzichtet; sie läuft nach den bereits genannten Grundsätzen vom Zielsatz zur Einleitung.

Schritt 1 (Problem- bzw. Themennennung): Zur Frage ...
Schritt 2 (Darstellung der Meinung A): A wollte ...
Schritt 3 (Darstellung der Meinung B): B möchte ...
Schritt 4 (Vergleich der Meinungen A und B): Das Problem ist für mich ...
Schritt 5: (Zielsatz; eigene Meinung) So sollten wir ...

4.3.9 Übungsanregungen zum strukturierten Sprechen

Nach dem bekannten Prinzip »Vom Einfachen zum Schwierigen« gelten folgende Grundregeln für Formulierungsübungen:
– erst allein üben, dann vor und mit anderen;
– erst in vertrauten, privaten, unkomplizierten Situationen, dann in ungewohnten, offiziellen, komplizierten;
– erst mit Vorbereitung (Textfassung, Konzept, Stichworte), dann frei!

Neben der mehrmaligen Wiederholung der in rhetorischen Lehrveranstaltungen vorgestellten Übungen helfen:
– Erklärungen interessanter Begriffe aus Lexika (ohne deren relativ komprimierten Sprachstil zu imitieren!);
– Formulierungen der eigenen Meinung zu aktuellen Themen;
– Kommentierung von Zeitungs-, Rundfunk- oder Fernsehbeiträgen;
– Aktive Beteiligung an durch Medien wiedergegebenen Diskussionen (z. B. auch mit Band- bzw. Videoaufzeichnungen, die an interessanten Stellen angehalten werden können!).

4.4 Motivierende Einleitungen

4.4.1 Warum der erste Eindruck so wichtig ist: Pygmalion und SFP

Ein Effekt spielt bereits vor den ersten gesprochenen Sätzen eine zentrale Rolle: unsere Vorstellungen von der Situation und unsere Erwartungen an das »Publikum«. Sie beeinflussen massiv und meist unbewusst unser Verhalten und indirekt unsere Wirkung. In der Psychologie ist dies unter den Begriffen »Self fulfilling prophecy« (»Sich selbst erfüllende Prophezeiung«) bzw. »Pygmalion-Effekt« seit langem bekannt. Wer das gleichnamige Schauspiel von G. B. Shaw nicht kennen sollte, hat möglicherweise schon einmal die wunderbare Wandlung der Eliza Doolittle im davon abgeleiteten Musical »My fair Lady« erlebt.

Bekannt sind vielleicht auch entsprechende Experimente aus der pädagogischen Psychologie, z. B. die Schulklassenversuche von Robert Rosenthal, bei denen zufällig ausgewählte Schüler(innen) nach einiger Zeit wirklich relativ bessere Leistungen erzielten, nachdem ihren Lehrkräften positive Vorinformationen über ihre angeblichen Fähigkeiten zugesteckt worden waren. Wer glaubt, es mit guten Schüler(inne)n zu tun zu haben, lächelt diese eher an, macht mehr zustimmende Kopfbewegungen, hält intensiveren Blickkontakt, gibt mehr Zuwendung, mehr Information, mehr Gelegenheit zum Fragen und mehr Feedback. Kein Wunder, dass diese »Besseren« vom verbesserten Unterricht mehr profitieren. Umgekehrt riskieren es die für unbegabt gehaltenen Kinder, strenger beurteilt zu werden und für unerwartet gute Leistungen sogar die Antipathie des Lehrers (dessen Erwartungen in diesem Fall ja nicht erfüllt wurden) zu riskieren.

Auf Sprechsituationen übertragen bedeutet dies: Positive Erwartungen beeinflussen auch die Realität positiv; negative Vorstellungen drohen sich schnell zu bewahrheiten!

4.4.2 Allgemeine Tipps für den Einstieg

Gute Einleitungen von längeren Beiträgen sollten folgende fünf Aufgaben erfüllen:

- Kontakt zu den Zuhörenden schaffen,
- einen möglichst guten Eindruck von der sprechenden Person erzeugen,
- die Zuhörenden zum Thema hinführen,
- Interesse für das Thema wecken und
- die weitere Vorgehensweise transparent machen.

Es ist bei Einleitungen vorteilhaft,
- die Wirkung von Komplimenten an die Zuhörenden bzw. deren Vorbilder nicht zu unterschätzen (solange die Komplimente ehrlich klingen!),
- zu beachten, dass sich die Zuhörenden erst an die sprechende Person gewöhnen müssen. Daher ist deren Aufmerksamkeit und Aufnahmekapazität etwas eingeschränkt. Konsequenz: Relativ kurze und einfache Sätze, keine wichtige Information im ersten Satz!
- bei sich selbst Lautstärke, Sprechtempo, Sprechtonbereich und Blickkontakt zu kontrollieren (aber nur das, was Ihnen selbst beachtenswert erscheint oder Ihnen in der rhetorischen Übungsveranstaltung individuell empfohlen wurde!),
- das Thema anzukündigen und (eventuell) einzuschränken,
- die Bedeutung des Themas herauszustellen (Die Zuhörenden sollen nicht nur wissen, worum es geht, sondern auch, warum das Thema für sie wichtig und interessant ist),
- das Interesse an der eigenen Person nicht zu überschätzen (es sei denn, Sie sind sehr berühmt!),
- bei längeren Reden und Vorträgen (ab ca. 5 Minuten Sprechzeit) einen Überblick voranzustellen und die Gliederung bzw. den Aufbau sichtbar zu machen,
- allgemein belastende Faktoren, die nicht abgestellt werden können (z. B. Hitze, Enge) anzusprechen (So wirken Sie verständnisvoll!).

Nachteilig wäre es,
- zu sagen, »ich bin unvorbereitet« oder »schlecht vorbereitet«,
- auf die »eigentlich viel zu knappe Zeit für das Thema« hinzuweisen,
- sich vorab mit Krankheiten aller Art zu entschuldigen,
- die unerwartet geringe Zahl der Zuhörenden zu kritisieren,

- die eigene Nervosität, Unsicherheit, Befangenheit herauszustellen.

Zur Begründung könnte man sarkastisch sagen: Entweder merkt man die Probleme sowieso, dann sind die Hinweise überflüssig. Oder man merkt sie nicht von selbst, dann sind sie irreführend. Negative Vorbemerkungen reduzieren die Erwartungshaltung bei den Zuhörenden; im Sinne einer sich selbst erfüllenden Prophezeiung werden verstärkt die angesprochenen Probleme auffällig, die Aufmerksamkeit sinkt bzw. wird abgelenkt, der Eindruck von der Sprechleistung verschlechtert sich. Als positiven Effekt von Selbstbezichtigungen wurde höchstens festgestellt, dass der Eindruck von Ehrlichkeit und Glaubwürdigkeit steigt. Manchmal entsteht auch »nur« das Gefühl, dass die sprechende Person auf Mitleid abzielt oder kokettiert (»fishing for compliments«). Wer allerdings die hier erwähnten Zusammenhänge kennt, lässt sich nicht mehr so leicht ablenken!

4.4.3 Ideen für gute Einleitungen

Hier kommen einige bewährte oder originelle Möglichkeiten einer Referat-Einleitung; sie können selbstverständlich auch kombiniert eingesetzt werden!

1. Wohlwollen erlangen

Die »captatio benevolentiae« ist eine klassische Methode, bei anderen Sympathie hervorzulocken, z. B. durch Komplimente, persönliche Bemerkungen, heiteres Eingehen auf die Redesituation, Abbau übermäßiger Erwartungshaltung, Auflockerung der Atmosphäre, z. B. durch eine Karikatur, ein Bonmot, eine Scherzfrage oder eine lustige Begebenheit.

2. Motivation aufbauen

Was wollen die Zuhörenden hören? Warum ist das Thema für sie interessant bzw. wichtig? Warum ist das Thema für Sie (als Referent bzw. Referentin) interessant bzw. wichtig? Hatten Sie Spaß an der Themenbearbeitung? Ist das Thema spannend?

3. Probleme vorstellen

Hier wird schlaglichtartig die Problematik vorgestellt, z. B. durch ein aktuelles Ereignis, eine kleine Begebenheit, ein Beispiel (möglichst aus der Praxis der Zuhörenden), ein persönliches Erlebnis, eine Anekdote, durch überraschende Frage(n) – stets aber mit Bezug auf das Thema!

4. Denkreize setzen

Ein sanfter Zwang zum Mitdenken wird erzeugt, z. B. durch Voranstellung einer Reihe von Problemen, widersprüchliche Thesen oder durch eine Folge von (»rhetorischen«) Fragen. »Aufwärmfragen« können auch zunächst in Kleingruppen bzw. paarweise behandelt und anschließend im Plenum vorgestellt werden.

5. Optisches nutzen

Videos, Poster, Graphiken, Karikaturen, Tafelbilder, Modelle usw. unterstützen die Motivation und Anschaulichkeit. Eventuell kann sogar eine kleine Ausstellung angelegt werden.

6. Vorwissen feststellen

Mit Brainstorming, Zettelabfrage oder direkten Fragen an die Zuhörenden kann die Gefahr vermieden werden, an deren Interessen vorbei zu informieren bzw. deren Vorkenntnisse zu überschätzen. Entsprechende Arbeitsaufträge sollten möglichst begründet gegeben werden!

7. Überblick geben

Eine Vorab-Information über den Aufbau des Referats erleichtert das Verstehen. In Form eines zusätzlich verteilten Thesenpapiers gelingt dies noch besser. Eine mögliche Alternative für eine Gliederung in Aufzählungsform ist eine graphische Darstellung in Form einer »mind map« (»Gedankenlandkarte«).

8. Sonderformen

Bei Gruppenreferaten könnte auch ein »**Info-Karussell**« vorbereitet werden; jede referierende Person baut sich einen »Info-Stand« zu einem Teilthema; die Seminarteilnehmenden wandern von Stand zu Stand. Bei manchen Themen kann eine (nach)gespielte **Podiumsdiskussion**, ein **Rollenspiel** oder ein **Planspiel** für mehr Abwechslung sorgen.

Quellen und Literatur zur Einleitung:

GLÜCKNER, Heiko u. a.: Das Referat. Ein Leitfaden für Studierende. Freiburg: Universität Freiburg, 1995.
WAGNER, Roland W.: Grundlagen der mündlichen Kommunikation. 9. erw. Auflage. Regensburg: BVS, 2004.

4.5 Ein Schluss, der wirkt

4.5.1 Vom Schluss hängt ab, was hängen bleibt

Ein guter Schluss rundet nicht nur Gesprächsbeiträge bzw. Reden ab, sondern trägt – oftmals entscheidend – dazu bei, welcher Eindruck bleibt und welche Wirkung ausgelöst wird. In schwierigen Situationen kann es deshalb sinnvoll sein, vorher gut überlegte und ausformulierte Sätze ins Konzept zu schreiben.

Machen Sie rechtzeitig Schluss! »Das Geheimnis zu langweilen besteht darin, alles zu sagen« (VOLTAIRE). Was hilft es Ihnen, wenn Sie zwar Ihre Konzeptblätter abgearbeitet haben, aber kaum mehr jemand die zweite Hälfte Ihres Vortrags aktiv mitverfolgen konnte? (Übrigens auch ein Problem vieler Schulstunden, die unter Lehrplandruck ablaufen!) Fassen Sie in solchen Fällen Ihr Restprogramm rigoros zusammen, sagen Sie höchstens, was Sie noch hätten bringen wollen (eventuell folgt daraus eine Fragerunde) und springen Sie schnellstmöglich zum (gut vorbereiteten?) Ende.

Nachteilig für die Sprechenden und unfair den anderen gegenüber wäre es, zu versprechen, »Ich komme zum Schluss« und dann trotzdem noch längere Zeit zu reden. Ebenso schlimm: die vorgegebene bzw. erwartete Redezeit ohne plausible Erklärung erheblich zu überziehen.

Grundsätzlich gilt: wenn Sie den Schluss ankündigen, wird Ihr »Publikum« dadurch nochmals kurzfristig motiviert. Diese höhere Aufmerksamkeit sollte genutzt werden, um wirklich Wichtiges anzusprechen. Wer das Versprechen nicht einlöst, wird schnell unglaubwürdig!

4.5.2 Was man am Ende tun und lassen könnte

Informative Beiträge enden am besten mit einer Zusammenfassung oder einem anschaulichen Beispiel. Wiederholungen erhöhen die Merkfähigkeit; konkrete, einprägsame bzw. lustige Aspekte fördern die Vorstellungskraft. Lange erinnerbar bleiben Sätze mit maximal acht Wörtern (oder fällt Ihnen spontan ein längerer Werbeslogan ein?). Der Stimmung tut es gut, wenn am Schluss noch eine positive Bemerkung zur Thematik oder zur Sprechsituation steht (»Es hat wirklich Spaß gemacht, sich mit ... zu beschäftigen«).
Soll anschließend eine Diskussion oder Fragerunde folgen, so kann und soll dies selbstverständlich rechtzeitig (am besten schon in der Einleitung) angekündigt werden.

Auch bei persuasiven (»überzeugenden«) Themen kann ein abschließender Teil den Gedankengang zusammenfassen. Am absoluten Ende sollte jedoch ein kurzer, prägnanter und merkfähiger Satz (= Appell, Slogan, Zielsatz, Zwecksatz) stehen: eine Aufforderung, die wirkt.
Immer vorausgesetzt, dass es sachlich und moralisch vertretbar ist – formulieren Sie ohne übertriebene Einschränkung. Was ist wohl wirksamer: »*Wir sollten uns vielleicht einmal überlegen, ob wir eventuell in absehbarer Zeit für dieses Problem eine Lösung finden könnten ...*« oder »*Lösen wir jetzt dieses Problem!*« Sagen Sie, was Sache ist!

Etwas mehr stimmlicher Nachdruck und etwas größere Artikulationsschärfe schaden am Ende nicht – sie machen das Finale nonverbal deutlich.

Langweilig wäre es, jeden Beitrag stereotyp mit »*ich danke für Ihre Aufmerksamkeit*« oder ähnlichen Floskeln zu beenden. Damit soll aber nichts gegen ehrliche Komplimente gesagt worden sein – sie sind stets am Platz (z. B. »*Vielen Dank für die vielen interessierten Zwischenfragen, die mich auch auf neue Gedanken gebracht haben!*«).

Nicht nur bei besonders Unsicheren findet sich eine andere Angewohnheit, die die Wirkung des Gesagten – gerade in der unbewussten Erinnerung – schmälert: eine typische Verlegenheitsgeste (= Hände geöffnet, Schultern hoch, Kopf schief). Sie erweckt den Eindruck, als müsste noch eine Entschuldigung nachgeschoben werden (z. B. dafür, dass einem nicht mehr eingefallen ist). Nur selten besteht dafür ein objektiver Grund!

Manchmal findet sich auch für den Schluss ein nettes Zitat oder ein passender Mehrzeiler. Zu diesem Kapitel passt besonders gut ein Spruch von Martin LUTHER. Er empfahl für das Reden: *»Tritt fest auf, machs Maul auf, hör bald auf.«*

4.5.3 Gedanken zur »Nachspielzeit«

Nach der Präsentation gibt es meistens die Gelegenheit zur Nachfrage und zur Diskussion. Werden Sie bitte nicht nervös, wenn es ein paar Momente dauert, bis sich der erste Finger hebt. Ab und zu wird übrigens getrickst, indem man vorab eine befreundete Person präpariert. Diese lobt dann zunächst den tollen Beitrag und stellt dann eine erwünschte Frage.

Manchmal ist es geschickter, zunächst alle Fragen zu sammeln (evtl. sogar in schriftlicher Form), weil sonst die möglicherweise sehr speziellen Fragen der überdurchschnittlich schnellen Zuhörer zu sehr in den Mittelpunkt gerückt würden. Will man das ganze Publikum ansprechen, so sollte ein »natürliches« Phänomen beachtet werden: Man neigt dazu, bei der Antwort überwiegend den Fragenden anzuschauen. Dieser stellt dann vielleicht sogar noch eine Nachfrage, viele andere fühlen sich vernachlässigt.

Manche Zuhörer zeigen echtes Interesse, manchmal wird die Gelegenheit zur Profilierung genutzt. Einige »Karrieristen« stöbern z. B. vorab im Internet (z. B. mit exotischen Domain- bzw. Länderendungen), um möglichst unbekannte Materialien zu finden. Ihre Frage geht dann nach dem Motto: »Was halten Sie in diesem Zusammenhang von den neuesten Forschungen von Prof. Kennichnicht aus Absurdistan? Wer hier zugibt, den guten Menschen nicht zu kennen, macht sich deshalb sicher nicht unbeliebt – man kann ja den Spezialisten bitten, einem anschließend ein wenig Informationen zukommen zu lassen.

Hinweis

Übrigens habe ich auch schon das Gegenteil bei einem sich extrem kompetent gebenden Referenten erlebt: Er wurde nach seinem Beitrag gefragt, ob er auch das Hägerström-Modell kenne. Nachdem der kluge Mann hinter dem Pult etwa eine Minute lang sich wortreich, aber vage darüber geäußert hatte, musste er vom Fragenden erfahren, dass dieses Modell nur in seiner Phantasie existierte.

Kurz bevor die vorgesehene Schlusszeit erreicht ist, sollten die noch offenen Fragen vertagt oder auf eine andere Methode verschoben werden, z. B. einen Mailwechsel oder ein Internet-chat. Ganz am Ende sollten jedenfalls noch eine paar Sekunden Zeit bleiben, um sich für das gezeigte Interesse zu bedanken und mit einer passenden Verabschiedung zu schließen.

4.6 Konzepte und Manuskripte oder freies Sprechen?

Nur in Ausnahmefällen (wenn es auf jedes Wort ankommt) ist es sinnvoll, notwendig und empfehlenswert, ein wörtliches Redemanuskript zu erstellen. Dies sollte dann wenigstens in einem möglichst normalen »mündlichen« Stil geschrieben sein und nicht monoton vorgelesen werden. »Eine Rede ist keine Schreibe!« meinte schon F. Th. VISCHER.

Unüblich geworden ist die in der Antike geforderte totale »Memoria«, das Auswendiglernen eines Vortrags. Dies verführt außerdem fast stets zu einem leiernden Vortragsstil und erschwert die Kontaktaufnahme mit den Zuhörenden.

Absolutes »freies Sprechen« kann auch bei Vorträgen gut gelingen – entsprechende Fähigkeiten und viel Routine vorausgesetzt. Die Mehrheit riskiert allerdings damit, dass man sich weniger sicher fühlt, wichtige Gedanken vergisst oder sich in Einzelaspekten verzettelt.

4.6.1 Gute Konzepte erleichtern den Vortrag

In den meisten ernsthafteren Kommunikationssituationen (Konferenz, Rede, Referat, Vortrag usw.) hat sich der Gebrauch von Konzepten (Stichwortblättern oder -karten) durchgesetzt.

Die folgenden Empfehlungen mögen von manchen als banal empfunden werden – die Praxis zeigt jedoch, dass sie häufig vernachlässigt werden!

Ein gutes Konzept besitzt folgende Eigenschaften:
- Papierformat DIN-A4 oder DIN-A5 (Briefbogen bzw. Schulheftformat; ganz kleine Formate werden oft unbewusst als »Spickzettel« registriert!);
- nur einseitig beschriebenes Papier (dies erhöht die Übersichtlichkeit, da immer zwei zusammengehörige Seiten sichtbar sind und erleichtert Gliederungsvariationen mit Schere und Klebstoff!);
- nicht zusammengeheftet, aber geordnet und mit Seitenzahlen versehen;
- großzügige Textanordnung (breiter Rand, normaler bzw. großer Zeilenabstand!);
- deutliche Unterscheidung von Überschriften, Haupt- und Nebengedanken;
- klare, leicht lesbare Schrift (Schreibmaschine bzw. Computerausdruck, evtl. sogar vergrößerte Fotokopie oder ganz deutliche Handschrift!)

Manche »Profis« bevorzugen für ihr Konzept DIN-A5- oder DIN-A6-Karteikarten (sie sind stabiler, aber leider auch deutlich teurer!).

Einleitung und Schluss von Vorträgen und Präsentationen sind besonders kritische Phasen. Sie können notfalls ausformuliert (also wörtlich) auf dem Papier stehen. Dies gibt vielen zusätzliche Sicherheit. Wichtig jedoch: es soll »mündlich klingen« (so wie bei diesem Beispiel). Keine zu langen Sätze; keine Schachtelsätze! Wichtig ist außerdem: Einleitung und Schluss gut lesbar schreiben! Viel Spaß beim Ausprobieren!

4.6.2 Wenn Flexibilität gefragt ist: Dreispaltenkonzepte

Das »Dreispaltenkonzept« hat sich besonders gut bewährt als eine praktische Möglichkeit der Konzeptgestaltung. Seine drei Hauptvorteile:
– Wichtiges und weniger Wichtiges wird deutlich unterschieden,
– der Vortrag lässt sich leichter an die verfügbare Zeit anpassen,
– die Gliederung und die Hauptgedanken sind übersichtlich herausgehoben.

Drei Variationen des »Dreispaltenkonzepts« sollen hier vorgestellt werden.

Beispiel 1: Dreispaltenkonzept – Originalform

1. Einleitung	Begrüßung der Mitglieder	Hinweis auf Gründungs- mitglieder
	Begrüßung der Gäste	
	Hinweis: morgen Jubiläum	(10 Jahre)
2. Tagesordnung	Vorschlag wurde verschickt;	Vorsatz: Ende um 22.00 Uhr
	offizielle Genehmigung der Tagesordnung	
3. TOP 1: Aktuelle Informationen		
- Kassenstand:	€ 2.546,30	2 Beiträge stehen aus!
	Vorstand war beim Bürgermeister Ergebnis gleich Null	„Finanznot der Kommunen"
... usw	... usw	... usw
Gliederungsspalte	**Hauptspalte**	**Reservespalte**
Hauptgedanken, Grobgliederung Zwischenüberschriften	Fortlaufende Argumentation, Stichworte, Thesen, Gründe, Zitate (also alles, was unbedingt gesagt werden soll)	Zusätzliche Informationen, Statistiken, Zitate, Quellen, Beispiele, bei evtl. Problemen nötige Argumente

Abb. 11 | Beispiel für die Originalform des Dreispaltenkonzepts

Beispiel 2: Dreispaltenkonzept – Einrückvariation

1. Vorstellung des Themas

Thema „Konzept" wichtig, weil häufig Fehler gemacht werden!

Demonstration: Ablesen / Frei reden und aus dem Konzept kommen

Manche haben Scheu vor Konzeptgebrauch!

Negatives Selbstbild: „Schlecht vorbereitet"

Beispiel: N. N. – Auswendig muss nicht sein!

2. Das Problem der Einleitung

Besonders wichtig ist der erste Eindruck!

(Untersuchung von Rosenthal über Urteilsbildungen und „Pygmalion-Effekt")

... usw.

... usw

... usw.

Gliederungsspalte

Hauptspalte

Reservespalte

Abb. 12 | Eine modifizierte Form des Dreispaltenkonzepts

Beispiel 3: Dreispaltenkonzept – Kartenvariation

1.1 Warum sind Karten praktischer?

Normales Papier passt nicht ungefaltet in die Jackentasche
(Demonstration; Konsequenzen, wenn sich das Papier rollt))

Kartenkonzepte sind übersichtlicher!
(Nur ein Aspekt pro Konzeptkarte)

Das dickere Papier ist gut gegen zittrige Hände
(Beispiel; 80 g pro Quadratmeter / 160 g pro qm)

Abb. 13 | Beispiel für die Kartenvariation des Dreispaltenkonzepts

4.6.3 Das Manuskript – Wenn es auf jedes Wort ankommt

In absoluten Ausnahmefällen lohnt es sich wirklich, ein wortwörtliches Redemanuskript vorzubereiten. Üblich ist es beispielsweise bei Regierungserklärungen, der Weihnachtsansprache des Bundespräsidenten, bei manchen Bewerbungsvorträgen, kurz bei allen Gelegenheiten, wo man einen Versprecher oder eine Auslassung als peinlich empfinden würde. Sie können sich das Vorlesen sehr erleichtern, wenn Sie einen gut sprechbaren Stil zu Papier bringen. Viele klare, kurze Sätze sind gefragt. Großzügig schreiben dient der Übersichtlichkeit: mindestens 14-Punkt-Schrift, doppelter Zeilenabstand, viele Absätze und Leerzeilen. Und weil einem oft in letzter Minute noch Änderungen einfallen, ist ein breiter Rand nützlich.

Die Manuskriptblätter sollten Sie nur einseitig beschreiben (wie beim Konzept) und wenn möglich eine etwas stärkere Papierqualität wählen (100 g/qm). So können Sie die Freude des Publikums besser erleben, die normalerweise entsteht, wenn bei offiziellen Anlässen der Papierstapel der Vortragenden schneller als gedacht kleiner wird.

4.7 Präsentationen visualisieren

4.7.1 Warum wann was wie veranschaulicht werden sollte

Was halten Sie von Rednern, die zu Ihren Vorträgen kein Bild zeigen, keine Graphik einsetzen, ja nicht einmal eine Miene verziehen? Wenn Sie solche Sprecher langweilig finden und wenig attraktiv, dann geht es Ihnen so wie fast allen. Schließlich findet mündliche Kommunikation in der Regel auf mehreren Kanälen statt: akustisch (über die Ohren), optisch (über die Augen), olfaktorisch (über die Nase) und taktil (über die Haut). Die beiden letzten können Sie bei Vorträgen kaum beeinflussen, den optischen dagegen sehr.

Testen Sie sich bitte einmal selbst: Denken Sie zurück an Ihren letzten Urlaub. Was fällt Ihnen zuerst ein? Eine schöne Aussicht oder ein ungewöhnliches Geräusch? Denken Sie jetzt an den

Menschen, den Sie zuletzt kennen gelernt haben! Erinnern Sie sich zuerst an sein Aussehen oder an seine Sprechweise? Denken Sie nun bitte an Ihre Schulzeit zurück! Ist der erste Gedanke eher optisch oder akustisch? Wenn solche Tests häufiger gemacht werden, kann man durchschnittlich mit über 75%iger Wahrscheinlichkeit feststellen, dass die optische Informationsaufnahme bzw. Speicherung bei der Mehrzahl der Menschen überwiegt. Gute Vorträge sollten deshalb auch etwas für die Augen bieten, vor allem, wenn sie einprägsam werden sollen.

Doch wie immer kommt es hierbei auf das rechte Verhältnis an. Das Publikum erwartet bei Vorträgen weder einen Multimedia-Zirkus noch eine Diashow, sondern anschauliche Ergänzungen zum gesprochenen Wort.

Was veranschaulichen?

Viele sind bestrebt, zu jedem Absatz ihres Vortragstextes eine eigene Folie zu präsentieren. Andere begnügen sich mit einer Kopie ihres Inhaltsverzeichnisses. Es gibt kein allgemein gültiges Maß, was visualisiert, also (im eigentlichen Wortsinn) anschaulicher gemacht werden muss, jedoch eine Faustregel: Alles, was unbedingt behalten bzw. mitgeschrieben werden soll, verdient hohe Anschaulichkeit!

Ein Beispiel: Eine Kernaussage beim Medieneinsatz heißt: Weniger ist mehr! Betrachten Sie das folgende Beispiel bitte aus der Perspektive eines Seminarteilnehmers.

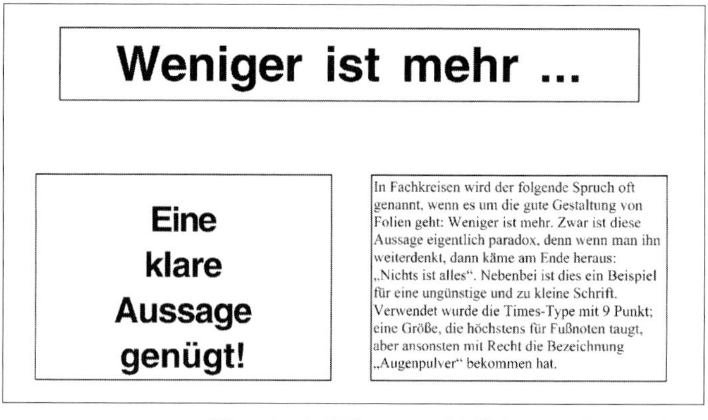

Abb. 14 | Beispiel für unterschiedlich gute Foliengestaltung

Wie veranschaulichen?

Der folgende Empfehlungskatalog gilt für die meisten Medien, vor allem für den Umgang mit Folien (teilweise nach ALLHOFF, S. 139–141):

- Nur ein Thema pro Bild ist übersichtlicher!
- Querformat ist praktischer als Hochformat!
- Aussagen sind meistens wichtiger als Überschriften!
- Übersichtlichkeit ist gefragt – weniger ist oft mehr!
- Wer rechtzeitig vor dem Vortrag (ohne Publikum) das Gerät überprüft, die Optik einstellt und die erste Folie auflegt, verhindert peinliche Anfangspannen.
- Das Markieren von Reihenfolge-Angaben auf den Folien gibt zusätzliche Sicherheit!
- Ausreichend Zeit zum Lesen (und Abschreiben) ist wichtig. Schließlich kennt das Publikum im Gegensatz zu Ihnen die Folie noch nicht!
- Wenn zuerst das Gesamtthema genannt und dann die Details erklärt werden, blicken alle besser durch!
- Eine zusammenfassende Schlussaussage pro Bild erhöht die Einprägsamkeit.
- Klare Bildtexte müssen nicht, können aber wörtlich vorgelesen werden; sie brauchen keine spontanen Umformulierungen.
- Wer zu den Zuhörenden spricht und nicht zur Folie bzw. zur Projektionswand, kommt besser an!
- Wer den Projektor zu häufig ein- und ausschaltet, nervt (lieber die zuletzt gezeigte Folie liegen lassen).
- Wer »Abdeckspielchen« praktiziert, belastet sich und das Publikum (in solchen Fällen lieber eine Folie mehr nehmen).

Hinweise zur Schriftgestaltung

- Eine klare Tafel- oder Folienschrift verzichtet auf alles Überflüssige.
- Keine Schnörkel, Schleifchen, Serifen etc., dafür möglichst gleichmäßige dicke Striche.
- Hohe Schriftgrößen erleichtern das Lesen: bei Folien mindestens 24 pt (= 6 mm) für Titel, 20 pt (5 mm) für Untertitel, 18 pt (= 4 mm) für den Text und 12 pt für »Fußnoten«.

... mit „Arial":

a b c d e f g h i j k l m n o p q r s t u v w x y z
a b c d e f g h i j k l m n o p q r s t u v w x y z

... mit „Microsoft Sans Serif" (fett):

a b c d e f g h i j k l m n o p q r s t u v w x y z
a b c d e f g h i j k l m n o p q r s t u v w x y z

... mit „Verdana":

a b c d e f g h i j k l m n o p q r s t u v w x y z
a b c d e f g h i j k l m n o p q r s t u v w x y z

**Die Wörter sollten Sie „normal", also nicht in Großbuchstaben ("Versalien")
schreiben, sonst wird der Text schwerer lesbar!**

Unterschiedliche Wichtigkeiten können Sie besser durch Größenvariation

oder **Fettdruck** aber nicht mit Unterstreichungen vermitteln

(ein unterstrichenes g wird oft als a oder o gelesen)

Abb. 15 | Drei positive Beispiele für Folienschriften

Hinweis

Für die ideale Mindest-Folienschriftgröße gibt es (nach GARTEN) folgende Formel: Schriftgröße in Punkt (pt) = Abstand der letzten Stuhlreihe zur Projektionswand (m) x 4,8 geteilt durch die Höhe des Projektionsfelds (m).
Bei 10 Meter Abstand und einer 2 Meter hohen Projektion ist somit eine Schriftgröße von 24 pt nötig.

Quellen und weiterführende Literatur zum Visualisieren:

ALLHOFF, Dieter-W. u. Waltraud: Rhetorik und Kommunikation. 12. Auflage. Regensburg: bvs, 2000.

BITTELMEYER, Andrea: Eindrucksvoll präsentieren! Daten- und Videoprojektoren, in: ManagerSeminare Nr. 30 (Januar 1998), S. 54–61.

BREGER, Wolfram; GROB, Heinz Lothar: Präsentieren und Visualisieren – mit und ohne Multimedia. München: dtv, 2003.

FEY, Heinrich: Sicher und überzeugend präsentieren. Rhetorik,
Didaktik, Medieneinsatz für Kurzvortrag, Referat, Verkaufs-
präsentation. Regensburg, Bonn: Walhalla, 1998.

FRANCK, Norbert/STARY, Joachim: Gekonnt Visualisieren. Medi-
enwirksam einsetzen. Stuttgart: UTB, 2006

GARTEN, Matthias: Best Business Presentations. Wiesbaden:
Gabler, 2004.

KUHLMANN, Martin: Last Minute Programm für den erfolgreichen
Vortrag. Frankfurt (Main), New York, 1999.

Womit veranschaulichen?

Sie erleben in der Praxis viele verschiedene Möglichkeiten, wie
visualisiert werden kann. Je nach Situation und Ziel ist mal die
eine, mal eine andere Art geschickter. In alphabetischer Reihenfolge erklären deshalb die folgenden Abschnitte die wichtigsten
Methoden und ihre Vor- und Nachteile:

4.7.2 Computer-Präsentationsprogramme

Vorteile: Die computerunterstützte Präsentation (z. B. mit Pow-
erPoint, HyperCard) ermöglicht es, Folienserien mit professio-
nellem Layout vorzubereiten und per Tastendruck abzurufen.
Sogar Ton- und Filmeinspielungen sind programmierbar, so dass
manche Vorführungen an echte Fernsehbeiträge erinnern – Laien
sind beeindruckt; bei entsprechender Routine und Disziplin geht
die Herstellung ziemlich schnell.

Nachteile: Man ist voll abhängig von der Technik (»Abstürze«
sind nicht selten); gute Projektionsgeräte sind nicht billig, Experten kennen die Programmvorlagen. Perfektionsdrang und individuelle Veränderungen der Vorlagen kosten oft viel Vorbereitungs-
zeit. Umgekehrt verlassen sich Faule gerne auf die im Programm
vorhandenen Vorgehensmuster, was bei vielen Themen zu sub-
optimalen Resultaten führt.

Kompromissvorschlag: Ist die notwendige Geräteausstattung
vorhanden und wird eine professionelle Präsentation erwartet,
dann gibt es kaum Alternativen. Präsentationsprogramme er-

möglichen auch den Ausdruck von Folien bzw. Dias, aber mit den üblichen Textverarbeitungsprogrammen können Sie ebenfalls einigermaßen ansprechende Folien gestalten.

4.7.3 Dias

Vorteile: Relativ scharfe Bilder, Präsentationsdias können mit modernen Computerprogrammen schnell und billig hergestellt werden.

Nachteile: Diaprojektoren gehören nicht zur Standardausrüstung von Vortragsräumen; Verdunkelung nötig; das Image von Diavorträgen ist nicht das beste; Pannen möglich (verklemmte oder falsch einsortierte Dias); kaum Korrektur- bzw. Ergänzungsmöglichkeiten während des Vortrags.

Kompromissvorschlag: Es gibt Themen und Räume, die sich für den Diaeinsatz hervorragend eignen, z. B. Landschaftsaufnahmen, medizinische Demonstrationen bei großen Kongressen. Ansonsten können Sie fast alles, was Dias können, mit modernen Computer-Programmen besser und billiger zeigen.

4.7.4 Flipchart

Flipcharts (»Plakatständer«) bieten folgende Vorteile: einfache Handhabung ohne großen technischen Aufwand; häusliche Vorbereitung möglich, Blätter können an die Wand gehängt bzw. archiviert werden; gute Korrektur- und Ergänzungsmöglichkeiten, Flipcharts sind auch im Freien einsetzbar (keine Stromversorgung nötig).

Nachteile: Papier und Stifte sind nicht ganz billig; bei größerem Betrachtungsabstand sind normal groß geschriebene Texte schwer lesbar, gute Handschrift und evtl. auch etwas zeichnerisches Talent nötig.

Kompromissvorschlag: In kleinen Gruppen sind Flipchartposter gut einsetzbar, v. a. für Informationen, die lange sichtbar bleiben müssen (Gliederungsübersicht, Programm, Regeln); in Notfällen kann man mit preiswertem Zeitungsdruckpapier oder Packpapier arbeiten!

4.7.5 Folien (Slides, Overheadprojektion)

Vorteile: Das weit verbreitete Verfahren ist in großen und kleinen Räumen gleich gut einsetzbar. Auch komplizierte Graphiken, Tabellen etc. können demonstriert werden. Die Folien sind mit Druckern, Kopiergeräten oder speziellen Stiften leicht herstellbar, ergänzbar sowie einfach transportabel und archivierbar; beim Einsatz ist guter Blickkontakt möglich (falls man der Versuchung widersteht und nicht häufiger als nötig zur Projektionswand schaut).

Nachteile: Jede Folie kostet Geld – bei vielen verschiedenen Folien (vor allem bei jenen mit Kartonrand) kommt eine beträchtliche Summe zusammen. Schlechte Folienqualitäten können Laserdrucker und Kopiergeräte verkleben. Manche besonders dünne Folien neigen unter Hitze zum selbständigen Aufrollen. Folienstifte trocknen schnell aus; Projektionslampen gehen zuweilen kaputt. Das permanente Ventilatorgeräusch nervt; manchmal gibt es Blendeffekte. Nach ihrer Präsentation sind Folien für das Publikum unsichtbar.

Kompromissvorschlag: Wer die Technik richtig und zurückhaltend einsetzt, steht auf der sicheren Seite. Um zeitraubendes Abschreiben zu verhindern, könnten umfangreiche Folientexte zusätzlich als »Paper« verteilt werden.

4.7.6 Handouts, Papers, Thesenblätter

Vorteile: Das Austeilen bzw. Bereitlegen von Gliederung, Tabellen, Thesen, Quellenangaben etc. ermöglicht den Zuhörenden optimale Sicht, individuelle Anmerkungen und gute Archivierbarkeit. Man kann etwas mitnehmen – und ist entsprechend dankbar!

Nachteile: Die Herstellung kostet Geld (v. a. bei Farbdrucken), das Austeilen benötigt Zeit, der Blickkontakt ist reduziert. Wenn die ausgegebene Zusammenstellung attraktiver ist als die vortragende Person, verführt dies zum Vorauslesen.

Kompromissvorschlag: Lesepausen einplanen oder die Papers bei weniger disziplinierten Gruppen vorab ankündigen und erst nach dem Vortrag ausgeben!

4.7.7 Moderationstechnik

Einzelaspekte werden auf (verschiedenfarbige) Kärtchen geschrieben, an Pinnwänden geordnet sowie mit Überschriften und Kommentaren versehen. Eine fertige Teilthematik kann anschließend auf Packpapierbogen übertragen (geklebt) werden und ähnlich wie Flipchartblätter aufgehängt werden.

Vorteile: Ein Verfahren, das einfache wie kompliziertere Themen gut visualisieren kann; individuell angefertigte Kärtchen können gut integriert werden; spontane Ergänzungen und Umstellungen sind problemlos möglich.

Nachteile: Das nötige Material (Stellwände, Moderationskoffer) ist in der Profi-Ausführung ziemlich teuer; bei größerem Betrachtungsabstand sind die Kärtchen schwer lesbar, gute Handschrift ist wichtig; gelegentlich stören etwas umständliche Prozeduren.

Kompromissvorschlag: In kleinen Gruppen (bis ca. 20 Personen) ist die Moderationsmethode gut geeignet für das gemeinsame Erarbeiten und Planen. Selbst hergestelltes Material spart viel Geld (statt gekaufter Karten z. B. stärkeres Papier selbst zugeschnitten). Erarbeitete Plakate können mit gewissem Abschreibe- oder technischem Aufwand zusätzlich als kopierte DIN-A4-Blätter verteilt werden.

4.7.8 Wandtafel und Whiteboard

Vorteile: Klassisches und preiswertes Verfahren, für kleine und große Gruppen geeignet; die Teilnehmenden können die Entstehung einer Zeichnung mitverfolgen (falls diese nicht schon vor dem Vortrag angelegt und dann verdeckt wurde); Korrekturen und Ergänzungen sind problemlos möglich.

Nachteile: Als häusliche Vorarbeit ist nur ein Entwurf möglich; der Blickkontakt ist reduziert; gute »Tafelschrift« nötig. Meistens stehen keine Farbkreiden zur Verfügung. Der Kreidestaub bei Wandtafeln bzw. quietschende Schreibgeräusche nerven. Das Putzen kostet Zeit, die Spezialstifte für Whiteboards kosten Geld. Vielerorts stehen gar keine Tafeln mehr bereit.

Kompromissvorschlag: In schulischen Situationen ist die Methode üblich (Tipp: nicht gleichzeitig schreiben und sprechen,

damit die akustische Verständlichkeit gewahrt und die Fehler-
wahrscheinlichkeit minimiert wird; lange Kreiden sollten vor der
Benutzung halbiert werden, damit es keine Quietschgeräusche
gibt), ansonsten ist eine Beschränkung auf spontane Tafelan-
schriebe (z. B. Fremdwörter, Eigennamen) angebracht.

4.8 Schwierige Situationen meistern

Pannen kommen gelegentlich vor. Deshalb heißt der erste Grundsatz bei Pannen: Das kann ja mal passieren. Auf neudeutsch:
Nobody is perfect! Oder noch drastischer: Shit happens. Nicht
nur bei langweiligen Referaten können Sie fast jede Panne als
willkommene Abwechslung betrachten. Sollte Ihr Publikum über
Sie oder Ihren Fehler lachen, können Sie auch das positiv sehen.
Sie haben nämlich dazu beigetragen, dass es unterhaltsam(er)
wurde. Und sollte sich wirklich jemand auf Ihre Kosten in abfäl-
liger Weise lustig machen, so wäre dies ein eindeutiger charak-
terlicher Fauxpas, der normalerweise von einem fairen Zuhörer-
kreis mit Verachtung bestraft wird.

Bei Versprechern ist eine Korrektur nur sinnvoll, wenn ein Miss-
verständnis entstehen könnte, z. B. bei falschen Zahlenangaben.
Ist jedoch eine Verwechslungsgefahr ausgeschlossen (z. B. wenn
Sie versehentlich einen falschen Artikel gebraucht haben), dann
stört der Irrtum weniger als die Korrektur.

Manche Pannen sind jedoch nicht mehr unterhaltsam, sondern schlicht unprofessionell: Ein schlampiges Konzept, kaum
lesbare Folien, unangemessene Kleidung, defizitäre Körperhygi-
ene gehören in diese Rubrik.

Andere Pannen bieten die Chance zum Improvisieren. Fällt
zum Beispiel die Stromversorgung aus, muss schnell die Frage
geklärt werden, ob Abwarten, Abbruch mit Terminverlegung oder
Weitermachen die bessere Lösung ist. Meistens hat auch niemand etwas gegen eine kurze Pause. Manch anderes Irritations-
risiko kann durch eine gründliche Vorbereitung minimiert
werden. So könnte z. B. für ganz wichtige Auftritte eine Power-
point-Präsentation mit dem eigenen Laptop vorbereitet werden.
Falls dieser nicht richtig an den Beamer angeschlossen werden
kann, ist es gut, wenn Sie Ihren Vortrag zusätzlich auf einem

Memory-Stick und auf einer CD-ROM gespeichert haben. Falls der Beamer versagt, hilft ein extra Foliensatz, wenn der Strom ganz fehlt, können Sie vielleicht noch ein paar bunte Kreiden aus der Tasche ziehen. So gut vorbereitet, müsste eigentlich alles glatt gehen.

Fragen zu Kapitel 4

1. Welche Voraussetzungen sollten für eine gute Präsentation gegeben sein?
2. Mit welchen Methoden könnte man mehr und originellere Ideen finden?
3. Welche Strukturierungsformen helfen beim Informieren, welche beim Ansprechen eines Problems, welche beim Überzeugen?
4. Was gehört zu einer motivierenden Einleitung?
5. Wie können Sie einen wirksamen Redeschluss formulieren?
6. Was zeichnet ein gutes Konzept aus?
7. Welche Vor- und Nachteile besitzen die üblichen Visualisierungsmethoden?
8. Angenommen, bei Ihrem Vortrag passiert eine Panne – was könnten Sie tun?

GESPRÄCHSFÜHRUNG | 5

5.1 Es gibt so viele Gespräche ...

Der Übersicht zuliebe beginnt das Kapitel mit einer nach Hauptgruppen gegliederten Auflistung von relevanten Gesprächsformen. Reale Gespräche können dabei mehreren Kategorien angehören. Ein Small Talk entwickelt sich möglicherweise zum Klärungsgespräch und dann zum Streitgespräch.

Die wichtigsten Gesprächsformen

1. Alltägliche Gespräche (Phatische Gespräche)
Gruß, Begrüßung, Begegnung, Geplauder, Konversation, Plauderei, Small Talk, Unterhaltung

2. Klärungsgespräche (Deliberative Gespräche)
Aussprache, Besprechung, Diskurs, Diskussion, Erörterung, Gedankenaustausch, Konferenz, Personalversammlung, Unterredung

3. Streitgespräche (Konfrontative Gespräche)
Auseinandersetzung, Confrontainment, Debatte, Disput, Disputation, Kampfgespräch, Meinungsverschiedenheit, Wortgefecht, Gezänk

4. Beratungsgespräche (Konsultative Gespräche)
Informatives Problemlösungsgespräch, Moderation, Personenzentriertes Gespräch, Therapeutisches Gespräch

5. Informations- und Beurteilungsgespräche
Anweisung, Arbeitseinteilung, Bewerbungs-, Einstellungsgespräch, Infotainment , Interview, Prüfungsgespräch, Unterrichtsgespräch (»Pädagogisches Gespräch«, »Scheingespräch«), Verhör, Vernehmung

6. Pejorative Formen (Abwertend beschriebene Gespräche)
Denunziation, Gefasel, Geflüster, Gekeif, Geplapper, Gerede, Geschwätz, Getuschel, Gewäsch, Gezänk, Meckerei, Mobbing, Nörgelei, Phrasendrescherei

7. Sonderformen
Assessment-Center, Audienz, Beichte, Flirt, Internet-Chat, »Liebesgespräch«, Plan- bzw. Rollenspiel, Predigtgespräch, Selbstgespräch (laut/still), Talkshow (»Mediales Gespräch«), Verkaufsgespräch

5.1.1 Small Talk und andere alltägliche Gespräche

Small Talk ist zwar meistens kurz, aber deshalb nicht unwichtig. Schließlich kann man sich sehr beliebt machen, wenn man ihn beherrscht. Beim Smalltalk geknüpfte Kontakte werden einem lange nützlich sein. Und schließlich: Was für den Small talk gut ist, hilft meistens auch in längeren Gesprächen – wenn sie angenehm verlaufen sollen.

Ein Small Talk ist per Definition ein kurzes Gespräch aus der Gattung der »Phatischen Kommunikation«, das manchmal (z. B. im Aufzug) nur ein paar Sekunden lang geführt wird, bei manchen Partys aber auch einige Minuten dauern kann. Fachleute geben eine durchschnittliche Zeit von zwei bis drei Minuten an. Meistens verlaufen Small Talks unverbindlich und in freundlicher Stimmung.

Voraussetzung Nr. 1:

Sie sollten von anderen etwas wissen wollen!
Wer andere Menschen nicht mag und den Kontakt mit Ihnen ablehnt, sich nicht für andere, ihre Meinungen, ihre Erfahrungen, ihre Gefühle interessiert, sollte Einsiedler werden, aber keine Gespräche führen. Ausnahme: Wenn sich zwei mit der gleichen misanthropischen Einstellung finden, können sie vielleicht ganz gut gemeinsam lästern.

Voraussetzung 2:

Sie sollten etwas zu sagen haben!
Wer sich selbst im Gespräch öffnet, bekommt meistens auch persönliche, offene Antworten. Wer nur so knapp wie möglich redet, wirkt distanziert und unmotiviert. Wer selbst total uninformiert ist, nichts über aktuelle Vorkommnisse gelesen, gehört oder gesehen hat, kann nicht mitreden. Und wessen geistiger

Horizont nur von der Disco-Bar bis zur Sonnenbank reicht, kann höchstens mit Gleichgesinnten ein gutes Gespräch führen.

Voraussetzung 3:

Sie sollten gut zuhören können, dies zeigen und beweisen! Viele Menschen wollen lieber reden als zuhören. Wer stets nur selbst reden möchte, ist nicht dialogfähig. Wer zuhört, aber dies nicht signalisiert (z. B. durch Nicken), irritiert die Sprecher. Wer jedoch nur nickt, lässt die Gesprächspartner im Ungewissen, ob er das Gehörte wirklich verstanden hat.

Voraussetzung 4:

Sie sollten andere Meinungen akzeptieren. Wer nur seine eigene Meinung für die einzig richtige hält (bzw. so tut), wirkt schnell rechthaberisch und macht sich als Gesprächspartner unbeliebt. Ein schroffer Widerspruch belastet schnell die Atmosphäre.

Voraussetzung 5:

Sie sollten lachen können, auch über sich selbst. Das Leben ist ernst genug. Mit ein wenig Humor geht es leichter. Ausnahme: Über eigene Gags und Witze laut zu lachen, gilt als unprofessionell. Lächeln Sie, aber lassen Sie lachen!

Voraussetzung 6:

Sie sollten von sich überzeugt sein! Alle bisher genannten Voraussetzungen reichen nicht aus, wenn Sie selbst nicht an sich und ihre Fähigkeiten glauben. Wer glaubt, ganz unwichtig zu sein und seine eigenen Beiträge selbst für langweilig hält, traut sich freiwillig kaum ins Gespräch.

Voraussetzung 7:

Sie sollten gut fragen können. Begründete und offene Fragen führen zu ausführlicheren und besseren Antworten (vgl. den Abschnitt zur Fragetechnik). Nutzen Sie die Chancen, im Gespräch klüger zu werden! Nachfragen zeigen meistens, dass man sich für ein Thema interessiert.

Voraussetzung 8:

Sie sollten auf andere zugehen können!
Schauen Sie sich in einer größeren Runde zunächst einmal um, wer sich als Gesprächspartner anbietet. Allein Stehende und Dreiergruppen bieten sich vorrangig an. Wer entspricht Ihrem Geschmack und könnte vielleicht ein Gespräch über gemeinsame Interessen ermöglichen? Wer sieht ungewöhnlich aus und könnte so zu neuen Erfahrungen verhelfen?

Voraussetzung 9:

Sie sollten ehrlich und glaubwürdig Komplimente machen können!
Fast alle hören gerne Positives über sich, z. B. Komplimente über ein besonders Kleidungsstück, eine ungewöhnliche Uhr, eine auffallend freundliche Mimik.

Voraussetzung 10:

Sie sollen einen Small Talk rechtzeitig beenden können!
Viele Leute wollen in größeren Runden gerne viele andere kennen lernen und mit ihnen ins Gespräch kommen. Wer sich da als Klette an den Erstbesten hängt, vergibt sich und ihm viele Chancen.

Worüber kann man reden – einige Beispiele:

- Wie geht es Ihnen? (Aber nur, wenn Sie es wirklich wissen wollen)
- Was halten Sie von dem Wetter? (Wenn es ungewöhnlich ist)
- Ich bin gerade erst gekommen – was habe ich denn verpasst?
- Haben Sie schon gehört, dass ...?
- Wissen Sie, wo hier das Mineralwasser steht?
- Meinen Sie, dass Frau XY heute noch kommt?
- Sie haben so eine sympathische Sprechweise – wo sind sie denn aufgewachsen?

- Ich habe gerade gehört, dass Sie Experte auf dem Gebiet ... sind – was halten Sie da von ...?
- Es gibt hier übrigens einen ganz besonderen Wein – wissen Sie zufällig etwas über das Weingut?

Im Internet finden Sie unter der Adresse www.small-talk-themen. de/ täglich ein aktuelles Smalltalk-Thema.

Und worüber Sie lieber nicht sprechen sollten:

Als problematisch gelten prinzipiell alle Themen, die dem Gesprächspartner negative Stimmungen vermitteln könnten, z. B. schlimme Schlagzeilen zur wirtschaftlichen Lage, Ärger in der Firma, konkret drohende bzw. bestehende Krankheiten, religiöse »Gretchenfragen«, sexuelle Anspielungen. Ungehörig ist es natürlich, über andere zu lästern (üblich ist es trotzdem!). Viele schätzen es nicht, wenn sie lange von tollen Filmen, Büchern, Urlaubszielen vorgeschwärmt bekommen (besonders gemein ist dies, wenn dabei bereits die Pointen verraten werden). Nerven kann es, wenn man in seiner Freizeit gezwungen wird, seine berufliche Tätigkeit fortzusetzen (wenn z. B. Ärzte im Small Talk Diagnosen stellen sollen). Es wäre allerdings umgekehrt auch falsch, jedes medizinische, politische, theologische Thema grundsätzlich zu tabuisieren. Notfalls können Sie sich ja direkt erkundigen, ob entsprechende Fragen erwünscht sind.

P.S.: Gute Gastgeber wissen, dass viele Menschen Probleme haben, mit anderen ins Gespräch zu kommen. Sie bereiten deshalb Namensschildchen bzw. -listen vor, setzen potentielle Gesprächspartner zusammen, planen Spiele ...

5.1.2 Klärungsgespräche

Klärungsgespräche sind in der Rhetorischen Kommunikation jene Gattung von Gesprächen, in denen für Probleme möglichst einvernehmliche Lösungen gefunden werden sollen. Beispiele gibt es viele: Verhandlungen, Konferenzen, Diskussionen im Unterricht bzw. an der Hochschule, Arbeitskreise, Gremien- und Vereinssitzungen, Planungen im Familien- oder Freundeskreis usw.

Die hier vorgestellte Methode empfiehlt sich immer dann, wenn eine etwas komplizierte Frage im Gespräch geklärt werden soll und wenn nicht davon ausgegangen werden kann, dass in wenigen Sätzen eine allgemein zufrieden stellende Einigung erzielt wird. Sie richtet sich vor allem an Gesprächsleitende. Jedoch kann grundsätzlich jede(r) Gesprächsteilnehmer(in) Anregungen zur Vorgehensweise einbringen.

Nach einer gewissen Zeit der Einübung wird deutlich, dass durch die vorgenommene Strukturierung Gespräche bessere Ergebnisse bringen und früher beendet werden können. Selbstverständlich wird es manchmal nötig sein, die Reihenfolge zu verändern (z. B. durch das Einfügen einer erneuten Strukturierungsphase, wenn mehrere neue Aspekte auftauchen).

Übungstipp:

Drei Elemente des Klärungsgesprächs bereiten erfahrungsgemäß überdurchschnittliche Schwierigkeiten: den Gesprächsanlass klar zu formulieren, eine sinnvolle Gesprächsstrukturierung vorzuschlagen bzw. durchzuführen und die Gesprächsergebnisse möglichst objektiv zusammenzufassen. Echte bzw. im Fernsehen gesendete (und wenn möglich aufgezeichnete) Diskussionen eignen sich gut zur praktischen Erprobung – entweder als nachahmenswertes Beispiel oder als Chance, eine bessere Gesprächsführung zu demonstrieren.

Die Vorgehensweise beim Klärungsgespräch

1 Gesprächseröffnung
Je nach Gesprächssituation, z. B. Begrüßung, Vorstellung der Referentin / des Referenten, Klärung organisatorischer Fragen (Zeit, Sitzordnung usw.)

2 Gesprächsanlass
a) Motivation (der Teilnehmenden)
b) Intention (Absicht/Ziel des Gesprächs)
Hilfsfrage (nach Laswell): »Warum und mit welchem Ziel sprechen wir jetzt in diesem Kreis über dieses Thema?«

3 Gesprächsstrukturierung (»Vorgespräch«)
a) Festlegung der Themenaspekte / Problemkreise

b) Ausklammerungen/Themeneinschränkungen (falls nötig)

c) Bestimmung der Reihenfolge, in der die ausgewählten Probleme besprochen werden sollen.

4 Gesprächskern – Erster Problemkreis
Themenbezogene Diskussion / Klärung
a) Themennennung / Gesprächsanstoß
b) eigentliche Diskussion des Problemkreises
c) Zwischenzusammenfassung
d) Kontrollfrage (»Kann damit dieser Punkt abgeschlossen werden?«);

notfalls wieder b), c), d) ...

Zweiter Problemkreis
a) b) c) d) (wie oben)

... usw. ... usw.

5 Gesprächsergebnis
Endzusammenfassung der gefundenen Lösungen (wieder mit einer Kontrollfrage); eventuell Abstimmung, Vertagung, Arbeitsaufträge usw.

6 Gesprächsabschluss
Je nach Situation, z. B. Verabschiedung, Dank an die Beteiligten.

(nach einer Vorlage von D.-W. ALLHOFF)

5.1.3 Streitgespräche

Diesen Abschnitt brauchen Sie hoffentlich nur ganz selten.
Beachten Sie zunächst einen zentralen Unterschied: Falls Sie sicher sein können, Ihren Streitgegner später nie wieder zu sehen, können Sie unbesorgt das traditionelle Handwerkszeug der Kampfrhetorik benutzen: Anschreien, Beschimpfen, den Kontrahenten lächerlich machen und ihn nicht ausreden, möglichst gar

nicht zu Wort kommen lassen ... Vielleicht finden Sie sogar jemanden, der das mit Ihnen übt?

Müssen Sie jedoch mit ihrem Streitgegner weiter zusammenarbeiten oder sogar zusammenleben, so wäre ein eher kooperativer Streitstil vorteilhaft. Meine erste Empfehlung betrifft deshalb die Sicht der Dinge. Meinungsverschiedenheiten sind keine ungewöhnlichen Beziehungskatastrophen, sondern eine häufige und nicht grundsätzlich negative Ausgangsbasis für Gespräche aller Art. Doch oft führen sie zu unangenehmen Streitsituationen, die bewältigt werden sollten. Hier finden Sie eine Reihe von Vorschlägen, wie Sie leichter einvernehmliche Lösungen erzielen können oder zumindest zu einem offenen und begründbaren Dissens kommen (»Wir wissen, dass und warum wir uns nicht einig sind«).

Voraussetzung ist allerdings, dass die beteiligten Personen grundsätzlich an einer Einigung Interesse haben und bereit sind, die folgenden Spielregeln einzuhalten:

- möglichst gute Gesprächsatmosphäre schaffen,
- möglichst einander ausreden lassen,
- möglichst die andere Seite reden lassen, wenn diese unterbrechen will (und damit signalisiert, dass sie jetzt nicht mehr zuhören kann),
- möglichst sachlich und ruhig bleiben,
- möglichst Meinungen als Meinungen und Fakten als Fakten formulieren,
- möglichst wahrhaftig bleiben,
- möglichst stets der anderen Seite zugestehen, dass auch sie subjektiv Recht hat.

Sind diese Bedingungen erfüllt, könnte das Gespräch durch folgende Fragen gestaltet werden (nach Allhoff bzw. Fittkau u. a.):

1. Warum ist dieses Gespräch jetzt sinnvoll und wichtig?
2. Wo liegen unsere gemeinsamen Ziele?
3. Wie sehen wir die Ausgangslage des Konflikts?
4. Können wir die Fakten annähernd gleich sehen?
5. Welche Lösungen für den Konflikt fallen uns ein?
6. Was spricht für und gegen diese Lösungen?
7. Auf welche Lösung können wir uns einigen?

Eine gute Übung für Konfliktregelungsgespräche ist der »Kontrollierte Dialog« (nach ANTONS). Wichtigste Spielregel: bevor eine Person einer anderen antwortet, wiederholt sie sinngemäß deren Aussage. Missverständnisse können so rechtzeitig erkannt werden.

Literatur zum Streitgespräch:

ALLHOFF, Dieter-W. u. Waltraud: Rhetorik und Kommunikation. 12. Auflage. Regensburg: bvs, 2000.

ANTONS, Klaus: Praxis der Gruppendynamik. Übungen und Techniken. 8. Auflage. Göttingen: Hogrefe, 2000 (1. Aufl. 1973).

FITTKAU, Bernd; MÜLLER-WOLF, Hans-Martin; SCHULZ VON THUN, Friedemann: Kommunizieren lernen (und umlernen). Trainingskonzeptionen und Erfahrungen. 7. Auflage. Aachen-Hahn: Hahner VG, 1994.

WEISBACH, Christian-Rainer: Professionelle Gesprächsführung. Ein praxisnahes Lese- und Übungsbuch. 6., überarb. u. erw. Auflage. München: dtv/KNO, 2003.

5.1.4 Beratungsgespräche

Im Beruf wie im Privatleben werden Beratungsgespräche häufig und in höchst unterschiedlicher Art geführt. Das Spektrum reicht dabei von der kurzen, vielleicht sogar einsilbigen Antwort auf eine Informationsfrage bis hin zur wochenlangen Klärung von extrem wichtigen persönlichen Problemen.

Grundsätzlich gibt es bei Beratungsgesprächen zwei unterschiedliche Arten: das informative Beratungsgespräch (da können die Probleme mit Informationen gelöst werden) und das persönliche Problem-Beratungsgespräch (da geht es um Gefühle und Entscheidungen). In der Realität vermischen sich häufig beide Formen, z. B. beginnen manche Ratsuchenden mit einer einfachen Sachfrage und rücken mit dem eigentlichen Problem erst dann heraus, wenn sie Vertrauen zur beratenden Person gefasst haben.

Das informative Beratungsgespräch

»Wann gehen diesmal die Ferien los?«, »Wo ist das Zimmer der Rektorin?«, »Warum sollen wir bei diesem Experiment Schutz- kleidung tragen?« Solche Fragen sind typische Eröffnungen von informativen Beratungsgesprächen, und meistens verlaufen sie schnell und problemlos – vorausgesetzt, alle Beteiligten verfügen über normale Sprachbeherrschung und die Befragten besitzen die zur richtigen Antwort nötige Sachkompetenz.
Trotzdem können dabei Probleme auftauchen:

*   Schwerverständlichkeit, man spricht eben nicht immer die gleiche Sprache, auch wenn im Ausweis die gleiche Nationa- lität steht,
*   unerwünschte Ausführlichkeit oder (unabsichtlich?) demons- trierte Besserwisserei,
*   zu knappe Fragen und Antworten
*   Missverständnisse

Oft entstehen Missverständnisse, wenn eine Frage nicht begrün- det wird. »Was hat denn so ein Beratungslehrer überhaupt zu tun?« kann z. B. als sachliche Informationsfrage, als Interesse an einer eigenen Mitarbeit oder als Kritik gemeint sein. Im Zweifels- fall hilft eine Gegenfrage: »Warum willst du das wissen?«, »Wie meinst du das« oder »Worauf willst du hinaus?«

Im Falle von Informationsdefiziten eignet sich die folgende fünfteilige Struktur meistens für eine zufrieden stellende Ant- wort. Ein Beispiel zeigt, dass so strukturierte Antworten trotzdem kurz sein können:

> **Optimale Antwortstrategie bei Informationsproblemen**
>
> Frage: „Wer organisiert denn den nächsten Ausflug?
>
> | | |
> |---|---|
> | **Reformulierung**
(Spiegelung der Frage) | *„Wer unsere Ausflüge plant?* |
> | **Relevanzbestätigung**
(Aussage, wie wichtig die Frage ist) | *Ja, das ist eine gute Frage, denn das wechselt von Jahr zu Jahr.* |
> | **Eigentliche Antwort** | *Diesmal macht es der Kollege Schmidt.* |
> | **Eventuell Missverständnis-Warnung**
(vor möglichen Verwechslungen) | *Übrigens: Jürgen Schmidt mit dt, nicht der Jochen Schmitt mit Doppel-t.* |
> | **Vergewisserung**
(ob das Gesagte verstanden wurde) | *Okay?"* |

Abb. 16 | Beispiel für ein informatives Beratungsgespräch

Bei ausführlicheren informativen Beratungsgesprächen hilft die EISTEE-Methode

- **E**instieg: Wie kommen wir ins Gespräch?
  (Begrüßung, kurzes Warm-Reden)
- **I**nteressenklärung: Warum führen wir das Gespräch und wozu wollen wir jetzt miteinander sprechen?
  (Motivation, Gründe, Ziele)
- **S**trukturierung: Was besprechen wir wie?
  (Auswahl der Themen, Vorgehensweise)
- **T**hemenklärung: Was wären gute Lösungen?
  (Eigentliche Problemdiskussion)
- **E**rgebnis: Was haben wir erreicht?
  (Zusammenfassung, Lösungen, offene Fragen)
- **E**nde: Wie hören wir auf?
  (Positiver Kommentar zum Gespräch, Verabschiedung)

Das persönliche Problem-Beratungsgespräch

Viele Probleme können nicht einfach durch eine schnelle Auskunft gelöst werden. Ein paar Beispiele aus der Praxis:

- Ein Kollege kommt nicht mit seiner Vorgesetzten klar (oder umgekehrt).

- Eine Freundin kann sich nicht zu einer Entscheidung durchringen.
- Zwei Kolleginnen beschuldigen sich gegenseitig, zu wenig zu arbeiten.
- Ein Suchtgefährdeter weiß nicht, wie er mit seinem Problem umgehen kann.
- Jemand ist unschlüssig, ob er sich auf eine neue Position bewerben soll.

In diesen und ähnlichen Fällen sollten zunächst folgende drei Thesen akzeptiert werden:

1. Wer ein persönliches Problem am besten kennt, kann es auch am besten lösen.

2. Wer ein persönliches Problem am besten kennt, ist der Mensch, der dieses Problem hat.

3. Wer ein großes persönliches Problem hat, braucht gute Unterstützung.

»Gut« heißt hier nicht »gut gemeint«: Viele meinen es wirklich gut, wenn sie beschwichtigen, trösten, Mut zusprechen, eine aus ihrer Sicht plausible Maßnahme vorschlagen, aus ihrem privaten Erfahrungsschatz erzählen oder neugierig nach Problemdetails fragen. Hier können folgende Probleme auftauchen:

- Beschwichtigung führt meistens zum Aufbauschen der Problematik
- Ratschläge können als Schläge empfunden werden
- Trost allein bringt keine Lösung
- Mut machen ohne Argumente wirkt unglaubwürdig
- die eigene Sicht ist eben nicht die Sicht des anderen
- die selbst gemachten Erfahrungen sind nur selten übertragbar
- Nachfragen führen oft dazu, dass die problembelastete Person kaum mehr das Gespräch selbst lenken kann und sich im schlimmsten Fall ausgefragt oder verhört fühlt.

Natürlich möchten manche Menschen ganz einfach die eigenen Probleme bei anderen abladen. Wer aber nicht in der Lage ist, als Berater »Hilfe zur Selbsthilfe« zu geben, riskiert etliche unliebsame Folgen:

- Die zu Beratenden bleiben passiv und unmündig, während die Berater immer mehr arbeiten müssen.
- Probleme werden nur teilweise erkannt und behandelt (indem man sich z. B. ausschließlich auf das Vordergründige konzentriert).
- Hat man als Berater eine Lösung vorgeschlagen, sind die Betroffenen damit häufig unzufrieden und setzen diese nicht oder nur widerwillig um. Die meisten Menschen machen nämlich lieber das, was sie sich selbst in den Kopf gesetzt haben, als das, was ihnen von anderen empfohlen wurde.
- Die volle Verantwortung dafür, dass die Lösung funktioniert, bleibt am Berater hängen.

Ein zufrieden stellendes Gespräch kann erst dann entstehen, wenn die eigene Einstellung stimmt. Die Hauptforderung lautet folglich: Berater müssen die Gesprächspartner(innen) mit ihrer Persönlichkeit und alle ihre Äußerungen, nämlich in dem, was sie sagen und in dem, was sie durch ihre Körpersprache ausdrücken, ehrlich akzeptieren. Dies bedeutet keinesfalls, dass sie alles gut und richtig finden sollten – es geht vor allem um die Achtung vor dem anderen Menschen, vor seinen Ansichten und Emotionen. Was eine andere Person weiß, was sie beschäftigt, was sie sagen will, das weiß **sie** am besten. Fachperson für das Problem ist der »Problembesitzer«!

Für ein erfolgreiches Beratungsgespräch brauchen wir als weitere Voraussetzung den echten Willen, anderen beim Problembesprechen zu helfen. Ebenfalls wichtig ist eine gute Gesprächsatmosphäre, genügend viel Zeit, Geduld, aufmerksames Zuhören und die Fähigkeit, nicht nur das Gesagte inhaltlich zu verstehen, sondern auch die Gefühle zu beachten, zu respektieren und anzusprechen. Nur wenn wir dieses Einfühlen (»Empathie«) aufbringen, können wir freier, ohne missverstanden zu werden, ausführlicher, treffender und intensiver (vor allem hinsichtlich der Emotionen) miteinander sprechen. Dadurch schaffen wir es, die Situation leichter zu überblicken, Probleme schneller und präziser zu erfassen, Vorstellungen, Meinungen, Kenntnisse ausführlicher darzustellen. Ein nicht gerade unwichtiger Nebeneffekt ist die Folge: Es werden bessere Eindrücke von den Gesprächspartner(inne)n entstehen.

Selbstverständlich finden sich Fälle, in denen es unsinnig ist, mit anderen ein ausführliches Beratungsgespräch zu führen. Dies kann (aber muss nicht!) sein, wenn die Gesprächspartner absolut unwissend oder unehrlich sind, die Kommunikation absichtlich blockiert wird, wenn der nötige Ernst fehlt und wenn der Verdacht besteht, dass Hypochondrie (eingebildete Probleme) oder Logorrhoe (krankhafte Geschwätzigkeit) vorliegen. Hier ist nicht Empathie (Einfühlung) gefragt, sondern klare Distanzierung. Ebenfalls macht es wenig Sinn, ein Beratungsgespräch zu führen, wenn bei einem selbst die eben genannten Voraussetzungen fehlen und das Interesse am Gespräch nur gespielt wäre (dann sollte man allerdings wissen, an wen man die Aufgabe delegieren kann). Fehlende Echtheit (Authentizität bzw. Kongruenz) wird von den meisten Gesprächspartnern zumindest unbewusst erkannt und abgelehnt.

Falls bei den Beratenden die eigenen Interessen auf dem Spiel stehen (z. B. die Grenzen ihrer Belastbarkeit erreicht sind) oder die Rahmenbedingungen kein gutes Gespräch zulassen (z. B. aufgrund von Zeitdruck), müsste dies möglichst bald angesprochen werden. Ein verschobenes gutes Gespräch ist allemal besser als ein sofort geführtes schlechtes!

Was gehört zu einem guten Beratungsgespräch?

Insgesamt werden in diesem Abschnitt sechs Elemente vorgestellt. Die Reihenfolge entspricht der üblichen zeitlichen Reihenfolge und (mit Ausnahme des letzten Schritts) einer in der Regel zunehmenden Schwierigkeit.

Gute Gesprächsbedingungen schaffen und aufzeigen

Es mag banal erscheinen, wenn hier zunächst auf die Notwendigkeit einer angenehmen Gesprächsatmosphäre hingewiesen wird. Viele wissen jedoch nicht so genau, was Gespräche positiv beeinflussen kann und welche Vorteile zuweilen das bewusste Demonstrieren günstiger Voraussetzungen bringt. Deshalb folgen hier die zehn Gebote für gute Gesprächsbedingungen.

Erstes Gebot: Angenehme Raumatmosphäre wählen oder schaffen! Dabei hilft ein gemütlicher Besprechungsraum, ein freundlich ausgestattetes Büro, blendfreie Beleuchtung, dabei hilft eventuell auch ein Spaziergang oder ein Lokalbesuch. Das klingt etwa so: »Komm, lass uns nach nebenan gehen, dort haben wir mehr Ruhe!«

Zweites Gebot: Günstige »symmetrische« Sitzordnung herbeiführen! Günstig ist es, im Zwiegespräch möglichst nicht gegenüber, sondern über Eck zu sitzen, gleiche Sitzhöhe und Form für alle Gesprächspartner [z. B. entweder beide auf einem Stuhl oder beide in einem Sessel, aber nicht der eine so und die andere anders], keine Barrieren [z. B. durch Schreibtisch), ein angenehmer Abstand zwischen den Beteiligten [Zone der persönlichen Distanz = 60–160 cm]. Das klingt etwa so: »Setzen wir uns doch dort an den runden Tisch ...«

Drittes Gebot: Ausreichend Zeit haben! (Falls nicht: Einen günstigeren Termin vereinbaren!)
Das klingt etwa so: »Das trifft sich gut, ich habe gerade ein paar Minuten Zeit ...«; »Wir können jetzt ganz in Ruhe reden ...«; »Ich habe jetzt Zeit für dich ...«

Viertes Gebot: Die menschlichen Primärbedürfnisse berücksichtigen! Wer vor allem an den eigenen Durst oder Hunger denken muss, ist kein guter Gesprächspartner. Das klingt etwa so: »Wie wäre es mit einem Kaffee oder einem Wasser?«

Fünftes Gebot: Möglicherweise auftretende Störungsquellen abstellen! Das Telefon bzw. Handy ausschalten, für Ruhe sorgen, ein Schild »Bitte nicht stören« anbringen und verbleibende und nicht zu verhindernde Störungen vorweg ansprechen. Das klingt etwa so: »Damit wir uns in Ruhe unterhalten können, schalte ich jetzt das Handy ab. Es kann nur sein, dass später noch die Sekretärin kurz reinkommt und die Akten bringt, aber grundsätzlich stört uns jetzt niemand.«

Sechstes Gebot: Offene und entgegenkommende Sitzhaltung einnehmen! Nicht die Arme verschränken oder sehr steif sitzen, denn das schafft Abstand und nicht zu bequem sitzen, denn das wirkt gleichgültig!

Siebtes Gebot: Wenn ein Kollege oder eine Kollegin sehr aufgeregt ist, zuerst Verständnis äußern für die Gefühle! (z. B. Anspannung, Angst, Erregung ...) Das klingt etwa so: »Du wirkst ja ziemlich gestresst. Was ist denn los? ...«

Achtes Gebot: Möglichst offene Ausgangsfrage formulieren! Nicht angebracht sind unechte oder verhörartige Fragen mit »wer hat wann was wie wo warum gemacht?« und ebenfalls tabu sind beeinflussende Fragen / Suggestivfragen wie »*Du weißt doch sicher noch ...?*«) Positive Fragen sind: »Was war denn los?« »Woran kannst du dich noch erinnern?«, »Was fällt dir zu ... ein?«, »Woran denkst du, wenn ...?«, »Was ist für dich besonders wichtig?«, »Was würdest du sagen, wenn du ...?«, »Was meist du, sollten wir über ... wissen?«

Neuntes Gebot: Eventuell Zusage der Vertraulichkeit! Das klingt etwa so: »Was jetzt besprochen wird, bleibt natürlich unter uns!«

Zehntes Gebot: Auf die eigene Körpersprache achten, damit man Ruhe und Konzentration auf den Anderen ausstrahlt: eher ruhige Gestik und Mimik, guten Blickkontakt, mittlere Lautstärke, eher langsames Sprechtempo.

Wahrnehmbares Zuhören

Nur dann fühlt man sich in einem Gespräch wohl, wenn man das Gefühl hat, dass einem zugehört wird. Deshalb ist das »Wahrnehmbare Zuhören« (oft auch »Aktives Zuhören« genannt) so wichtig. Es ist ein überwiegend körpersprachliches Kommunikationsverhalten der zuhörenden Person, bei dem die sprechende Person den Eindruck gewinnen sollte, dass ihr gut zugehört wird.

Mit den folgenden Möglichkeiten wird das Zuhören wahrnehmbar:
- Guter Blickkontakt! (In Mitteleuropa wird ein Blickkontakt, der ca. 70–85 % der Gesprächszeit einnimmt, als angenehm empfunden. Also sollte man sich nicht dauernd in die Augen sehen bzw. »fixieren«, aber auch nicht Boden oder Decke anstarren oder den Blick ins Leere gehen lassen!)

- Nickende Kopfbewegungen! (Dabei sollten komisch wirkende Übertreibungen vermieden werden. Mögliche Gefahr: Verwechslung von Verständnis und Einverständnis. Im Zweifelsfall empfiehlt sich eine verbale Zusatzinformation, z. B. *»Ich höre dir jetzt genau zu und nicke, wenn ich verstehe, was du sagst!«*)
- Hörbare Zuhörbestätigungen! (Mmm, ja, aha oder ähnliche im Grenzbereich zwischen Sprache und Körpersprache liegende Geräusche. Auch hier sollten Übertreibungen und Intonationen, die evtl. als wertend, zweifelnd oder verwundert empfunden werden könnten, vermieden werden.)
- Formulierte Zuhörbestätigung! (Beispiele: *»Das interessiert mich!«*, *»Ich höre dir konzentriert zu!«*, *»Ich bin ganz Ohr!«* – Dabei entsteht leider manchmal eine Missverständnis-Gefahr: es kann der Eindruck der inhaltlichen Wertung entstehen.)
- Bewusste Zurückhaltung! Pausen zulassen, ohne dabei gleich auf die Uhr zu sehen; kein Anzeichen von Ungeduld im körpersprachlichen Bereich, absichtliches »Nichts sagen«.

Demonstriertes Verstehen

Diese Verhaltensweise geht über den gerade genannten Punkt hinaus, denn jetzt geht es nicht nur um den Eindruck, dass zugehört wurde, sondern um die Gewissheit, dass das Gesagte wirklich verstanden wurde. Bei dieser sehr professionellen Methode werden einzelne erhaltene Informationen, zumeist umschrieben, zuweilen auch als Vergewisserungsfrage, in Ausnahmefällen sogar wörtlich durch die Zuhörenden wieder ins Gespräch gebracht.

Mit Hilfe des demonstrierten Verstehens können lange Monologe aufgebrochen werden, es entsteht echte Gesprächsatmosphäre, Pausen werden gefüllt, Missverständnisse können vermieden bzw. korrigiert werden (gerade in kritischen Situationen wird anfänglich oft eine weniger exakte Formulierungsweise festgestellt, die durch diese »Spiegelung« verbessert wird), neue Ideen und Anregungen zum Weitersprechen sind die Folge.

Die Möglichkeiten finden sich in der Definition: wörtliche Wiederholung, umschriebene Wiederholung, vergewissernde Wiederholung. »Klassische« Formulierungen wie *»Habe ich dich recht verstanden, wenn du meinst, dass ...«* sollten m. E. durch Paraphrasen (= Umschreibungen) ersetzt werden, die zum jeweiligen Sprechertyp und seinem üblichen Sprachgebrauch besser passen.

Mögliche Probleme beim demonstrierten Verstehen sind besserwisserisch klingende Umformulierungen (*»Du meinst also eigentlich ...«, »Du willst damit in Wirklichkeit sagen, dass ...«*), das berüchtigte »Papageienecho« (= permanentes, monotones Wiederholen von Äußerungen), suggestive Formulierungen, übereilte Lösungsvorschläge, falsche Wiederholungen (z. B. durch unbewusste Berücksichtigung eigener Erfahrungen, Wertung und Beurteilung des Gesagten).

Hilfreiche Zusammenfassungen

In diesem Schritt werden durch die Zuhörenden die als wesentlich empfundenen Inhalte nicht mehr nur einzeln, sondern in zusammengefasster Form geäußert. Dabei empfiehlt sich wiederum ein rückfragender und sich vergewissernder Formulierungsstil. Hauptzweck ist hier, echte Hilfen zur Strukturierung, Problemfindung oder Klärung anzubieten und dabei natürlich wieder Anregungen zum Weiterdenken und -sprechen zu liefern. Ideal wäre es, wenn die Beteiligten das Gefühl bekommen, dass ernsthaft versucht wird, die Problematik »in den Griff zu bekommen«.

Auf Formulierungshilfen wird hier verzichtet – Sie finden sie in den entsprechenden Übungswerken (vgl. die Literaturliste), nicht jedoch auf die Erwähnung möglicher Fehler. Zu nennen sind (neben den bereits angesprochenen):

- die Manipulationsgefahren durch voreilige Interpretationen (*»In meinen Augen gibt es für dein Problem nur eine Ursache ...«*),
- die zu massiven Steuerungen des Gesprächs (*»Gehen wir doch nochmals zum Ausgangspunkt zurück ...«*),
- das Problem, dass häufig gut klingende Formulierungen (vor allem solche von echten oder vermeintlichen Autoritätspersonen) vorschnell akzeptiert werden und dadurch Scheinlösungen entstehen können.

Ansprechen der Gefühle

Diese Forderung bereitet vielen besondere Schwierigkeiten. Ihr Sinn ist, dass man sich bei Problemlösungen nicht nur mit inhaltlichen Klärungen beschäftigt, sondern auch die emotionalen Hintergründe bewusst anspricht. Die Gesprächspartner sollten erkennen, dass ihre rationalen Aussagen **und** ihre Gefühle verstanden werden; sie werden dadurch ermutigt, intensiver über ihre Situation nachzudenken und zu sprechen. Eine in der Regel ungewöhnliche Atmosphäre von Vertrautheit ist die zu erwartende Konsequenz.

Ganz besonders wichtig ist es, die Emotionen im Zusammenhang mit der gefundenen Problemlösung zu beachten. Wenn der Verstand ein Ergebnis akzeptiert und das Gefühl dieses Ergebnis ablehnt, wird es wohl kaum angemessen umgesetzt.

Zahlreiche Fehlerquellen sollten beim Ansprechen der Gefühle beachtet werden. Falsch wäre z. B. die »Psychologisierung«. Es geht nicht darum, die beste psychologische Bezeichnung, Erklärung oder Theorie auf den Tisch zu legen (»*Da scheint mir eine gestörte ödipale Phase vorzuliegen!*«), es geht auch nicht um phantasievolle Darstellung aller möglichen mit einer Darstellung vielleicht verbundenen Emotionen, sondern es geht ausschließlich um das Ansprechen der wahrgenommenen Gefühle.

Die Grenze zur Aufdringlichkeit ist dabei besonders bei jenen Gesprächspartnern schnell erreicht, die nur selten die Verstandesebene verlassen: Hier kann Verunsicherung die unbeabsichtigte Folge sein. Mitleid in seinen Ausprägungen als Trost, Beruhigung, Beschwichtigung (»*... ist ja nicht so schlimm, du brauchst dich doch nicht so aufzuregen ...*«) mündet häufig bei den Adressaten in die Stimmung, nicht ernst genommen zu werden. Deshalb sollte alles Wertende – so gut es gemeint sein mag – unterlassen werden. Umstritten ist allerdings die Frage, ob auch Lob vermieden werden sollte: Die pädagogische Literatur befürwortet das Loben, psychologische und rhetorische Ansätze sehen eher die Gefahr der vorschnellen Wertung und der zu dominanten Gesprächssteuerung.

Der gute Gesprächsabschluss

So fruchtbar ein Gespräch verlaufen kann – ein ungeschickter Schluss kann alles ruinieren und sogar weitere Kommunikation bei anderen Gelegenheiten blockieren. Wer »im Regen stehen gelassen wird«, z. B. durch einen abrupten Abbruch mitten in einer stark emotional geprägten Phase, wird wahrscheinlich in zukünftigen, vergleichbaren Situationen erheblich vorsichtiger und zurückhaltender sprechen. Deswegen reichen am Ende eines guten Gesprächs nicht die bekannten Floskeln für eine Verabschiedung oder Vertagung aus.

Wichtig sind mindestens drei Punkte:
- Zusammenfassung der Gesprächsergebnisse (dabei genügt zuweilen ein Satz!),
- Lob der Gesprächsatmosphäre und des Gesprächs allgemein (besser als Pseudo-Objektivität – »Das war ein gutes Gespräch« – ist eine persönliche Mitteilung, eine »Ich-Botschaft«! – »*Ich freue mich, dass wir das so ruhig besprechen konnten*«),
- Lob der Gesprächspartner (wieder mit Betonung des eigenen Eindrucks, der im Gespräch gewonnen wurde). Dass dabei unechte Komplimente unsinnig und gefährlich sind, muss wohl nicht besonders betont werden.

Wie können Beratungsgespräche geübt werden?

Jede/r führt früher oder später Beratungsgespräche und lernt immer wieder dazu. Man muss nicht den Ehrgeiz entwickeln, alle Elemente eines guten Beratungsgesprächs von Anfang an gleichzeitig zu realisieren, sondern darf Schritt für Schritt vorgehen. Wer mehr tun möchte, kann die Fähigkeiten zum guten Beratungsgespräch am wirksamsten und rationellsten in dafür geeigneten Seminaren trainieren, in denen z. B. in Rollenspielen Defizite wie Stärken erkannt und das Verhaltensrepertoire erweitert wird. So erspart man sich außerdem überflüssige Lektüre und die nutzlose Beschäftigung mit bereits beherrschten Elementen.

In der Realität selbst miterlebte oder aus den Medien aufgezeichnete Gespräche eignen sich, die Theorie in der Praxis zu beobachten. Negative Beispiele helfen, die nötige Sensibilität gegenüber Fehlerquellen zu erlangen.

Doch hören Sie bitte rechtzeitig mit dem Üben auf, bevor sie zu perfekt werden und wirken, damit man noch gerne mit Ihnen reden will.

Quellen und weiterführende Literatur zum Beratungsgespräch

Allhoff, Dieter W.: Non-direktives Gesprächsverhalten (NdGV) in Prozessen Rhetorischer Kommunikation. Ein Beitrag zur Lehr- und Lernbarkeit von Gesprächsfähigkeit, in: sprechen lehren – reden lernen, hg. v. D. W. Allhoff. München: Reinhardt, 1987, S. 104–120.

Büttner, Claudia; Quindel, Ralf: Gesprächsführung und Beratung. Sicherheit und Kompetenz im Therapiegespräch. Heidelberg: Springer Medizin Verlag, 2005.

Kleist, Heinrich v.: Über die allmähliche Verfertigung der Gedanken beim Reden, in: Werke und Briefe in vier Bänden. Bd. 3 (Erzählungen, Gedichte, Anekdoten, Schriften), hg. v. Siegfried Streller u. a., Berlin, Weimar: Aufbau-Verlag, 1978, S. 453–459.

Mucchielli, Roger: Das nicht-direktive Beratungsgespräch. Salzburg: Otto Müller Verlag, 1972 (Neuauflage 1986).

Rogers, Carl R.: Die nicht-direktive Beratung. Counseling and Psychotherapy. München: Kindler, 1972 (10. Auflage Frankfurt: Fischer, 2003).

Rosenberg, Marshall B.: Gewaltfreie Kommunikation. Aufrichtig und einfühlsam miteinander sprechen. 4. Aufl., Paderborn: Junfermann, 2003.

Wagner, Roland W.: Wie kann ich andere besser sprechen lassen? – das indirekt sprechfördernde Kommunikationsverhalten, in: Sprechen – Lesen – Verstehen. Beiträge zum Deutschunterricht. Heidelberg: Pädagogische Hochschule/Institut für Weiterbildung, 1985, S. 54–64.

Waltner, Peter: Das Beratungsgespräch im Betrieb. Münster: Rieder Verlag, 2002.

Weinberger, Sabine: Klientenzentrierte Gesprächsführung. Eine Lern- und Praxisanleitung für helfende Berufe. 8. unveränderte Auflage. Weinheim, Basel: Beltz, 1998.

5.1.5 Seminar- und Unterrichtsgespräche

Da sich dieses Buch primär an jene richtet, die jetzt oder zukünftig in der Schule arbeiten, darf ein Kapitel zu den dort üblichen Gesprächen nicht fehlen. Allerdings ist dies kein einfaches Unterfangen, denn die dazu vorliegende Literatur ist höchst umfangreich und oft widersprüchlich. Außerdem sind die in der Praxis erlebten Vorlieben der Beurteilenden so unterschiedlich, dass im Interesse einer guten Benotung allen Betroffenen nur empfohlen werden kann, die jeweils verlangten Prioritäten zu beobachten, zu erfragen und zu befolgen.

Die wichtigsten Voraussetzungen für ein gutes Unterrichtsgespräch sind für mich Echtheit (»Authentizität«), Sensibilität und Motivation. Dies sind bekanntlich Eigenschaften, die sich durch Lektüre kaum fördern lassen.

Wer nichts von anderen wissen will, ist für jedes Gespräch ungeeignet; wer nichts von der Klasse wissen will, sollte kein Lehrgespräch führen.

Gute Unterrichtsgespräche erfordern (wie andere Gespräche auch) eine Reihe von grundlegenden Fähigkeiten, die im vorliegenden Buch systematisch geordnet behandelt werden, z. B. ein Minimum an »kommunikativen Durchblick« (vgl. Kap. 2), ausreichende Sicherheit (vgl. Kap. 3.3), angemessene Körpersprache (vgl. Kap. 3.4), verständliches und anschauliches Formulieren (vgl. Kap. 3.9–3.10), motivierende Einleitungen (vgl. Kap. 4.4), souveräne Gesprächsleitungskompetenz (vgl. Kap. 5.1), faire Argumentation (vgl. Kap. 5.2), aber auch das Geschick, anderen im Gespräch zu helfen (vgl. Kap. 5.1.4).

Vor allem an den sogenannten »Höheren Schulen« ist das fragend-entwickelnde Unterrichtsgespräch weit verbreitet. Dahinter steht die auf Sokrates zurückgehende maieutische Gesprächsmethode, die als »Hebammenkunst« hilft, selbst zu neuen Erkenntnissen zu gelangen. Eigentlich sollen hierbei die Beiträge zum Thema überwiegend von den Schüler(inne)n selbst eingebracht werden. Ob dieser Anspruch in der Praxis realisiert werden kann, ist höchst zweifelhaft, denn man steckt als Lehrkraft meistens im Dilemma, einerseits in einer relativ knappen Zeitspanne ein bestimmtes Gesprächsergebnis herbeiführen zu müssen, andererseits aber der Klasse ausreichend viel Freiraum geben zu sollen. Die Versuchung ist für Lehrende groß, nur diejenigen Unterrichtsbeiträge positiv aufzunehmen, die in ihre gewünschte Richtung gehen. Andere Schüleräußerungen werden unwillkürlich negativ interpretiert. Kommt nicht das, was man hören will, werden häufig die Fragen banaler, die Vorgaben deutlicher, die Stimmung leidet. Typisch für solche Situationen sind die Schülergegenfragen: »Was wollen Sie denn hören?« oder »Worauf wollen Sie denn hinaus?«

Ein für die meisten Schüler unangenehme Nebeneffekt des klassischen Unterrichtsgespräch ist der permanente Beurteilungsdruck. Man weiß, dass es auch um mündliche Noten geht und man befürchtet, sich bei falschen Antworten zu blamieren – beides fördert nicht gerade die Sprechbereitschaft. Als Alternative empfehle ich echte und offene Fragen, bei denen es nicht primär um Wissensabfragen, sondern um Erinnerungen, Erfahrungen und Einstellungen geht. Besser könnte auch das von Leonard NELSON vorgeschlagene »Neosokratische Gespräch« funktionieren, bei dem sich die Leitung auf die formale Gesprächssteuerung beschränkt und die Schüler(innen) ihre Meinungen und deren Begründungen selbstständig entwickeln können.

Offizielle Leitfäden zum Unterrichtsgespräch betonen noch weitere Voraussetzungen, die von der Lehrperson erfüllt werden sollten:
- klare und realistische Gesprächsziele,
- ergebnisorientierte Gesprächsführung,
- hohe Sachkompetenz,
- flexible Reaktionen,
- klare Frageformulierungen,
- hilfreiche Zusammenfassungen.

Als hilfreiche Struktur für ein ideales Unterrichtsgespräch empfehlen Fachleute zu Beginn eine »Spontanphase«, in der ungefiltert Ideen eingebracht werden können. Anschließend folgt die gemeinsame Klärung des Stundenziels und der Vorgehensweise. Erst dann werden die Beiträge der Schüler(innen) erarbeitet und präsentiert. Aus ihnen lassen sich meistens wichtige Einzelaspekte bündeln, die dann bei Bedarf aus der Lehrer-Expertensicht ergänzt und vertieft werden. Ähnlich wie beim Klärungsgespräch sind auch hier Zwischenzusammenfassungen (an den »Gelenkstellen« zwischen »Themeninseln«) hilfreich.

Von mehreren Faktoren hängt es ab, ob die Lehrkraft das Unterrichtsgespräch eher dominant (= gelenkt), zurückhaltend (= moderierend) oder ganz ohne eigene aktive Beteiligung (= offen) gestaltet. In der pädagogischen Literatur (z. B. bei Peterßen) stehen noch zahlreiche weitere Alternativen, die Sie der Abwechslung zuliebe einsetzen können, z. B. gespielte Debatten, Experteninterviews, Gerichtsverhandlungen, Hörspiele, Rollenspiele und Talkshows.

Quellen- und Literaturangaben zum Unterrichtsgespräch:

- BECK, Martin: Unterrichtsgespräche. Zwischen Lehrerdominanz und Schülerbeteiligung. Eine Sprechwissenschaftliche Untersuchung didaktischer Ansätze zur Unterrichtskommunikation. St. Ingbert: Röhrig Universitätsverlag, 1994.
- LOSKA, Rainer: Lehren ohne Belehrung. Leonard Nelsons neosokratische Methode der Gesprächsführung. J. Klinkhardt Verlag Bad Heilbrunn 1995.
- PETERSSEN, Wilhelm H.: Kleines Methoden-Lexikon. 2. Aufl., München: Oldenbourg, 2001.
- www.fachdidaktik-einecke.de/7_unterrichtsmethoden
- www.wikipedia.org/wiki/Forschend-entwickelnder_Unterricht

5.1.6 Verkaufsgespräche

Für kaum eine andere Gesprächsform lässt es sich so leicht motivieren wie für die Verkaufsgespräche – schließlich spürt man hier die Erfolge im eigenen Geldbeutel. Auch Schüler(innen) lassen sich i. d. R. für dieses Thema begeistern, sogar, wenn sie später nicht als Verkäufer(innen) arbeiten. Schließlich sollen sie auch das verantwortungsbewusste und überredungsresistente Konsumieren lernen.

Ob ein Verkaufsgespräch positiv verläuft, entscheidet sich häufig schon in der Gesprächseröffnungsphase. Natürliche Freundlichkeit, glaubwürdige Komplimente, echtes Interesse für die Kunden sind hier gefragt. Zügig sollte dann der Bedarf erfragt werden, z. B. mit der Formulierung: »Damit ich Sie optimal beraten kann, müsste ich zunächst Ihre Vorstellungen kennen.« Nachdem diese genannt wurden, empfiehlt sich eine kurze Zusammenfassung samt Vergewisserung, bevor man auf das eigentliche Angebot zu sprechen kommt. Dabei geht es primär darum, dem Kunden die für ihn wichtigen Vorteile aufzuzeigen.

Bei Einwänden zeigen Verkaufsprofis viel Verständnis, bringen manchmal sogar noch ein zusätzliches Gegenargument, um den Kunden bei Laune zu halten. Erst dann wird das Angebot mit Relativierungen und weiteren Vorteilen präsentiert. Über die dabei eventuell eingesetzten Tricks können Sie im folgenden Argumentations-Kapitel (= 5.2) einiges lesen.

5.1.7 Telefonate

Fast alle der bisher genannten Gespräche können auch über das Telefon geführt werden. Dazu gibt es inzwischen eine breite Palette an Ratgeber-Büchern. Aus eigener Erfahrung weiß ich, dass manche der darin abgedruckten Empfehlungen nicht immer eingehalten werden. Zum Beispiel sollte – von Notfällen abgesehen – nicht am frühen Morgen und am späten Abend angerufen werden, aber nicht nur weit entfernt in anderen Zeitzonen lebende Bekannte vergessen das gerne. Üblich und sinnvoll ist die Namensnennung am Anfang, auch wenn dies in manchen anderen Ländern nicht üblich ist, in denen sich z. B. nur Mister Hello oder Signora Pronto meldet.

Systembedingt (solange sich die Videotelefonie noch nicht durchgesetzt hat) bleiben beim Telefonieren Mimik, Gestik und andere nonverbal-visuelle Elemente unsichtbar. Ein freundliches Lächeln kann man jedoch hören, eine zu lässige Körperhaltung wird von den meisten auch akustisch wahrgenommen. Stehendes Telefonieren bringt mehr Präsenz und mehr Resonanz. Leider lassen sich einige visuelle Signale von Genervtheit bei zu langen Gesprächen nicht direkt wahrnehmen, oft werden im Gegenteil sogar die monoton gebrummten »mmms« als Zeichen des guten Zuhörens fehlinterpretiert.

Bei qualitativ schlechten Verbindungen erlebt man oft den Fehler, dass die Sprechenden unwillkürlich lauter werden. Dies fördert jedoch eher Verzerrungen und aggressive Stimmungen. Einfache Alternative: deutlicher sprechen!

Moderne Benimm-Ratgeber lassen sich schließlich noch gerne über die uneingeschränkte Handy-Nutzung aus. Wer schon einmal in einem vollen Zug mit hemmungslos sprechenden Dauertelefonierern fahren musste oder in einem Seminar mehrfach durch laute Klingeltöne gestört wurde, kennt die Probleme und unterstützt die Appelle, gelegentlich das Mobiltelefon zu deaktivieren.

5.2 Argumentieren

5.2.1 Grundregeln für vernünftiges Argumentieren

Das Ziel dieses Bausteins ist keinesfalls das Training manipulativer Techniken, um andere überreden zu können, sondern die Förderung einer fairen Argumentation, die überzeugend wirkt. Dazu ist es sinnvoll, zunächst die eigenen Gewohnheiten mit Hilfe des folgenden Katalogs (der nicht nur »unanständige« Tricks enthält), zu überprüfen.

Selbstverständlich hilft die Liste auch, bei anderen problematische Argumentations- und Manipulationsversuche erkennen und abwehren zu können.

Überzeugung kann durch richtige Argumentation allein leider nicht garantiert werden. Mit entscheidend sind stets nonverbales Verhalten, Glaubwürdigkeit und Engagement, Einstellung der Zielgruppe, die Gesprächssituation und themenspezifische Aspekte (z. B. Sachkompetenz, Interessenlage, die Realisierbarkeit von Vorschlägen).

Anschließend ist deshalb ein metaphorisch zu verstehender »Überzeugungsschlüssel« abgebildet: Nur wenn alle Schlüsselteile passen, kann die angesprochene Person(engruppe) wirklich und nachhaltig überzeugt werden.

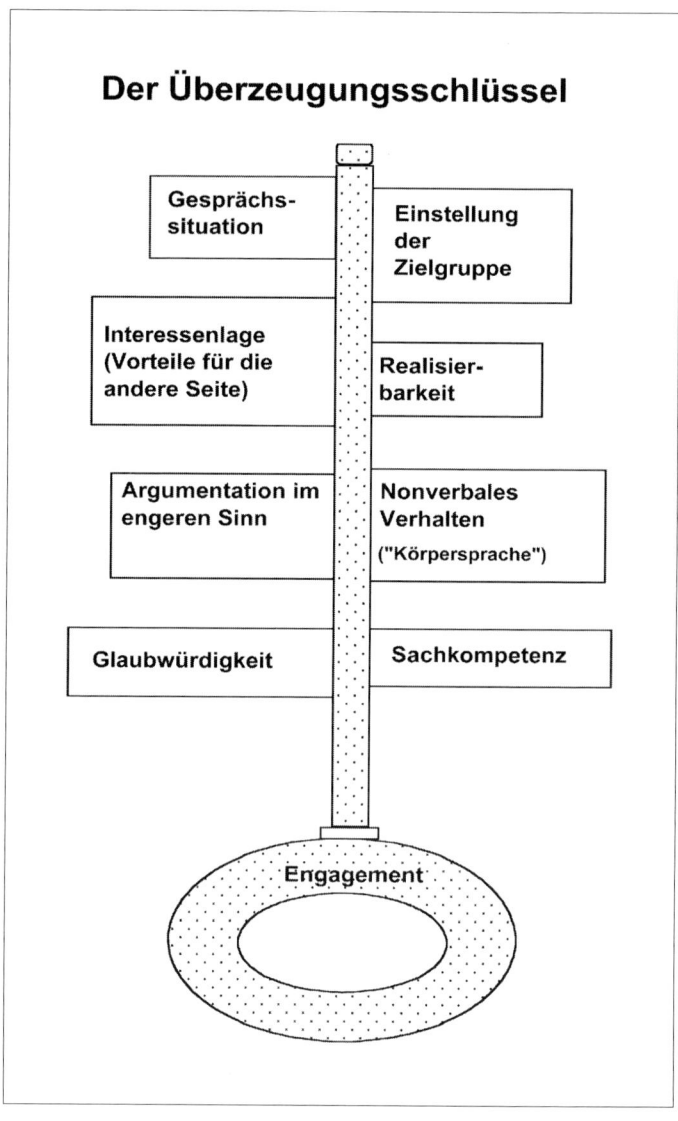

Abb. 17 | Einflussfaktoren für ein argumentatives Gespräch

Zehn Regeln für vernünftiges Diskutieren

Regel 1: Redefreiheit

Die Argumentierenden dürfen einander nicht hindern, Standpunkte vorzubringen oder Standpunkte zu bezweifeln.

Regel 2: Begründungspflicht

Wer einen Standpunkt vorbringt, ist verpflichtet, ihn zu verteidigen, wenn er oder sie gebeten wird, dies zu tun.

Regel 3: Redliche Bezugnahme auf das Gesagte

Ein Widerlegungsversuch muss sich auf denjenigen Standpunkt beziehen, der tatsächlich von der Gegenpartei in der Diskussion geäußert worden ist.

Regel 4: Sachlichkeitsgebot

Ein Standpunkt darf nur dadurch verteidigt werden, dass man Argumente für den Standpunkt vorbringt.

Dies bedeutet Verbot von Argumenten »ad hominem« (persönliche Angriffe), »ad baculum« (Drohungen, Angstappelle), »ad misericordiam« (Mitleid) und »ad populum« (populistische Appelle an die Emotionen der Masse; die Begriffe stammen von John LOCKE).

Regel 5: Redliche Bezugnahme auf implizite Voraussetzungen

Eine Person ist verpflichtet, zu den Voraussetzungen (= Prämissen) zu stehen, die er oder sie implizit zum Ausdruck gebracht hat. Umgekehrt dürfen den Kontrahenten nicht Prämissen unterstellt werden, die sich aus deren Äußerungen gar nicht entnehmen lassen.

Regel 6: Gemeinsame Ausgangspunkte respektieren

Eine Prämisse darf nicht fälschlich als gemeinsam akzeptierter Ausgangspunkt hingestellt werden, und umgekehrt darf eine Prämisse, die gemeinsam akzeptiert ist, nicht zurückgewiesen werden.

Regel 7: Verwendung plausibler Argumentationsmuster

Ein Standpunkt darf nicht als hinreichend gerechtfertigt angesehen werden, wenn die Rechtfertigung nicht durch ein plausibles und korrekt angewendetes Argumentationsmuster erfolgt.

Beispiele für meist plausible Muster sind Definitionen, Vergleiche, Gegensätze, Ursache-Wirkungs-Beziehungen, Beispiele, Autoritäten, Analogien.

Regel 8: Logische Gültigkeit
Die Argumentationsmuster müssen logisch gültig sein oder zu logisch gültigen Schlussfolgerungen ergänzt werden können (durch das Explizitmachen von indirekt unterstellten Prämissen).

Regel 9: Annahme des Ergebnisses der Diskussion
Wenn die Rechtfertigung eines Standpunktes nach den obigen Regeln korrekt erfolgt ist, muss die Person, die den Standpunkt in Zweifel gezogen hat, ihn nun akzeptieren; wenn die Rechtfertigung nicht gelungen ist, muss die Person, die den Standpunkt vertreten hat, ihn nunmehr zurücknehmen.

Regel 10: Klarheit des Ausdrucks und korrektes Verstehen
Die Formulierung der Argumentationen darf weder ungenau noch mehrdeutig sein, und die Gesprächsteilnehmer müssen gegenseitig ihre Formulierungen so sorgfältig wie möglich interpretieren.

Quellenangabe

Quelle der zehn Regeln zum Argumentieren: Frans van EEMEREN und Rob GROOTENDORST: Speech Acts in Argumentative Discussions. Dordrecht, 1984; zitiert nach Manfred KIENPOINTNER: Vernünftig argumentieren. Regeln und Techniken der Diskussion. Reinbek, 1996, S. 24–72

5.2.2 Wie man gute Argumente findet

Damit es keine Missverständnisse gibt: Dies wird keine Wiederholung des Abschnitts 4.2 »Ideen sammeln«. Dort ging es nämlich um die Möglichkeiten, möglichst viele Gedanken zu einem Thema zu sammeln, z. B. per Internet-Suche, Nachdenken, Freunde fragen.

Für Argumentationssituationen ist jedoch weniger Quanti-
tät, sondern Qualität entscheidend. Im Gegenteil: Wer zu ausführlich seine Position begründet, macht sich unbeliebt und
vermindert die Chancen. Wer neben guten auch schwache Belege anführt, riskiert, dass sich die Diskussion auf eben diese
konzentriert.

Der sinnvollste Weg zu guten Argumenten führt über einen
Perspektivenwechsel: Stellen Sie sich vor, Sie wären die Person,
die Sie überzeugen wollen. Welche Argumente würden Sie beein-
drucken? Welche Vorteile könnte es für die anderen geben, wenn
sie Ihre Meinung übernehmen? Welche Nachteile bleiben den
anderen erspart?

Eine andere Methode geht gedanklich ebenfalls vom Opponenten aus: Welche Gegenargumente wird er wahrscheinlich
bringen? Was lässt sich dagegen sagen?

Falls Sie noch nicht zufrieden sind: Die Liste im folgenden
Abschnitt enthält eine große Zahl erprobter Argumentationstricks.

5.2.3 Faire und unfaire Argumentationstricks

Plausibilitätsargumentation

Gemeinsamkeit dieser Gruppe: Die Argumente scheinen extrem
einleuchtend, werden meist sofort akzeptiert und wirken auf fast
alle Zielgruppen. Wenn diese Technik jedoch zu intensiv praktiziert wird, entsteht der Eindruck von Banalität.

Beispiele:
- Argumentationsbeschränkung: ... auf Beispiele oder Verglei-
  che; (Fehl-)Schluss vom Einzelfall auf das Ganze.
- Autoritätsbeweise: Zitate von Fachautoritäten (z. B. bekannte
  Experten) oder Zielgruppenautoritäten (z. B. prominente Re-
  präsentanten). Aber auch Experten können irren!
- Behauptungen ohne Bezug zur eigentlichen Thematik: die
  Argumentationsreihen werden durch Selbstverständlichkeiten
  aufgefüllt; bei der »Zustimmungskette« folgt nach mehreren
  richtigen Prämissen scheinbar logisch die oft fragwürdige
  These.

- Evidenzsuggestion: subjektive Erfahrungsgewissheiten (*»wie wir alle wissen ...«*), unreflektierte Selbstverständlichkeiten (*»Wer rechnen kann, weiß ...«*), die Meinung der Mehrheit (*»Millionen können nicht irren«*), der »gesunde Menschenverstand«, Sprichwörter, Zitate, Bonmots (= treffende, geistreiche bzw. witzige Bemerkungen).
- »Kompromiss« zwischen Extrem-Alternativen: zur eigenen These werden zwei »Alternativen« konstruiert, so dass der Eindruck einer »vernünftigen Kompromisslösung« entsteht.
- »Theorie und Praxis«: vorgeschlagene »theoretische« Lösungen werden unter Berufung auf die »Praxis« abgelehnt, »praktische« Vorschläge als ein »Einzelfall« gewertet (meist unter Berufung auf die »persönliche Erfahrung«).
- Thesen-Erweiterung, Folgerung ad absurdum (Übertreibung): übertriebene bzw. unsinnige Scheinwiderlegung der eigenen Position; Umwandlung einer gegnerischen These in eine Ursache für selbst konstruierte Folgerungen (*»nun wollen wir einmal sehen, wo es hinführt, wenn es alle so machen würden ...«*).

Konterungen bei Plausibilitäts-Argumentation sind möglich durch die Demonstration der unsachlichen Vorgehensweise, mit Hilfe von Gegenbeispielen, durch rationale Überprüfung der Stichhaltigkeit von Beispielen oder Vergleichen, Nachfragen, eigene Übernahme der Technik (z. B. durch Zitate anderer Autoritäten) oder durch einen Wechsel der Argumentationsebene (z. B. zur rationalen Argumentation).

Rationale Argumentation

Hierbei entsteht der Eindruck eines nüchternen und sachlichen Argumentierens sowie hoher Kompetenz. Besonders stark ist die Stabilität gegenüber Gegenargumenten, sofern diese nicht in ähnlicher Form präsentiert werden. Möglicher nachteiliger Effekt: Dieser Stil wirkt manchmal »altklug« oder belehrend ...

Beispiele:
- Darstellung einer Meinung als Faktum: eine häufige Angewohnheit!

- Detaillierung der Fakten: genaue Angaben und präzise Zahlen, u. U. mit exakter Quellenangabe, sind glaubwürdiger als vage »Circa-Formulierungen«.
- Isolierung: Aufspaltung der Argumentation in systematischen Beweis aller Argumentationsglieder oder systematische Gliederwiderlegung der gegnerischen Ansicht. Dabei genügt oft die überzeugende Widerlegung eines Punktes, um die Glaubwürdigkeit der Gegenseite zu erschüttern (»Pars pro toto-Prinzip«).
- Kausalketten: Verknüpfung einzelner Fakten durch logischen und/oder chronologischen Bezug bzw. Scheinbezug. Berücksichtigen Sie hier v. a. das Ursache-Wirkung-Problem: Nicht alles, was vorher war, ist die Ursache für spätere Ereignisse; oft wird der wirkliche Grund einfach weggelassen!
- Multiplikations- und Divisionseffekt: Zahlen werden so aufbereitet, dass sie möglichst eindrucksvoll erscheinen (z. B. Cent pro Tag statt Euro pro Jahr).
- Quellenangaben: Sie dienen zum Ausdruck von Wahrhaftigkeit und Kompetenz.
- Schriftlicher Beleg: Geschriebenem und Gedrucktem wird eher vertraut.
- Statistische Belege: »*Trauen Sie keiner Statistik, es sei denn, Sie hätten sie selbst gefälscht!*« (CHURCHILL zugeschriebenes, aber vermutlich im Reichspropagandaministerium entstandenes Bonmot)
- »Unüberschaubare« Zahlen: Gemeint sind damit Zahlenangaben, die außerhalb der Vorstellungskraft eines normal gebildeten Menschen liegen (z. B. die Millionen für einen Brückenneubau und die Milliarden in manchen öffentlichen Haushalten). Sie werden in der Regel als richtig akzeptiert.

Die beste Konterung bei rationaler Argumentation sind Nachfragen, z. B. nach den Quellen oder dem Kontext der jeweiligen These. Eventuell merkt dann Ihr Kontrahent selbst, dass seine Begründungen defizitär sind. Natürlich können Sie auch Ihre eigene Sachkompetenz verstärkt einbringen, die eingesetzten argumentativen »Tricks« aufzeigen und betont sachlich andere Perspektiven einbringen.

Moralische Argumentation

Hier wird die Argumentation vor allem auf ethische und moralische Grundsätze gestützt; sie richtet sich besonders an das Gewissen. Hervorzuheben ist die lange Wirkungsdauer dieser Methode. Nachteil: dieser Stil kann – vor allem in der übertriebenen Form – als »unsachlich« empfunden werden.

Beispiele:
- Berufung auf Vorbilder: die Vorbilder können fachgebunden oder zielgruppenbezogen ausgewählt und eingesetzt werden.
- Inanspruchnahme »höherer Werte«: Angemessenheit, Anständigkeit, Gerechtigkeit, Ehrlichkeit, moralische Verpflichtung, Solidarität, Verantwortung usw.
- Moralische Wertung: Beurteilt werden Fakten, Thesen, Ansichten, ob sie den gültigen oder selbst festgelegten Moralvorstellungen entsprechen.
- Personalisierung einer Sachaussage: es wird eine Verbindung zwischen Aussage und den am Gespräch Beteiligten hergestellt (»*Ich als ... weiß doch am besten, dass ...*«, »*Sie als ... müssen doch verstehen, wenn wir jetzt ...*«).
- »Vorfrage«: vor der eigentlichen Sachdiskussion werden die moralischen Prinzipien angesprochen (»*Wir wollen heute fair und verantwortungsbewusst ...*«).

Mögliche Konterung bei moralischer Argumentation: Bestätigung der angesprochenen Grundsätze (»ja – aber ...«), Berufung auf den Grundsatz der Sachlichkeit, Demonstration von Wertschätzung für die andere Person; Anführen von Gegenbeispielen; Hinweis auf die Problematik von Verallgemeinerungen und Schlagwörtern.

Emotionale Argumentation

Vor allem die Gefühle werden bei dieser Argumentationsart angesprochen, die schnelle Persuasionswirkung und lange Wirkungsdauer verbindet. Weniger Erfolg haben Sie jedoch bei überdurchschnittlich rational geprägten Zielgruppen.

Beispiele:

- Angriff: Gemeint ist der Angriff auf die gegnerische Seite, z. B. durch Emotionalisierung bzw. Reizung mit Hilfe von (kalkulierten?) Unsachlichkeiten, Beleidigungen, Lächerlichmachen, Anspielungen.
- Appell an die Gefühle: z. B. Mitleid, Mitgefühl, Angst, Furcht, allgemeine Grundbedürfnisse des Menschen (Sicherheit, Anerkennung usw.).
- Eigenes Engagement: persönlicher Einsatz, zuweilen bis hin zum echten oder gespielten Pathos.
- Feindbilder: Solidarisierung gegen gemeinsame Gegner, evtl. zur Überbrückung von Widersprüchen im eigenen Lager.
- Komplimente: an die Gesprächspartner bzw. an das Publikum, evtl. verbunden mit einer Abschweifung.
- Mehrheits-Vorteil: die Zugehörigkeit zur (echten oder eingeredeten) Mehrheit schafft ein größeres Gefühl der Sicherheit.
- Pro-Vorteil: für etwas zu sein, fällt meist leichter, als gegen etwas einzutreten. Ausnahme sind die grundsätzlichen »Opponenten«.
- Verunsicherung: z. B. durch Angst und Furcht erregende Darstellung, Drohung mit einem empfindlichen Übel. Das dabei entstehende Unbehagen kann jedoch auf die auslösende Person zurückfallen!

Die Liste möglicher Konterungen bei emotionaler Argumentation umfasst den Appell zur Sachlichkeit, Beispiele für negative Folgen emotionaler Zuspitzung; Hervorheben von Gemeinsamkeiten und Demonstration von Humor. Bei Angriffen können Sie zwischen extrem ruhiger oder heftiger Reaktion wählen; beachten Sie aber, dass gerade die ungewöhnlich »coolen« Entgegnungen erregte Personen stark provozieren können!

Taktische Argumentation

In dieser Sammelrubrik sind verschiedene Strategien zusammengefasst, die entweder isoliert auftreten oder (in der Regel) mit allen bisher genannten Möglichkeiten verbunden werden können. Sie sind meistens für alle Zielgruppen wirksam – es sei denn, diese kennen die Tricks bereits.

Beispiele:

- Abhakeffekt: Nur kurz Angesprochenes erscheint oft den Zuhörenden ausreichend und in ihrem Sinne behandelt.
- Abwertung: die gegnerische Seite wird verunsichert, z. B. durch deutlich gezeigtes Desinteresse, bohrendes Nachfragen, dauernde Unterbrechung, Autoritäts- bzw. Imponiersignale (z. B. ungünstige Sitzplatzzuweisung).
- »advocatus diaboli«: Wörtlich übersetzt bedeutet dieser aus der katholischen Kirchensprache stammende Begriff: »Der Anwalt des Teufels«. Es wird so getan, als würde gegen die eigene Überzeugung eine andere Meinung (die des »Teufels«) vertreten. Gefährlich ist es, wenn der »Teufel selbst den Teufel spielt«.
- Andeutungen: wenn etwas gesagt werden soll, aber nicht gesagt werden darf (»*Ich will jetzt nicht behaupten, dass Sie gelogen haben* ...«).
- Aufwertung: die eigene Position soll durch bewusst herausgestellte Sachkompetenz aufgewertet werden; vorhandenes und/oder vorgetäuschtes Wissen wird ohne echten Bezug zum eigentlichen Thema demonstriert.
- Deduktion, Induktion, Argumentationsklammer: diese Methoden tragen dazu bei, unbegründete Behauptungen zu verhindern. Bei der Deduktion steht zuerst die These, dann folgen Argumente. Das umgekehrte Prinzip der Induktion (erst Argumente, dann die These) ist bei kritischen Zuhörenden wirksamer. Eine Argumentationsklammer umfasst These, Argument(e) und (wiederholte) These.
- Diversion: Ablenkung auf andere Sachfragen, mit Hilfe von Gegenfrage, Verzögerung (»Zeitschinden«), Angriff oder demonstriertem Verständnis für die echten bzw. unterstellten Ziele der anderen Seite (»*Sie als ... müssen ja so reden!*«).
- Fragetricks: Falsche Alternativfrage, Stimulierungsfrage, Suggestivfrage, Voraussetzungsfrage, Umwandlungsfrage usw.: Ihnen ist ein eigener Abschnitt (5.3.3) gewidmet.
- Gegenargument-Erweiterung: es werden mehr bzw. erweiterte Gegenargumente genannt als von der gegnerischen Seite angeführt und evtl. widerlegt (»*Neben dem von Ihnen Angesprochenen könnte noch eingewendet werden, dass ..., aber auch das stimmt nicht, weil* ...«).

- Kognitive Konsonanz (nach FESTINGER): es besteht stets eine Neigung, bereits gefasste Meinungen und Einstellungen bzw. getätigte Handlungen als richtig zu verteidigen (= kognitive Konsonanz); neues Widersprechendes ruft Irritationen oder Gegnerschaft hervor (= kognitive Dissonanz). Zur taktischen Argumentation gehört dabei die Einbeziehung früherer und scheinbar widersprüchlicher Aussagen der Gesprächspartner (»Sie haben doch damals gesagt, dass ...«) oder – bei anderer Zielsetzung – die Ermöglichung des Meinungswandels ohne »Gesichtsverlust« (z. B. durch vorangestellte positive Wertung der anderen Meinung). Gute Argumente wirken oft erst nach ein paar Wochen, wenn man sich nicht mehr an den zunächst negativ wahrgenommenen Urheber erinnert (»Sleeper-Effekt«).
- Der Nebensatz-Trick: Die strittige Behauptung wird im Nebensatz versteckt und somit eher als Tatsache akzeptiert: »*Kein vernünftiger Mensch kann es verstehen, dass dieser faule Kompromiss geschlossen wurde!*«
- Positiv-negativ-Strategie: Um Negativa stärker zu betonen oder von anderen zu erfahren, werden zunächst Positiva genannt (bzw. umgekehrt). Wirkt relativ objektiv!
- Die gezielte Provokation: Eine riskante Methode, die nicht nur bei Trotzköpfen funktionieren kann. »*Das ist wohl etwas zu teuer für Sie ...*« »*Das schaffst du ja doch nicht ...*«
- Scheinzustimmung: hier gibt es viele Möglichkeiten, angefangen bei der simplen »Ja-aber-Technik«, über die »Prinzipielle Zustimmung bei Ablehnung der Folgerungen«, bis hin zu einer detaillierten Wertung der einzelnen Elemente. Prinzip sollte sein, die totale Konfrontation zu vermeiden und Wertschätzung zu demonstrieren.
- Selbstbekehrung: eine eigene Meinungsänderung wird zugegeben (»*Früher war auch ich der Ansicht, dass ..., jetzt aber ...*«).
- Semantische Manipulation: Irreführung durch vieldeutige Aussagen (»*so bald wie möglich*« usw.); bewusster Einsatz emotional beeinflusster Begriffe (Atomkraft – Kernenergie) oder von gut klingenden »Euphemismen« (z. B. »freisetzen« für »entlassen«).
- Die Überzeugung zum eigenen Nachteil: der Eindruck wird erweckt, als würde ein Nachteil für die argumentierende Per-

son entstehen, wenn dieser gefolgt werden würde. Besonders wirksam, wenn glaubhaft vorgetragen! *»Ich zahle dabei selbst drauf, wenn wir meinen Vorschlag akzeptieren, trotzdem biete ich dir ...«*

- Die Überzeugungskette: Zunächst ein ganz kleiner Gefallen – dann ein größerer – schließlich das, was man wirklich will! *»Hast du ›mal einen Moment Zeit für mich?«*
- Das Überzeugungs-Paradoxon: Wer den Eindruck vermeidet, andere überzeugen zu wollen, wirkt oft überzeugender! *»Mir ist es ja egal, ob du mir folgst!«*
- Verschiebung der Beweislast: viele Thesen können nur falsifiziert, aber nicht bewiesen werden. (Können Sie wirklich beweisen, dass keine kleinen Männchen mit grüner Hautfarbe irgendwo auf unserer Erde leben?)
- Vorwegnahme: Argumente der Gegenseite werden im voraus angesprochen, z. B. durch Einwand-Thematisierung (*»Obwohl es auch Einwände gibt, ...«*), durch Einwand-Erwähnung (*»Dagegen wird gesagt, dass ...«*), oder durch Einwand-Vorwegwiderlegung (*»Das Gegenargument ... stimmt nicht, weil ...«*).
- Wiederholungen: semantische (= umschreibende) oder wörtliche Wiederholung von Thesen, Argumenten oder einzelnen Schlüsselwörtern. (*»Man muss eine Lüge nur oft genug wiederholen, damit sie geglaubt wird«*, schrieb einmal GOEBBELS).
- Zitatmanipulation: aus dem Zusammenhang gerissenes, unvollständiges oder falsches, eventuell sogar frei erfundenes Zitat.

Bei der Konterung von taktischer Argumentation reicht es meistens aus, wenn die Taktik erkannt (evtl. auch angesprochen) und der angestrebte Effekt bewusst vermieden werden kann. Mit Gegenfragen können die meisten Tricks entlarvt werden. Wollen Sie jedoch die »tricksende« Person später leichter überzeugen, so sollten Sie ihr nicht offenbaren, dass Sie ihre Manipulationsversuche erkannt haben. Wer sich nämlich dadurch bloßgestellt fühlt, sperrt sich wahrscheinlich eher gegen weitere Überzeugungsversuche oder wird vielleicht extrem rechthaberisch.

Quellen und weiterführende Literatur zum Argumentieren

ALLHOFF, Dieter-W. und Waltraud: Rhetorik und Kommunikation. 12. Auflage. Regensburg: bvs, 2000.

ALTMANN, Hans Christian: Überzeugungskraft durch sichere Rede-, Verhandlungs- und Konferenztechnik. Ein praktischer Leitfaden für Führungskräfte mit zahlreichen Beispielen, Verhaltens-Tips, Prüflisten und Arbeitsblättern. Kissing: Weka, 1978.

Argumente – Argumentation. Interdisziplinäre Problemzugänge, hg. von J. KOPPERSCHMIDT und H. SCHANZE. München: W. Fink Verlag, 1985.

ERDMÜLLER, Andreas; WILHELM, Thomas: Argumentieren: sicher, treffend, überzeugend. Planegg: WRS, 1998.

GROEBEN, Norbert; CHRISTMANN, Ursula; MISCHO, Christoph: Die Entwicklung eines Trainings zum Umgang mit unintegrem Argumentieren. Teil I: Forschungsbasis, Grundkonzeption und Dimensionen des Trainings, in: sprechen 15 (1997), II, S. 59–76.

KENNEDY, Gavin: Verhandlungsführung. Erfolgreich verhandeln von A bis Z. München: dtv, 1994.

KIENPOINTNER, Manfred: Vernünftig argumentieren. Regeln und Techniken der Diskussion. Reinbek: Rowohlt TB-Verlag, 1996.

SCHUH, Horst; WATZKE, Wolfgang: Erfolgreich Reden und Argumentieren. Grundkurs Rhetorik. 2., neu bearbeitete und erweiterte Auflage. Ismaning: Max Hueber Verlag, 1994.

TEIGELER, Peter: Verständlichkeit und Wirksamkeit von Sprache und Text. Stuttgart: Nadolski, 1968 (enthält die Argumentationsformen von HASELOFF).

UEDING, Gert; JENS, Walter (Hrsg.): Historisches Wörterbuch der Rhetorik. Tübingen: Niemeyer, 1992 ff.

VINÇON, Inge: Argumentationen zwischen Schülern und Lehrer im Deutschunterricht, in: Neuere Entwicklungen in Lehre und Lehrerbildung, hg. v. A. ABELE. Weinheim, 1990, S. 128–137.

WAGNER, Roland W.: Die Trickkiste der rechtsradikalen Rhetorik. Oder: Wie argumentieren gegen Rassismus und Fremdenfeindlichkeit, in: Sprechen als soziales Handeln, hg. v. E.-M. KRECH und E. STOCK. Hanau, Halle, 1997, S. 254–263.

5.3 Wer richtig fragt, gewinnt

5.3.1 Was Fragen alles können

Was ist eine Frage? Was für eine Frage? Ist das überhaupt eine echte Frage? Wie viele Arten von Fragen mag es wohl geben? Wollen Sie einmal einen Moment nachdenken, wie viele Frageformen Ihnen einfallen? Ja? Nein? Dann nervt Sie wohl diese Folge von Fragen?

Es gibt zahlreiche Unterscheidungsmöglichkeiten für Fragen. Deshalb sollen zunächst einmal die möglichen Funktionen von Fragen aufgezeigt werden (nach Teuchert):

Fragen können ...

- ein Informationsbedürfnis befriedigen (Wie spät ist es?)
- Gesprächsteilnehmer aktivieren (Was wisst ihr schon von ...?)
- Probleme verdeutlichen (Was machen wir jetzt?)
- Gespräche lenken (Wollen wir abschließen?)
- Denkanstöße / Impulse geben (Was haltet ihr von diesem Fall?)
- Missverständnisse klären (Wie habt ihr das verstanden?)
- Widerstände abbauen (Du hast jetzt keine Lust, oder?)
- Aufmerksamkeit wecken (Habt ihr schon gehört, dass ...?)
- die Verständnisfähigkeit prüfen (Könnt ihr das wiederholen?)
- Ergebnisse kontrollieren (Sind die Hausarbeiten gemacht?)
- manipulativ-suggestiv einwirken (Wollten Sie jetzt nicht gehen?)
- anderen etwas unterstellen (Haben Sie das absichtlich getan?)
- Äußerungen provozieren (Wissen Sie überhaupt etwas?)
- Vorwürfe enthalten (Soll das eine Hausaufgabe sein?)
- Emotionen auslösen (Weißt du, was du mich kannst?)

Fragen müssen übrigens nicht immer mit einem Fragezeichen formuliert werden. Aussagesätze mit nach oben geführter Fragebetonung erfüllen oft den gleichen Zweck, ebenso Aufforderungen oder Bitten (»Sage mir doch bitte, wie ...!«). Bei grundsätzlicher Antwortbereitschaft können auch einige Möglichkeiten aus dem Repertoire der Beratungsgespräche (vgl. Kap. 5.1.4) dazu beitragen, mehr und präzisere Informationen zu gewinnen, z. B. wörtliches oder sinngemäßes Wiederholen, Zusammenfassungen.

5.3.2 Geschickt fragen – mehr erfahren

Die Situationen sind wohl bekannt: sei es, dass ein Informationsdefizit gespürt wird und die Aussicht besteht, von anderen Personen Informationen zu bekommen, sei es, dass der Wunsch besteht, mit anderen ins Gespräch zu kommen, sei es, dass einfach nur Neugier vorhanden ist – stets bieten sich Fragen an. Aber welche? Je nach Situation und Ziel empfehlen sich verschiedene Formen.

Vorab ein paar grundlegende Unterscheidungen:
Für das Kommunikationsklima – nicht nur in der Schule – ist zunächst ein ganz banaler Unterschied wichtig. Frage ich ehrlich bzw. direkt, oder verschleiere ich meine Interessen und frage indirekt?

Bei **echten Fragen** will die fragende Person wirklich die Antwort wissen, weil sie diese noch nicht kennt. Übliche Folge: eine höhere Antwortbereitschaft. _Echte Fragen_

»_Wie spät ist es?_« (Ich habe meine Uhr vergessen.)
»_Was wisst ihr noch von der letzten Stunde?_«
»_Was fällt euch zum Thema ... ein?_«
Ähnlich definiert sind die so genannten direkten Fragen: Sie erfragen unmittelbar das, was der Frager wissen möchte.
Bei unechten Fragen (Scheinfragen) ist die Antwort bereits bekannt oder interessiert nicht (z. B. bei einer Floskelfrage »_Wie geht's?_«); das Interesseziel ist höchstens, ob die Antwort richtig gegeben werden kann. Die Gefahr dabei: es entsteht ein Frage- und Antwort-Spiel, Aussagen werden schneller bewertet, Unsichere entmutigt.
Lehrkräfte sollten z. B. die Antworten auf folgende Fragen kennen:
»_Wann begann der Zweite Weltkrieg?_«
»_Schreibt man ›Rhetorik‹ mit ›th‹ oder nur mit »t«?_«
»_Was haben wir letzte Stunde durchgenommen?_«

Ein Tipp: Aus unechten Fragen lassen sich leicht echte machen! Formulierungen wie »*Wie würdest du ... erklären?*«, »*Was kennst du von ...?*«, »*Woran erinnern Sie sich ...?*« oder ähnliche erleichtern echte Kommunikation!

Begründete Fragen

Begründete Fragen sind häufig sehr nützlich. Es wird den Befragten dabei zusätzlich mitgeteilt, warum die Frage gestellt wird: »*Ich habe selbst das Problem, dass ..., deshalb würde ich gerne wissen, ob ...?*« Vorteil: Es gibt meist präzisere bzw. ausführlichere Antworten. Nachteil: Die Frageformulierung dauert etwas länger!

Geschlossene Fragen

Geschlossene Fragen: Sie lassen nur vorher festgelegte Antworten zu, z. B. einfache Alternativ-Fragen (»*Gehört dir der rote oder der blaue Stift?*«), Ja-Nein-Fragen (»*Gehört dir der Stift?*«). In diese Gruppe gehören ebenfalls die gerne in Fragebögen verwendeten Mehrfachwahlfragen (»Multiple choice«) oder Listenfragen mit vorgegebenen Antworten. Vorteile dieser Frageform: Es gibt meist schnellere, prägnantere und präzisere Antworten. Nachteile: Zuweilen fühlen sich die so Befragten eingeengt, oft entsteht mehr Verhör- als Gesprächsatmosphäre

Offene Fragen

Offene Fragen sind dadurch definiert, dass viele Antwortmöglichkeiten bestehen. Einsilbige Antworten sind kaum möglich. Beispiele: »*Warum lachen Sie?*« »*Was denken Sie über ...?*«
Vorteile: Sie bringen häufig mehr Informationen und fördern echte Gespräche.

Eine Sonderform ist die offene Frage in der Form einer geschlossenen Frage: »*Könnt ihr mir sagen, wer heute fehlt?*« Gutwillige verstehen trotzdem, wie es gemeint war und antworten nicht nur mit ja oder nein!

Die Korrektur oder Kombination von Fragen in Form von Frageketten schafft häufig Probleme, denn gerade im Unterricht werden die notwendigen Nachdenkzeiten von der Lehrkraft gerne unterschätzt. Machen Sie – vor allem beim Ausfragen – bitte nicht den Fehler, die gleiche Frage wenige Sekunden später unkommentiert in neuer Formulierung zu stellen, da dies ziemlich irritierend wirken kann. Eventuell entsteht sogar der Eindruck, die erste Frage konnte nicht beantwortet werden. Besser: »*Ich stelle die gleiche Frage einmal anders formuliert ...*«

Einige weitere Beispiele für Informationsfragen

- **Alternativfrage:** Eine Entscheidung zwischen zwei Möglichkeiten wird erfragt (echte Alternativfrage); manchmal werden dabei mehrere potentielle Antworten auf zwei Alternativen reduziert (unechte Alternativfrage).
  »Bleiben wir zu Hause oder gehen wir fort?« (echte Alternative)
  »Gehen wir ins Theater oder ins Kino?« (unechte Alternative)
- **Detaillierungsfrage:** Sie fragt nach Teilaspekten, vor allem, wenn die eigentliche Frage nicht oder nur schwieriger beantwortet werden kann.
  Statt: *»Was sollen wir jetzt tun?«* (= offene W-Frage): *»Was meinst du, sollen wir jetzt 'ne Pizza essen?«* (geschlossene Detaillierungsfrage)
  Statt: *»Was ist 14 mal 18?«* zunächst *»Was ist 10 x 18?«*
- **Kontrollfrage:** Sie klärt, ob das Gesagte verstanden bzw. akzeptiert wurde.
  »Nicht wahr?«
  »Können wir uns so einigen?«
- **Filterfrage:** Sie klärt vorab, ob die eigentliche Frage überhaupt sinnvoll ist.
  »Kennen Sie sich hier aus?« (vor einer Wegauskunft)
  »Warst du letzte Stunde hier?« (vor dem Ausfragen)
- **W-Fragen** (wann, warum, was, wer, weshalb, wie, wo, wozu); je nach Situation können diese Fragen offen oder geschlossen formuliert werden.
  »Wann kommst du?« *»Wer von euch hat das getan?«*

Beispiele für indirekte Fragen

- **Doppelsinnfrage:** Wenn die eigentliche Frage nicht gestellt werden kann (z. B. aus Scheu vor zu großer Aufdringlichkeit).
  »Was machst du denn nachher?« statt: *»Willst du mit mir ...?«*
- **Voraussetzungsfrage:** Erfragt werden nur Folgerungen oder Details, nicht das eigentlich Interessierende: *»Fährst du mit deinem Freund in den Urlaub?«* statt *»Bist du in festen Händen?«*
- **Objektivierungsfragen:** Statt direkt nach der Meinung zu fragen, wird nach »allgemein möglichen Ansichten« gefragt.
  »Welche Ideen könnte es denn dazu geben?«

- **Unbeantwortbare Fragen:** Sie dürfen nicht wörtlich genommen werden! Da sie gerade im Unterricht und in Gruppensituationen so oft vorkommen, soll dieser Typus auch hier glossiert werden: »*Haben das alle verstanden?*« Oder bei einer Busreise vor der Abfahrt: »*Sind alle da?*« (Wie soll eine einzelne Person das wissen können?)

5.3.3 Wer fragt, (ver)führt ...

Grundsätzlich beeinflusst jede Formulierung einer Frage deren Ergebnis. Zu komplizierte Fragen werden nicht verstanden, zu einfache nicht ernst genommen. Positive Formulierungen erzielen mehr Zustimmung, negative mehr Ablehnung. Zusätzlich gibt es eine Reihe von Sonderformen, zum Teil mit starker manipulativer Komponente.

- **Falsche Alternativfrage:** Entscheidungen werden – sachlich unbegründet – auf zwei Möglichkeiten reduziert: »*Gehen wir zu dir oder zu mir?*« – »*Wollen Sie Espresso oder Cappuccino?*«
- **Fangfragen:** Sie enthalten eine Unterstellung, die die befragte Person in eine Zwickmühle bringen soll: »*Haben Sie aufgehört, Ihre Kinder zu schlagen?*« »*Warum tun Sie noch nichts gegen diesen Skandal?*« Die beste Konterung: sprechen Sie »metakommunikativ« die Unterstellung an!
- **Gegenfrage:** Sie bedeutet zunächst einmal die Nichtbeantwortung einer Frage, was aber nicht grundsätzlich negativ sein muss. Vielleicht möchte man nur eine präzisere Formulierung der Ausgangsfrage? Beispiel: »*Gehst du jetzt?*« – »*Wie meinst du das?*«
- **Motivationsfrage:** Diese Form versucht, positiv Persönliches ins Gespräch zu bringen, um z. B. die Atmosphäre zu verbessern. Gefragt wird nach den Themen, auf die der/die andere stolz sein kann. »*Wie lange hast du denn für dein Staatsexamen gelernt?*«
- **Rhetorische Frage:** Sie erwartet keine Antwort von den Angesprochenen; die Antwort bleibt aus (weil sie allen klar ist: »*Muss ich das noch erläutern?*«) oder wird selbst formuliert. Damit können Texte gegliedert (»*Was sagt uns das?*«), Auf-

merksamkeit und Interesse geweckt (*»Wie können wir vorgehen?«*) und Einwände vorweggenommen werden (*»Was spricht dagegen?«*).

- **Stimulierungsfrage:** Mit ihr präsentiert sich ein Kompliment in Frageform. Drei Beispiele:
  »Was sagen Sie mit Ihrer großen Praxiserfahrung?«, »Woher hast du dieses hervorragende Zitat?«, »Wo kann man denn diese tolle Hose kaufen, die du da trägst?«

- **Suggestivfrage:** die Antwort wird durch die Frageform vorgegeben, zumeist mit Wörtern wie »doch«, »auch«, »sicher«, »wohl«.
  »Sie sind doch wohl auch der Meinung, dass man Suggestivfragen erkennen sollte?«

- **Umwandlungsfrage:** Eine (häufig relativ absolut) geäußerte Meinung wird in Form einer Frage wieder in die Diskussion eingebracht. Damit kann diese sachlicher werden. Statt *»Herr X behauptet ...«* also *»Es wurde gefragt, ob ... – Was halten Sie davon?«*

Glauben Sie auch, dass Sie andere leichter überzeugen, wenn Sie möglichst viele Argumente bringen? Woher wollen Sie wissen, welche Argumente überhaupt interessieren? Merken Sie, wenn sich andere nur noch überredet fühlen, vielleicht sogar schon genervt sind? Haben Sie eventuell schon mit Hilfe Ihrer Begeisterungsfähigkeit andere sogar zu deren Nachteil (hoffentlich nur unabsichtlich!) manipuliert?

Warum versuchen Sie dann nicht einmal die folgende Strategie (nach Michael und Vera BIRKENBIHL)?

1 Mit begründeten Fragen die Interessen und Möglichkeiten der zu überzeugenden Person herausfinden!
   (*»Damit ich dir helfen kann, müsste ich zunächst wissen, was ...?«*)

2 Hilfreiche Zusammenfassung der erhaltenen Informationen mit einer Vergewisserungsfrage.
   (*»Du brauchst also ..., oder habe ich etwas nicht berücksichtigt?«*)

3 Spontane Entscheidung, ob die erstrebte Überzeugung sachlich und moralisch haltbar ist.

(Es wäre ja nicht nur höchst unklug, sondern sogar ganz gemein, andere zu deren Nachteil zu etwas bringen zu wollen!)

4 Die für die andere Interessenlage passenden Fakten bzw. Argumente (und nur diese!) werden genannt.
(Natürlich nur, falls Punkt 3 positiv ausfällt!).

Schon Sokrates erkannte übrigens, welche Wirkungen mit geschickt formulierten Frageketten ausgelöst werden können. Fachleute bezeichnen diese Technik mit dem Begriff der »Mäeutik« (wörtlich mit »Hebammenkunst« übersetzbar).

Quellen und weiterführende Literatur zum Fragen

Allhoff, Dieter-W. u. Waltraud: Rhetorik und Kommunikation. 12. Auflage. Regensburg: bvs, 2000.

Birkenbihl, Vera F.: Kommunikations-Training. 10. Auflage. Landsberg: A-Verlag, 1990.

Bodenheimer, Aron Ronald: Warum? Von der Obszönität des Fragens. Stuttgart: Reclam, 1984.

Kaiser, Artur: Fragetechnik. Richtig fragen – mehr erfahren. Stuttgart: Deutsche Verlags-Anstalt, 1977.

Mönnich, Annette: Die Bedeutung des maieutischen Dialoges für Rhetorikkurse, in: sprechen II/1992; S. 32–47.

Platon: Sokrates im Gespräch – vier Dialoge. Frankfurt, Hamburg: Fischer, 1955.

Teuchert, Brigitte: Wer fragt, führt. Zur Methodik von Fragetechniken, in: sprechen II/1985, S. 18–24.

5.4 Besonders wichtige Gespräche

5.4.1 Moderierte Gespräche

Moderation, so wie sie hier beschrieben ist, ist keine Präsentation von Rundfunk- oder Fernsehsendungen (das bedeutet der Begriff natürlich auch), sondern eine Methode zur besseren Vorbereitung, Durchführung und Auswertung von wichtigen Gesprächen (z. B. Konferenzen, Sitzungen, Besprechungen, Workshops, Seminaren etc.). Wer heute Verantwortung trägt, sollte auch moderieren können.

»Keiner weiß so viel wie alle« ist ein altbekannter Grundsatz der Gruppendynamik. Bei moderierten Gesprächen wird deshalb versucht, möglichst alle Beteiligte aktiv in den Arbeitsprozess einzubeziehen.

Die Gesprächsfortschritte und Resultate sollten transparenter werden, also nutzt man Strukturierungs- und Visualisierungshilfen. Außerdem soll die Arbeit Spaß machen und effektiv sein, folglich achtet man auf Offenheit und gute Stimmung.

Oft kann schließlich eine inhaltlich neutrale Moderation Konflikte reduzieren und den Gesprächsbeteiligten größere Freiräume verschaffen, so dass sie sich intensiver auf die eigentlichen Themen konzentrieren können.

Wo passt Moderation?

Werden Sie nicht auch skeptisch, wenn Ihnen ein absolutes Universalwerkzeug versprochen wird? Auch die Moderation passt nicht für jedes Gespräch. Zum Beispiel sind fast alle privaten Unterhaltungen, alle Small Talks, alle Entscheidungen, die unter großem Emotions- oder Zeitdruck getroffen werden müssen, bestimmte Debatten, die wegen ihrer Komplexität oder auf Grund von Gewohnheiten anders ablaufen (z. B. in Parlamenten) i. d. R. für die Methode ungeeignet.

Für den sinnvollen Einsatz der Moderationsmethode müssen also vorausgesetzt werden:
* Fragen bzw. Themen, die im Gespräch geklärt werden können,
* Beteiligte mit der Bereitschaft zur möglichst objektiven und nicht-manipulativen Klärung,
* Beteiligte, die die Methode grundsätzlich akzeptieren.

Moderationen vorbereiten

Gut vorbereitete Gespräche erfordern etwas Nachdenk- und Planungszeit. Folgende Fragen sind meistens wichtig:
* Warum findet das Gespräch statt? Warum wird es als moderiertes Gespräch durchgeführt?

- Wie sieht der Zeitrahmen aus? Wie planen wir Arbeitsphasen und Pausen?
- Was ist das Ziel? Warum ist es interessant bzw. wichtig? Welches Minimal- und Maximalziel lässt sich in der vorgesehenen Zeit erreichen?
- Wer nimmt am Gespräch teil? (Hoffentlich nicht mehr als unbedingt nötig!) Kommen die Einladungen und die Teilnahmebestätigungen rechtzeitig?
- Welche Personen sind besonders wichtig oder problematisch? Muss eine gewisse Hierarchie beachtet werden?
- Wie gut kennen sich die Teilnehmenden? Welche Vorkenntnisse, Einstellungen, Ziele, Befugnisse sind vorhanden?
- Welcher Raum steht zur Verfügung?
- Welche Materialien brauchen wir, welche stehen bereit, welche müssen noch besorgt werden?
- Wie sieht die Motivation, Gesprächs- und Methodenkompetenz der Teilnehmenden aus?

Moderationen beginnen

Fast jede Moderation beginnt mit einer Begrüßung und (falls nötig) Vorstellung der moderierenden Person, die freundlich, aber kurz ausfallen sollte, da es ja insgesamt um eine effektive Besprechung gehen sollte.

Falls die Teilnehmenden sich untereinander noch nicht kennen, ist eine Vorstellrunde sinnvoll. Beachten Sie dabei den Modelleffekt: Der Grad der Ausführlichkeit und die Inhalte der ersten Vorstellung wirken meistens vorbildhaft.

Anschließend sollte an den Grund und das Ziel der Besprechung deutlich erinnert werden (Motivation und Intention).

Es folgt eine Information zum weiteren Vorgehen: Welche Rolle spielt die moderierende Person? Wann und wie lange ist welche Thematik vorgesehen (»Gesprächsstrukturierung«)? Welche Teilthemen werden ausgeklammert? Welche Arbeitsformen sind geplant? Wann sollen Pausen stattfinden? Nach welchen Spielregeln soll gearbeitet werden? Welche Befugnisse hat die Gesprächsrunde? Eventuell: Welche Funktionen haben die anwesenden Führungskräfte?

Die Moderationsregeln

(»Spielregeln« / »Seminarleitlinien« / »Moderate Identity«)

Moderationsregeln können zu Beginn oder notfalls auch im Verlauf eines Gesprächs je nach Bedarf mehr oder weniger ausführlich vorgestellt und begründet werden. Keinesfalls sollte der Eindruck von Besserwisserei oder überheblicher Ermahnung entstehen. EDMÜLLER und WILHELM z. B. sind überzeugt, dass es meistens reicht, auf den gesunden Menschenverstand hinzuweisen und auf die Regel: »Wir kommunizieren klar, offen, knapp!«. Als weitere Beispiele für typische Spielregeln gelten die Forderungen »Ausreden lassen«, »Zuhören« und die These: »Es gibt weder dumme Fragen noch unwichtige Beiträge«.

Manchmal kann es nützlich sein, einen ausführlicheren Regelkatalog zu vereinbaren, z. B. die folgenden sieben Gebote (nach SCHILLING):

- Wir sind für den Ablauf und die Ergebnisse alle mitverantwortlich!
- Wir achten alle auf die Visualisierungen unserer Beiträge und Ergebnisse!
- Wir versuchen, unsere Beiträge so kurz wie möglich und so ausführlich wie nötig zu formulieren!
- Wir lassen die anderen ausreden, solange diese nicht gegen die Regeln verstoßen!
- Wir bleiben so sachlich wie möglich!
- Wir visualisieren deutlich lesbar (nur eine prägnante Aussage pro Karte)!
- Wir achten auf Ordnung im Raum!

Techniken der Moderation

Die klassische Moderationstechnik ist die Kartenabfrage. Eine klare Frage wird gestellt und möglichst auch auf eine Pinnwand geschrieben. Alle Teilnehmenden bekommen mehrere gleichfarbige Pinnwandkarten und je einen schwarzen Stift. Pro Karte wird eine Antwortidee stichpunktartig notiert, möglichst in allgemein verständlichen Halbsätzen.

Kartenabfrage

Regel 1: Deutlich schreiben, d. h. Druckbuchstaben, möglichst ohne Serifen, normale Groß- und Kleinbuchstaben, fette Schrift, kurze Ober- und Unterlängen, Buchstaben eher eng zusammen, Schriftgröße je nach Betrachtungsabstand 2,5–4 cm.

Regel 2: Maximal 3 Zeilen, maximal 11 Wörter. Beispiel: Nicht nur »*Betriebssystem*«, aber auch nicht: »*In unserem Computer läuft noch das uralte Betriebssystem von 1998, das öfters abstürzt und so viel Zeit kostet und ziemlich nervt*« sondern »*Betriebssystem von 1998 stürzt oft ab*«.

Nach dem hoffentlich ohne Zeitdruck erfolgtem Beschreiben werden alle Karten eingesammelt, der Anonymität zuliebe gemischt, vorgelesen und mit speziellen Stecknadeln an eine Pinnwand befestigt. Beim Anpinnen können bereits »Cluster« mit inhaltlich zusammengehörenden Ideen gebildet werden.

Auch beim Sortieren sollte die Meinung der Gruppe entscheidend sein, die moderierende Person muss sich weitgehend neutral verhalten und darf keine Karten wegen eventueller Zuordnungsprobleme weglassen. Notfalls kann der Autor der Karte entscheiden oder eine Karte »gedoppelt« werden (= noch mal geschrieben und in zwei Rubriken eingesetzt).

Nach der Sortierphase ist es hilfreich, Überschriften zu den gefundenen Clustern zu formulieren. Diese können auf größere Kartons (evtl. auf die berühmten »Wolken«) geschrieben werden.

Zurufmethode — Karten sparend, aber dafür nicht anonym und manchmal etwas chaotisch ist die »Zurufmethode«. Eine Frage wird in den Raum gestellt, die moderierende Person notiert alle Antworten deutlich sichtbar auf einer Pinnwand oder einer Flipchart. Zu kurze oder zu lange Beiträge sollten dabei umformuliert werden.

Punktmethode — Geht es darum, die Meinungen einer Gruppe dauerhaft zu visualisieren, so hat sich die Klebepunktmethode bewährt: Alle Beteiligten bekommen kleine Aufklebepunkte, die in die entsprechenden Felder einer Pinnwand kommen. Viele Skalen sind denkbar: Gleitende oder gerasterte, ein- oder zweidimensionale Skalen sind möglich, einfache oder mehrfache Abfragen (»Mehrpunktfragen«), dazu können evtl. verschiedenfarbige Punkte für unterschiedliche Meinungen stehen. Ohne Klebepunkte geht es auch, wenn alle ihre dicken Stifte benutzen und Punkte bzw. +, – oder ?-Symbole eintragen. Ein besonderes Symbol ist der Blitz (⚡) – er drückt extreme Meinungsunterschiede aus. Umgekehrt könnten ausgeprägte Vorlieben mit einem Herzsymbol (♥) verdeutlicht werden.

Allgemein bekannt dürfte sein, dass Listen, z. B. in der Form von Check- oder Agenda-Listen die Transparenz positiv beeinflussen. Für manche Besprechungen sind zusätzlich Zeitplanlisten sinnvoll, Maßnahmenkataloge, Pro-Contra-Aufstellungen, Probleme-Ursachen-Lösungsideen-Kombinationen (evtl. ergänzt durch die Rubriken »Mögliche Widerstände« und »Wer macht was bis wann?«).

Listen

Je größer eine Gruppe, umso geringer ist statistisch die Chance, sich aktiv einbringen zu können. Eine ideale Methode, das Potential zu vermehren, ist die Kleingruppenarbeit. Bei der Moderationsmethode bedeutet dies gleichzeitig, dass jede Untergruppe ihre Arbeitsergebnisse visualisieren und präsentieren sollte. So können entweder mehrere Themen parallel bearbeitet werden oder zu einem Thema kommen verschiedene Lösungsansätze.

Kleingruppenarbeit

Die Präsentationen können »stumm« (per Poster oder Pinnwand) oder »laut« (als Vortrag mit Visualisierung) erfolgen.

Die Bereitschaft zur aktiven Mitarbeit wird meist größer, wenn sich die Teilnehmenden ihr Thema und ihre Mitarbeiter selbst aussuchen dürfen. Jedoch haben auch zufällige Konstellationen (z. B. nach Sternzeichen oder nach Puzzle-Losverfahren) ihren Reiz. Bei mehr als fünf Personen müsste eine Gruppe, bei der alle intensiv mitarbeiten sollen, nochmals geteilt werden.

Die moderierende Person sollte während der Kleingruppenphasen zwar für alle erreichbar sein (falls es Fragen oder Probleme gibt), jedoch nicht den Eindruck einer Arbeitskontrolle erwecken.

Idealerweise gehören zum Moderieren einige wichtige Eigenschaften: Einfühlungsvermögen, Menschlichkeit, Humor, Neutralität, aber auch Schlagfertigkeit und Konfliktfähigkeit. Im besten Fall versteht man sich als Dienstleister, der einer Gruppe hilft, zu einem möglichst guten Ergebnis zu kommen.

Moderierende Person

Die richtige
Ausstattung

Gutes Moderationsmaterial ist nicht ganz billig. Die meisten gut ausgestatteten Tagungshäuser bieten eine Grundausstattung an (Pinnwände, Flipchart, Karten, Stifte). Etwas Geld sparen können Sie, wenn Sie den Koffer im Baumarkt besorgen und Packpapier, Kreppband, Stifte sowie Kartons beim Büroartikel-Großhandel (vielleicht zusammen mit einem Schneidegerät).

Der Erinnerung und der weiteren Arbeit dient es, wenn man am Ende einer Moderation die Ergebnisse mit einer Digitalkamera abfotografiert und den Teilnehmenden als Ausdruck oder Datei zukommen lässt. Manche Profis verfügen bereits über einen richtigen Pinnwandprotokollkopierer.

Quellen und weiterführende Literatur zur Moderation

ALLHOFF, Dieter-W. u. Waltraud: Rhetorik und Kommunikation. 12. Auflage. Regensburg: bvs, 2000.

EDMÜLLER, Andreas; WILHELM, Thomas: Moderation. Planegg: STS Verlag, 2000.

HABERZETTL, Martin; BIRKHAHN, Thomas: Moderation und Training. Ein praxiorientiertes Handbuch. München: dtv, 2004.

HANISCH, Horst: Moderation ist Gold. Grundlagen der modernen Moderation. Gesprächsführung, Umfragen, Talkrunden und Manipulation. Norderstedt: BoD, 2003.

SCHILLING, Gert: Moderation von Gruppen. Der Praxisleitfaden für die Moderation von Gruppen, die gemeinsam arbeiten, lernen, Ideen sammeln, Lösungen finden und entscheiden wollen. Überarbeitete Auflage. Berlin: Gert Schilling Verl., 2002.

TOSCH, Michael: Besprechungen moderieren. 3. Auflage. Eichenzell: Neuland Verlag, 2002.

5.4.2 Prüfungsgespräche

Vorbemerkungen: Mündliche Prüfungen haben eine doppelte Funktion. Sie sollen nicht nur Gelerntes kontrollieren, sondern auch (zuweilen: vor allem) die Fähigkeit überprüfen, mit Stress-Situationen umgehen zu können und einen »guten Eindruck« machen zu können. »Lampenfieber« ist dabei nicht die Ausnahme, sondern die Regel – was Prüfer(innen) sehr wohl wissen.

Eines will und kann dieses Kapitel allerdings nicht: »Patentrezepte« geben, wie inhaltlich (= fachwissenschaftlich) optimal Vorbereitungen und Antworten gestaltet werden.

Effiziente Prüfungsvorbereitung

Falls das Lampenfieber zu unangenehm wird, lautet die wichtigste Frage: Warum habe ich Angst? Ist darauf die mögliche Antwort: »Ich habe zu wenig gelernt, ich weiß zu wenig!«, dann gibt es folgende Alternativen:

Alternative A: es stimmt; somit muss ich mehr/besser lernen, die Prüfung verschieben usw. (beachten Sie aber, dass überdurchschnittlich Lampenfiebrige sich selbst meist zu kritisch wahrnehmen!);

Alternative B: es stimmt nicht, denn (es folgt eine Auswahl möglicher Begründungen):

* den anderen geht es genauso;
* bislang habe ich alle Prüfungen geschafft und auch nicht mehr gelernt;
* die anderen haben mir Angst eingejagt (viele neigen dazu, nach Prüfungen diese als schwerer hinzustellen; sie wollen damit ihre schlechte Leistung entschuldigen oder gute Leistungen aufwerten);
* niemand kann alles wissen;
* viele, die weniger wissen, haben die Prüfung bereits geschafft;
* ich habe mich ja richtig vorbereitet (= nicht nur gebüffelt, sondern auch Pausen gemacht);
* ich bin mir gegenüber eher kritisch eingestellt;
* ich weiß nach Lektüre dieser Informationen mehr über Prüfungen als die anderen;
* ich kann ja vor der Prüfung noch gar nicht wissen, ob es stimmt, und wenn es stimmt, kann ich die Prüfung wiederholen ...

Gegen »Prüfungsangst« ist somit eine sinnvolle Strategie, sich ausführlich (z. B. in guten Gesprächen mit Fremden) mit deren Ursachen zu beschäftigen, nicht auf vorschnelle Ratschläge, auf Beschwichtigung oder Ermutigung hereinfallen, sondern sich selbst über das Problem klar werden. Faustregel: Durchschaute Probleme sind oft schon gelöste Probleme!

Was aber tun, wenn eine – nach ausführlichen Überlegungen rational geklärte – scheinbar »unbegründete« Angst zurückbleibt? Hier setzen zwei Strategien an, die im Folgenden vorgestellt werden.

Angemessene Spannung in der Prüfung

Vieles mehr oder weniger Brauchbare wird hier angeboten: Meditation, Yoga, Progressive Muskelrelaxation, autogenes Training. Ziel ist jeweils, auch in kritischen Situationen die körperliche Anspannung in Grenzen halten zu können. Vorsicht ist jedoch geboten, wenn die Methoden übertrieben eingesetzt werden, denn die ideale »Prüfungsspannung« liegt erheblich höher als die »Normalspannung«; etwas Stress aktiviert das Gehirn. Nachteilig wirkt sich die Tatsache aus, dass alle genannten Methoden erst nach intensiver, regelmäßiger, kontinuierlicher und relativ stressfreier Übungszeit ihre volle Wirkung entfalten, somit also nur zur langfristigen Prüfungsvorbereitung eingesetzt werden können. Voraussetzung ist auch, dass eine tiefere und langsamere Atmung (»Ruheatmung«) eingesetzt werden kann (vgl. Kap. 3.5 zur Atmung).

Souveränes Verhalten in der Prüfung

Verhaltenstraining bezweckt zweierlei: sich optimal auf eine Situation vorzubereiten und sich darin möglichst gut (wie der Begriff sagt) zu verhalten. Grundprinzip bei der Vorbereitung ist, soviel Erfahrungen zu sammeln, dass der zu bestehende »Ernstfall« so wenig Neues wie möglich bietet (Ungewohntes lenkt ja stets von der eigentlich nötigen Konzentration ab, auch unbewusst!).

Folgende Vorbereitungstipps helfen:
* möglichst genaue Informationen über Ort und Ablauf der Prüfung sammeln (Prüfungsordnung; Interviews mit früheren Kandidaten; die Prüfer in Veranstaltungen und Sprechstunden kennen lernen; den Prüfungsraum (oder einen ähnlich ausgestatteten) intensiv auf sich wirken lassen; »Lieblingsthemen«

herausfinden; Frageverhalten feststellen; öffentliche Prüfungen besuchen);
- möglichst viele Prüfungssimulationen mitmachen (als Kandidat und Prüfer; dabei sollten die Umstände der echten Prüfung so gut wie möglich nachgestellt werden, also Dauer,
Sitzordnung, Fragen der echten Prüfung entsprechen. Zuweilen ist es ganz hilfreich, wenn absichtlich »schlechtes« Prüferverhalten gespielt wird. Vorsicht: Studierende, die frisch
Gelerntes prüfen, neigen dazu, höhere Anforderungen als
echte Prüfer zu stellen oder klare Antworten auf eigentlich
unlösbare Probleme zu erwarten);
- möglichst von qualifizierten Beobachtern Informationen über
eigene Verhaltensauffälligkeiten einholen (störende Angewohnheiten, die den Eindruck negativ beeinflussen könnten,
werden in der Regel in sprecherzieherischen und rhetorischen
Veranstaltungen angesprochen; dabei bestehen auch Korrekturmöglichkeiten);
- möglichst die folgenden Verhaltenstipps ausprobieren (z. B.
in Simulationen), die Beherrschung bestätigen lassen (von
instruierten Beobachtern) und in der Prüfung einsetzen.

Folgende Verhaltensweisen in der Prüfung verbessern die Chancen:
- eine sichere Haltung einnehmen (nicht verkrampft nur auf
der Stuhlkante sitzen; beide Füße sollten Bodenkontakt haben, übereinander geschlagene Beine wirken auf manche
Prüfer zu »lässig«; der Rücken sollte einigermaßen gerade
oder leicht nach vorne gebeugt sein, das wirkt »interessierter«). Zusatzvorteil: eine sichere Haltung fördert echte Sicherheit!
- eine offene, nicht blockierte Gestik einsetzen (verschränkte
Arme wirken abwehrend und unsicher und verhindert die zum
guten Sprechen nötige Gestik. Deshalb zu Beginn bewusst
beide Hände unverschränkt auf die Oberschenkel oder (wenn
vorhanden) auf den Tisch legen, der Rest kommt von selbst.
Die Oberarme sollten locker nach unten hängen (entspannt!),
die Ellbogen liegen am Oberkörper an (sonst wirkt es leicht
aggressiv!);
- keine mimischen Tricks probieren (ein künstliches Lächeln
wirkt höchstens herausfordernd, im besten Fall unsicher);

- der Situation angemessene Kleidung tragen (Tipp: etwas weniger elegant als die Prüfer, aber im ähnlichen Stil und vor allem ohne ablenkende Merkmale! An besonders heißen Tagen erwarten in Räumen ohne Klimaanlagen nur Sadisten Krawatten, Sakkos oder hochgeschlossene Kostüme.);
- wenn der Sitzplatz frei gewählt werden kann, darauf achten, dass der wichtigste Prüfer nicht in zu helles Licht schauen muss; die beste Anordnung zwischen Hauptprüfer und Prüfling wäre ansonsten ein ca. 90°-Winkel, die meisten Prüfer wollen jedoch die Kandidaten direkt vor sich haben (vergrößert das Konfliktpotential!);
- die wichtigen Prüfer häufig ansehen: guter Blickkontakt (d. h. nicht »Fixieren«) gilt als Signal für Kompetenz (Unsichere schauen die Frager nur selten an!), dazu kann die Mimik der Prüfer beobachtet werden. Ist eine negative Reaktion zu beobachten, kann die Antwort korrigiert werden oder es wird zurückgefragt (»Sie sind vielleicht mit der Antwort nicht ganz zufrieden, soll ich eventuell noch ...«). Gute Prüfer zeigen eine aufmunternde und bestätigende Verhaltensweise, was größere Sicherheit erzeugt. Soll ein Fragesteller zum Weiterfragen aktiviert werden, dann muss er primär angesehen werden, will man einen Fragerwechsel, dann sollten am Ende der Antwort eher andere angeschaut werden;
- keine überhöhte Stimmlage entstehen lassen: Unsichere reden eher höher; tiefere Stimmen beruhigen und wirken kompetenter. Es ist deshalb sinnvoll, sich die in ruhigen Situationen gewählte Tonhöhe einzuprägen und in der Prüfung einzusetzen: Oft hilft der Rat, bewusst ein wenig tiefer zu sprechen (durch den »natürlichen« Stress gleicht sich das aus!). Am Ende von Aussagen sollte mit der Stimme in den bequemen Bereich heruntergegangen werden, das ist nicht nur bei professionellen Sprecher(inne)n üblich, sondern entspannt auch die Stimme (damit den ganzen Menschen), wirkt überzeugender und verhindert den inneren Zwang, noch etwas (meist weniger gutes) anzubauen;
- normale Lautstärke verwenden: Unsichere reden eher leise. Die größte Gefahr besteht am Satzende (»vernuscheln!«);
- so zügig und verständlich wie möglich sprechen: ein leicht erhöhtes Sprechtempo ist nämlich ein wichtiges Kompetenz-

signal. Wer sich dabei jedoch leicht verhaspelt, sollte lieber langsamer reden, das beruhigt;

- ohne stärkere dialektale Färbung sprechen: hartnäckig hält sich das Vorurteil, dass Dialektsprecher dümmer sind;
- lieber etwas komplizierter sprechen (= mehr Fremdwörter, mehr Schachtelsätze mit Einschüben), das ist (im Vorurteil!) auch ein Zeichen für höhere intellektuelle Qualifikation!

Hinweis

Grundsätzlich wichtig bei allen genannten Ratschlägen ist folgendes: Die Konzentration in der Prüfung muss primär den Inhalten gelten; wer gleichzeitig an mehrere Verhaltensratschläge denkt, ist damit zumeist überfordert. Deshalb sollte in den Simulationen speziell auf Auffälligkeiten geachtet werden. Diese werden anschließend eine nach der anderen trainiert, bis die neuen, besseren Verhaltensweisen zur Routine geworden sind.

Kompetente Prüfungsantworten

Für eine richtige Antwort ist die primäre Voraussetzung, dass die Frage richtig verstanden wurde. Deshalb lieber sich vergewissern (»Sie wollen, wenn ich Sie recht verstanden habe, also wissen ...«) oder nachfragen (bei extrem eingeschränktem Verständnis), als ins Blaue reden.

Hinweis

Vorsicht: viele wohlmeinende Prüfer versuchen den Prüflingen zu helfen, wenn nicht unmittelbar nach der ersten Frage die Antwort kommt. Sie bringen die gleiche Fragestellung in anderer Formulierung, wobei bei den Kandidaten oft der Eindruck entsteht, es wäre eine neue Frage! Nicht verwirren lassen, lieber andeuten, dass die Frage verstanden wurde, dass Bedenkzeit nötig ist, oder eine Gegenfrage stellen (»Ist das die gleiche Frage wie eben, nur anders formuliert?«).

Bestehen Unklarheiten über die Antwortstrategie, z. B. wenn eine Frage vielschichtig ist und mehrere Aspekte genannt werden können, ist folgende Vorgehensweise sinnvoll:

1. sagen, dass es sich um eine vielschichtige Frage handelt;
2. sagen, welche Aspekte in der Antwort auftreten könnten (evtl. auch nur in Beispielform, z. B. »Da wäre unter anderem das und das wichtig);
3. rückfragen, ob genug Zeit zur ausführlichen Antwort vorhanden ist, oder ob einzelne Aspekte ausgeklammert werden sollen (Hintergrund: auch nur kurz erwähnte und nicht erklärte Begriffe wirken oft als »richtige Antwort«!)

Grundsätzlich verbessert sich der Wissenseindruck in wissenschaftlichen Prüfungen, wenn nicht nur knappe Faktenantworten (quasi »auswendig gelernt«) gegeben werden, sondern wenn man differenziertes Denken und größeren Überblick demonstrieren kann. Dazu dienen beispielsweise folgende Zitate:

- *diese Frage trifft ein Kern-/Rand-Problem; es wurde vor allem ... (wann?) von ... (wem?) ... (wie?) behandelt;*
- *über dieses Problem besteht Einigkeit in der Literatur (oder nicht?);*
- *dieses Problem gehört in den Bereich ... (Herleitung), wird aber auch von ... gleich/anders behandelt;*
- *zwar gibt es hierzu auch andere Ansichten, ich beschränke mich vorerst auf die in der Standardliteratur vertretenen ...*

Natürlich lassen sich diese Antworten nur bringen, wenn wirklich die dazu nötige Kompetenz vorhanden ist; Bluffs sind »Eigentore«!

»Nondirektiv« geführte Prüfungen werden immer beliebter. Dabei werden keine »direktiven« Wissensfragen gestellt *(»Wer hat was wann wo warum?«)*, die ja nur feststellen können, ob zufällig auf ein bestimmtes Problem die »richtige« Antwort gelernt wurde, sondern »offene« Fragen, die den Kandidaten die Möglichkeit geben, ihr wirkliches Wissen und ihr Denkvermögen zu demonstrieren. Typische Einleitungen sind: *»Was halten Sie von ...«, »Was ist für Sie das Wichtigste im Bereich ...«, »Was würden Sie tun, wenn ...«.* Die Prüfer (wenn sie gut sind!) bekräftigen dabei die korrekten Aussagen der Prüflinge. Ideales Antwortverhalten ist dabei, wirklich »alles« sagen zu wollen, sich nicht mit den Kerngedanken zufrieden zu geben, sondern (mit entsprechenden Hinweisen auf die geringere Wichtigkeit) auch Details einzufügen.

In manchen Studiengängen sind mündliche Gruppenprüfungen üblich (mehrere werden zur gleichen Zeit geprüft). Hier ist das mimische Verhalten besonders wichtig. Wird anderen eine Frage gestellt, die selbst beantwortet werden könnte, so sollte dies deutlich (mit wissendem Lächeln und Nicken) gezeigt werden; macht ein anderer einen offenkundigen Fehler, so kann dies auch (obwohl es etwas unfair ist) in der eigenen Mimik herausgestellt werden. Jedoch sind Bluffs hierbei ebenfalls nicht angebracht!

Und falls Sie dann schließlich das Examen besonders gut absolviert haben – werden Sie bitte nicht eingebildet. Prüfungen können nämlich niemals objektiv feststellen, wie viel Expertenwissen Sie angehäuft haben oder gar wie fähig Sie als Mensch bzw. im Beruf sind, sondern nur, wie gut Sie im Vergleich zu anderen Kandidat(inn)en die jeweiligen Prüfungen absolvieren können. Letztendlich ist jede Prüfung zu einem guten Teil eine Art Glücksspiel! Deshalb steht am Schluss dieser Gedanken der Wunsch an alle: »Viel Glück!«

Weiterführende Literatur und Quellenangaben zum Prüfungsgespräch

BARTHEL, Wolfgang: Prüfungen – kein Problem. Bewältigung von Prüfungsangst – effektive Prüfungsvorbereitung – optimales Verhalten. Weinheim, Basel: Beltz, 2001.

BIRKEL, Peter: Die mündliche Reifeprüfung im Spiegel experimenteller Untersuchungen, in: Erziehung und Unterricht 143 (1993), 4, S. 172–182.

BOSSONG, Bernd: Angst als dispositionelle selbstwertdienliche Strategie in Leistungssituationen, in: Zs. f. Sozialpsych. 26 (1995), 1, S. 3–14.

DIETZE, Lutz: Mündlich: ausgezeichnet. Informationen, Tipps und Übungen für ein optimales Examen. Berlin: Cornelsen Scriptor, 1999.

KNIGGE-ILLNER, Helga: Keine Angst vor Prüfungsangst. Frankfurt/Main: Eichborn, 1999.

MEER, Dorothee: Der Prüfer ist nicht der König. Mündliche Abschlußprüfungen in der Hochschule. Tübingen: Niemeyer, 1998.

METZIG, Werner; SCHUSTER, Martin: Prüfungsangst und Lampenfieber. Bewertungssituationen vorbereiten und meistern. Berlin u. a.: Springer, 1998.

WEISS, Hans-Joachim: Prüfungsangst. Wie entsteht sie? Was richtet sie an? Wie begegne ich ihr? 2., aktualisierte und erweiterte Auflage. Würzburg: Lexika Verlag / Krick Fachmedien GmbH, 1997.

WROBEL, Dieter: Psychologische Anmerkungen zum Thema Prüfungsangst. Ein Gespräch via E-Mail mit Prof. Dr. Joachim Brunstein, Lehrstuhl für Pädagogische Psychologie, Universität Potsdam, in: Deutschunterricht 53 (2000), Sonderheft, S. 36–40.

5.4.3 Bewerbungsgespräche

Bewerbungsgespräche gehören zu den wichtigsten Gesprächen überhaupt – auch und gerade für Schüler(innen) in den Abschlussklassen. Es geht dabei meistens um die Erkundung bzw. Demonstration folgender Eigenschaften:

- Belastbarkeit
- Durchsetzungsvermögen
- Engagement
- EDV-Kompetenz
- Fachwissen
- Freundlichkeit
- Konfliktmanagement
- Kundenorientierung
- Motivation
- Teamfähigkeit
- Zuverlässigkeit

Wer es im Gespräch schafft, diese Punkte positiv zu erwähnen und dafür sogar noch beweiskräftige Argumente vorbringen kann, hat gute Chancen, eingestellt zu werden.

Zehn Gebote zur guten Vorbereitung eines Bewerbungsgesprächs

1. Sie sollten möglichst klare Vorstellungen von der Position bzw. Stelle haben. Also informieren Sie sich ausgiebig über

die Stelle, Tätigkeit und Firma; recherchieren Sie im Internet und fordern Sie bei Bedarf Infomaterial vom Unternehmen an.

2. Bringen Sie Ihre Informationen in logisch bzw. chronologisch sinnvoll strukturierter Form.
3. Versuchen Sie, Ihre interessanten Eigenschaften und Qualifikationen engagiert zu präsentieren.
4. Verbinden Sie mit diesen Fakten potentielle Vorteile für Ihre künftige Firma.
5. Zeigen Sie Interesse, überlegen Sie sich Fragen, machen Sie sich im Gespräch Notizen.
6. Hören Sie den Fragen gut zu und bringen Sie Ihre Antworten so kurz und präzise wie möglich. Die Anschaulichkeit erhöhen konkrete Beispiele.
7. Zeigen Sie eine angemessene Körpersprache. Wichtig ist v. a. ein guter Blickkontakt.
8. Seien Sie ehrlich. Geben Sie z. B. bei der Frage nach Ihren Schwächen nicht nur die Standardantwort »Ungeduld«.
9. Informieren Sie sich über die für die angestrebte Position üblichen Vergütungen.
10. Proben Sie das Gespräch unter möglichst realistischen Bedingungen.

Die zu erwartenden Fragen:

Zu den folgenden Themen werden häufig Fragen gestellt:
* zum Lebenslauf (vor allem zu nicht nachvollziehbaren bzw. belegbaren Phasen)
* zur Firma und zum von ihr zugesandten Informationsmaterial
* zur Vorstellung von der neuen Position (incl. Gehaltswunsch)
* zu den vorhandenen Qualifikationen
* zur Berufsmotivation
* zu den bisherigen Berufs- bzw. Praktikumserfahrungen
* zur Methodenkompetenz (z. B. Verhandlungsführung, Konfliktmanagement)
* zur Selbsteinschätzung
* zur Freizeitgestaltung

Beispiele für Fragen:

- »Warum haben Sie nach der Schule nicht sofort mit der Ausbildung begonnen?«
- »Was hat Ihnen an unserer Internetvorstellung gefallen, was würden Sie verändern?«
- »Wie stellen Sie sich einen typischen Arbeitstag in dieser Abteilung vor?«
- »Warum glauben Sie, dass Sie für die Stelle die richtige Person sind?«
- »Wo möchten Sie in fünf Jahren stehen?«
- »Was konnten Sie in den Praktika lernen?«
- »Was bringen Sie an rhetorischen Qualifikationen mit?«
- »Was waren Ihre größte Leistung und ihre schlimmste Pleite?«
- »Wie ausgiebig betreiben Sie welche Hobbys?«

Assessment-Center

Bei manchen Stellenbesetzungen wird ein »**Assessment-Center**« durchgeführt. Mehrere Bewerber(innen) erhalten eine Aufgabe, die sie gemeinsam in einer vorgegebenen Zeit lösen sollen. Dabei wird sichtbar oder unsichtbar beobachtet, wie ausgeprägt die erwarteten Eigenschaften sind (z. B. Teamfähigkeit, Kreativität, Argumentationskompetenz).

Literatur zum Bewerbungsgespräch:

Göpfert, Georg A.: Argumentative Bewerbung. 5. Aufl., München: dtv, 2002.

Lepschy, Annette: Das Bewerbungsgespräch. Eine sprechwissenschaftliche Studie zu gelingender Kommunikation aus der Perspektive von Bewerberinnen und Bewerbern. St. Ingbert: Röhrig Universitätsverlag, 1995.

Yate, Martin John: Das erfolgreiche Bewerbungsgespräch. Die härtesten Fragen; Die besten Antworten. 10. Aufl., Frankfurt: Campus Verlag 2005.

5.4.4 Elterngespräche

Nicht nur Leser(innen) des »Lehrer-Hasser-Buchs« wissen, wie problematisch oft Gespräche zwischen Eltern und Lehrkräfte verlaufen. Ausnahmsweise möchte ich in diesem Abschnitt zum Stilmittel der Ironie greifen, indem ich nach einer Idee von Claudius HENNIG und Wolfgang EHINGER für alle aktiven und künftigen Pädagogen die folgenden zehn Gebote für misslingende Elterngespräche anführe. Leider gehen diese auf Tatsachenbeobachtungen (auch bei Rollenspielen von Lehramtsstudierenden) zurück.

1. Führen Sie das Gespräch in einer typischen »Eltern-Ich-Haltung, also kritisieren, tadeln, verurteilen Sie! Schließlich haben Sie studiert und wissen fast alles besser.
2. Wenn andere traurig sind oder Sorgen haben, müssen Sie das nicht so ernst nehmen; beschwichtigen oder trösten Sie sie, evtl. mit Beispielen aus Ihrer reichen Erfahrung!
3. Reden Sie möglichst viel (mindestens 80% des Gesprächs)! Gönnen Sie sich und den anderen kaum Pausen!
4. Stellen Sie oft Entscheidungsfragen (»geschlossene Fragen«), die nur mit »Ja« oder »Nein« beantwortet werden können und lassen Sie ja keine persönlichen Äußerungen zu!
5. Trauen Sie Ihren Gesprächspartnern möglichst wenig zu, vor allen kein eigenverantwortliches Handeln! Sie wollen ja eigentlich gar nichts von ihnen wissen.
6. Zeigen Sie möglichst oft Ihren Expertenstatus (z. B. durch Fachbegriffe und komplizierte Formulierungen), damit das Gespräch schön asymmetrisch verläuft.
7. Beweisen Sie Ihr psychologisches Talent durch häufige ins Gespräch eingebrachte Interpretationen der Verhaltensweisen Ihrer Gesprächspartner!
8. Reden Sie möglichst oft von Problemen, aber nur selten von positiven Fakten und Lösungen!
9. Unterlassen Sie lobende Äußerungen, sonst werden Ihre Gesprächspartner noch überheblich!
10. Verzichten Sie (z. B. durch distanzierte Sitzposition und ernste Mimik) auf eine angenehme Gesprächsatmosphäre, damit die Unterredung möglichst schnell zu Ende geht!

Wollen Sie nun als Lehrkraft angenehme Gespräche führen, dann müssen Sie sich nur diese Gebote einprägen und danach das Gegenteil tun.

Zusätzlich empfehle ich Ihnen (jetzt ohne Ironie!) für die immer öfter zu führenden Elterngespräche, in denen Sie statt eines geschriebenen Zeugnisses mündlich über den Leistungsstand der Schüler(innen) informieren sollen, die **Sandwich-Methode**: Erst eine positive Information, dann (falls nötig) das Negative, dann wieder etwas Positives zum Abschluss.

Falls Sie aber umgekehrt als Mutter oder Vater in die Schule zum Elterngespräch gehen, dann kann Sie wohl nach der Lektüre dieser Regeln nichts mehr erschüttern. Seien Sie aber bitte den Lehrkräften nicht böse – die wenigsten durften in ihrem Studium oder Referendariat lernen, wie man richtig mit Eltern redet. Ich habe deshalb nichts dagegen, wenn Sie im Notfall diesen Abschnitt kopieren und ihn den unsympathischen bzw. inkompetenten Gesprächspartnern zukommen lassen.

Sandwich-Methode

Literatur zum Elterngespräch:

Busch, Kai; Dorn, Matthias: Konflikte in Schüler- und Elterngesprächen. Ein kommunikativer Handlungsansatz für Gesprächsanfänge in Konfliktsituationen, in: Der Deutschunterricht 53 (2001), 6, S. 58–64.

Hennig, Claudius; Ehinger, Wolfgang: Das Elterngespräch in der Schule. Von der Konfrontation zur Kooperation. 2., überarbeitete Aufl., Donauwörth: Auer Verlag, 2003.

Kühn, Lotte: Das Lehrer-Hasser-Buch. Eine Mutter rechnet ab. München: Knaur, 2005.

5.4.5 Gespräche in und mit den Medien

Sicher werden die wenigsten, die dieses Buch lesen, eine Karriere als Funk- oder Fernsehmoderator(in) angehen können. Deshalb liefert dieser Abschnitt primär Informationen, die dem größeren Durchblick beim Medienkonsum dienen sollen. Es könnte aber auch eines Tages passieren, dass man von einem »Medienmenschen« angesprochen wird und um eine kurze Stellungnahme gebeten wird. Was sollte man in solchen Fällen beachten?

Heutzutage besitzen Millionen von Haushalten Camcorder; deshalb kennen bereits sehr viele das meist unangenehme Gefühl einer Aufnahmesituation, vor allem, wenn sie sich anschließend selbst sehen und hören müssen. Da man normalerweise nur mit dem eigenen (seitenverkehrten!) Spiegelbild vertraut ist und beim Blick in den eigenen Spiegel optimaler Blickkontakt gegeben ist, entsteht bei der Betrachtung einer Aufzeichnung meist ein seltsames Gefühl, vor allem, wenn man nicht primär in die Kameralinse gesprochen hat. Dass der Stimmklang bei Aufzeichnungen ungewohnt klingt, kann ebenfalls leicht erklärt werden. Jeder Mensch hört sich beim Selbstsprechen auch über das eigene Knochengerüst, das stärker die tieferen Frequenzen überträgt und somit einen kräftigeren Klangeindruck hervorruft. Unwillkürlich vergleichen sich zusätzlich die meisten mit bekannten TV-Stars, ohne zu berücksichtigen, dass diese neben einer besonderen Begabung über bestimmte technische Hilfen verfügen, z. B. Teleprompter, die den zu sprechenden Text in die Linse der aufnehmenden Kamera projizieren.

Ein Hauptproblem in den meisten Sendungen ist die Zeitknappheit. Gefragt sind also kurze Statements. Wie man die formuliert, steht im Kapitel zu den Strukturierungen (4.3). Kalkulieren Sie jedoch ein, dass Sie eventuell bald unterbrochen werden oder nur der Anfang Ihrer Aussage gesendet wird, deshalb ist es oft geschickter, mit der Hauptthese oder Forderung zu beginnen. Nicht immer funktioniert der von vielen Politikern beherrschte Trick, am Ende einer Aussage die Stimme zu heben und ohne Pause in den nächsten Satz hineinzusprechen.

Rechnen Sie auch damit, dass es bei den meisten Medien weniger um sachliche Information, sondern mehr um Unterhaltung, manchmal sogar um provozierende Agitation geht. Wenn sich ein paar vor der Kamera streiten, freuen sich Millionen an den Bildschirmen und es steigen die Einschaltquoten. Begriffe wie Edutainment (= Education + Entertainment), Infotainment (= Information + Entertainment) und Confrontainment (= Konfrontation + Entertainment) gehören inzwischen zum Grundwortschatz der Medienprofis.

Falls Sie bei Aufnahmesituationen stärker unter Lampenfieber leiden, ist es ein kleiner Trost, dass die meisten Symptome bei der Aufzeichnung nicht wahrgenommen werden. Eine leichte Gesichtsrötung sieht sogar auf dem Monitor besser aus als eine ungeschminkte blasse Haut; eine eingeschränkte Gestik entspricht eher den Usancen im Studio, denn da schätzt man es weniger, wenn ein Arm wie ein Scheibenwischer über den Bildschirm fährt.

Und falls Sie eine spezielle Ausbildung für das Mediensprechen wünschen, kann ich Ihnen neben dem angegebenen Buch das Logo-Institut in Frankfurt am Main und Berlin empfehlen (http://www.logo-institut.de/).

Literatur zum Sprechen in den Medien:

http://www.radio-funkwerk.de/ (mit diversen Downloads)

Wachtel, Stefan: Sprechen und Moderieren in Hörfunk und Fernsehen. 5. Auflage. UVK Medien Konstanz, 2003 (incl. CD).

5.4.6 Öffentliche Gespräche

Bei offizielleren Gesprächssituationen (Versammlungen, Konferenzen usw.) werden formale Aspekte ziemlich wichtig. Im folgenden Abschnitt sollen die wichtigsten Regeln vorgestellt werden, soweit sie überwiegend praktiziert werden.

Bei der Vielfalt der bei uns existierenden Gremien – vom Bundestag über die diversen Schulkonferenzen bis zum Festausschuss eines Kleintierzuchtvereins – finden sich in der Praxis teilweise höchst unterschiedliche Regelungen. Zunächst sollte also zum Vermeidung von Blamagen in der jeweiligen Satzung bzw. Geschäftsordnung (falls vorhanden) nachgelesen werden. Keinesfalls gilt überall und automatisch die »Geschäftsordnung des Deutschen Bundestags«, so wie es gelegentlich behauptet wird. Für Vereine sind zunächst nur die entsprechenden Paragraphen im »Vereinsrecht« des BGB (§§ 21–79), das »Vereinsgesetz« vom 5.8.1964 und das Gesetz über Versammlungen und Aufzüge vom 24.7.1953 verbindlich, die keine Bestimmungen zur Gesprächsführung enthalten.

Aus juristischen Gründen ist es vor allem bei öffentlichen Versammlungen wichtig, dass die Sitzungsleitung deutlich erklärt: »Die Versammlung ist eröffnet« bzw. »... ist geschlossen«. In dieser Zeitspanne hat die leitende Person die »Disziplinargewalt«; sie kann z. B. Ordnungsrufe erteilen oder Störer des Saales verweisen (lassen).

Eine Tagesordnung mit den zu besprechenden Themen sollte allen Beteiligten rechtzeitig zugegangen sein. Zu Beginn der Sitzung wird dann abgestimmt, ob sie in der vorgeschlagenen Form genehmigt wird. Notfalls müssen Sie sofort eine »Änderung der Tagesordnung« beantragen, denn problematische Punkte werden von taktisch Geschickten gerne ans Ende gesetzt. Wer nach Hause will, hat nämlich kaum mehr Lust auf lange Diskussionen.

Ein Antrag auf Änderung der Tagungsordnung ist ein Antrag zur Geschäftsordnung. Optisch werden diese durch das gleichzeitige Heben beider Arme bzw. durch den Ruf »Zur Geschäftsordnung« angekündigt. Geschäftsordnungsanträge müssen stets vorrangig angehört und beschlossen werden. Erfolgt bei einem Antrag kein Widerspruch, gilt er automatisch als angenommen. Andere mögliche Geschäftsordnungsanträge sind beispielsweise Anträge auf Unterbrechung, Vertagung oder Nichtbefassung, auf Redezeitbeschränkung, auf »Schluss der Rednerliste« oder »Schluss der Debatte«, auf sofortige oder geheime Abstimmung oder auf Prüfung der Beschlussfähigkeit.

Wollen mehrere Leute zu einem Punkt sprechen, so empfiehlt sich eine Rednerliste. Diese sollte möglichst gut geführt und genau eingehalten werden: Wortmeldungen werden mit deutlichem Blickkontakt, Zunicken und Aufschreiben registriert (wenn möglich für alle sichtbar, z. B. auf einer Tafel).

Riskant, jedoch zuweilen sinnvoll ist die Gesprächsleitungsmethode, direkt Gefragten, Betroffenen oder Angegriffenen außerhalb der Liste sofort eine (hoffentlich kurze) Stellungnahme zu ermöglichen. Der Ausruf »Direkt dazu!« wird allerdings auch gerne von Ungeduldigen missbraucht!

Abstimmungen können offen oder geheim ablaufen. Bei Sachfragen sollte zunächst stets der weitest gehende oder der zuerst gestellte Antrag abgestimmt werden. Gibt es mehrere Wahlmöglichkeiten, so kann jede Alternative einzeln entschieden oder insgesamt im Block gewählt werden. Geheime Abstimmungen sind entweder durch Satzung bzw. Geschäftsordnung vorgeschrieben oder sie werden auf Antrag beschlossen. Häufig gilt die Regel: wenn nur ein einziges Mitglied geheime Abstimmung wünscht, so wird dies ohne Abstimmung so praktiziert!

Bei Wahlen von Personen empfiehlt sich folgende Vorgehensweise durch den vorher zu wählenden möglichst neutralen »Wahlausschuss«:

1. Bitte an die Versammlung um Vorschläge für das Amt
2. Frage an die Vorgeschlagenen, ob sie zur Kandidatur bereit sind
3. Frage an die Versammlung, ob eine Vorstellung der Bewerber(innen) gewünscht wird
4. Vorstellung der Bewerber(innen)
5. Frage an die Versammlung, ob eine Diskussion über die Bewerber(innen) gewünscht wird
6. Diskussion über die Bewerber(innen)
7. Wahl, Auszählung, Ergebnisbekanntgabe, notfalls Stichwahl
8. Frage an den/die Gewählte(n), ob sie die Wahl annehmen

Sollen mehrere Positionen in einem Wahlgang besetzt werden (Blockwahl) und stehen mehrere Kandidaten auf einem Stimmzettel, so hat sich folgende Regel bewährt: Es müssen mindestens die Hälfte der zu wählenden Personen positiv markiert werden, sonst wird die Stimme als ungültig gewertet. Andernfalls könnte es nämlich passieren, dass sich die meisten Stimmen auf eine einzige Person konzentrieren und so mehrere Wahlgänge nötig werden.

In manchen Satzungen sind besondere Mehrheiten vorgeschrieben, z. B. statt »einfacher Mehrheit« (= mindestens eine Ja-Stimme mehr als Nein-Stimmen) oder »relativer Mehrheit« (= die meisten Stimmen) die »absolute Mehrheit« (= mehr als die Hälfte der Anwesenden oder aller Mitglieder) oder eine andere »qualifizierte Mehrheit« (z. B. mehr als 2/3 oder 3/4). Bei Stimmengleichheit gilt ein Antrag als abgelehnt!

Zuweilen ist es sinnvoll, die Beschlussfähigkeit zu überprüfen, falls diese in der Satzung oder Geschäftsordnung vorgeschrieben ist.

Ein sauber geführtes Protokoll garantiert schließlich, dass die Gesprächsergebnisse festgehalten und bei Bedarf überprüft werden können. Meistens genügt ein Ergebnis- oder Beschlussprotokoll; manchmal werden auch ausführlichere Verlaufsprotokolle oder sogar wörtliche Protokolle erstellt (z. B. im Bundestag).

5.4.7 Gespräche mit »Unsympathen«

Leider sind nicht alle Zeitgenossen angenehme und faire Gesprächspartner. Damit Sie nicht so leicht in der Praxis überrumpelt werden können, gibt es abschließend einige Empfehlungen zum Umgang mit schwierigen Charakteren.

Vorüberlegungen

Wer unsympathische Gesprächspartner ertragen muss, steht stets in einem grundsätzlichen Dilemma. Soll man sich ärgern oder die Empörung unterdrücken? Soll man das Problem ansprechen oder nicht? Die richtigen Antworten hängen von vielen Faktoren ab.

Falls Sie jetzt oder zukünftig etwas von ihrem Gesprächspartner erwarten (z. B. Entgegenkommen, Zugeständnisse), ist es wichtig, dass er nicht das Gefühl bekommt, er wird kritisiert, gedemütigt, belehrt oder sollte jetzt erzogen werden. Fast alle reagieren darauf bockig!

Manchmal führen kleine Umwege schneller zum Ziel. Wer in der Lage ist, an problematischen Punkten kleine Geschichten einzustreuen, wie in ähnlichen Fällen gehandelt wurde, kann damit festgefahrene Gespräche entkrampfen. Die populäre rhetorische Literatur enthält Hunderte von Beispielen aus Politik, Wirtschaft und Alltag. Schön ist es ferner, wenn man auf einen eigenen Erfahrungsschatz zurückblicken kann.

Kaum ein Mensch demonstriert seine negativen Eigenschaften freiwillig aktiv und bewusst. Oft trifft man auf das Phänomen der »Überkompensation«:

- Unsichere Leute treten manchmal besonders lässig oder forsch, vielleicht sogar aggressiv auf
- Schlecht Vorbereitete verschanzen sich manchmal hinter Bergen von Papieren und Handbüchern
- Intellektuelle Defizite werden oft hinter angelernten, klug klingenden und kompliziert formulierten Schablonensätzen versteckt
- Fehlende Flexibilität erklärt sich häufig aus strukturellen Zwängen (z. B. Angst vor Vorgesetzten)

- Schauspielerisch Begabte verstecken gerne ihre Abneigung hinter einer ungewöhnlich freundlichen Fassade.

Eine Methode, die häufig funktioniert: »Metakommunikation« – das Gespräch über das Gespräch.

Fast immer ist es möglich, aus der inhaltlichen Diskussion auszusteigen und kurz über kommunikative Aspekte zu sprechen. Wird dies in Form einer »Ich-Botschaft« getan, so wirkt es weniger vorwurfsvoll.

Beispiele für »metakommunikative Ich-Botschaften«:

»Ich würde jetzt lieber wieder in normaler Lautstärke weiterverhandeln« statt: »Schreien Sie mich bitte nicht so an«.
»Was halten Sie davon, wenn wir uns zunächst über die Spielregeln unseres Gesprächs einigen« statt: »Jetzt lassen Sie mich gefälligst ausreden!«

Der aggressive Typ

Manche verwechseln Stärke mit Aggressivität. Dumm ist, dass diese Einstellung zuweilen sogar belohnt wird: dann, wenn unsichere Menschen schnell eingeschüchtert sind und nachgeben. Grundsätzlich gibt es mehrere sinnvolle Reaktionsmuster:

- schweigen, dabei möglichst guten Blickkontakt zum Aggressor
- sich auf das für sich selbst beschlossene Verhandlungsziel bzw. Limit konzentrieren und eventuell eine Pause oder einen Abbruch fordern
- bewusst friedfertig und sachlich reagieren, also leiser und mit mehr Pausen sprechen, Unterbrechungen zulassen
- das Verhalten ignorieren (eventuell mit einer kurzen stillen Reflexion, wie bedauernswert und unbeliebt doch jene Leute sind, die mit extremer Aggressivität reagieren)
- die aggressive Grundstimmung positiv umsetzen in konkrete Lösungsstrategien (z. B. durch die Frage, was er jetzt an der eigenen Stelle machen würde)

Einig sind sich die Experten, dass gegen aggressive Menschen Entschuldigungen, Verteidigungen oder Rechtfertigungen ziemlich unproduktiv sind, da dadurch meist neuer Streit entsteht und oft das aggressive Verhalten noch gefördert wird. Unbedingt nötige Klarstellungen kann man notfalls als E-Mail bzw. in anderer Schriftform nachreichen.

In ganz seltenen Ausnahmefällen kann es sogar sinnvoll sein, das störende Verhalten zu spiegeln (manchmal ist ein reinigendes Gewitter für das eigene Wohlbefinden hilfreich). Schon Goethe meinte: »Höflich zu dem Pack? Mit Seide näht man keinen groben Sack!«

Der einschmeichelnde Typ

Scheinbar der angenehmste Typ unter den unangenehmen! Ist es nicht schön, wenn man mit Komplimenten überschüttet wird? Könnte nicht auch alles ernst gemeint sein und stimmen?

Menschen können viele Streicheleinheiten vertragen – doch genau hier liegt oft das Risiko. In ernsthaften Gesprächen gilt die Devise, dass niemand etwas zu verschenken hat, und wer das vergisst, zahlt häufig drauf.

Bedanken Sie sich also herzlich für die lieben Worte, falls möglich, können Sie sich auch in ähnlicher Form revanchieren. Doch spätestens dann sollten die beiderseitigen Interessen in den Vordergrund gerückt werden (vielleicht mit dem Kompliment, dass der andere ein so fairer und effektiver Experte auf dem Gebiet der Verhandlungskunst sei).

Der lustlose Typ

Manche leben in dem Irrglauben, dass wichtige Gespräche wie Pokerspiele ablaufen müssen. Keine Mine wird verzogen, kaum Blickkontakt ermöglicht, die Gestik ist eingefroren oder mechanisch-steif, die Ablehnung ist spürbar, die Kommunikation endet oft, bevor sie richtig begonnen hat.

Ungut läuft es, wenn die andere Seite kein objektives Interesse an einer Verhandlung mit ihnen hat. Michael Schuhmacher wäre wohl kaum bereit, mit einem von uns über eine gleichmäßige Umverteilung seines Vermögens zu verhandeln.

Bei für beide Seiten wichtigen Themen wird dieses Verhalten nur selten absichtlich eingesetzt. Hier sind die Leute ohne attraktive Körpersprache eher zu bedauern. Gelegentlich stecken sogar echte Krankheiten (Depressionen, Lähmungen) dahinter. Direkte Fragen bzw. Bitten um Entscheidungen können bei scheinbar Lustlosen manchmal etwas bewegen, aber auch viel zerstören, wenn sie als Druck empfunden werden.

Präzise und zügige Vorstellung der beiderseitigen Interessen (evtl. auch in Schriftform) führen oft zu überraschend guten Ergebnissen.

Der wortkarge Typ

Die Frage nach den Ursachen für eine ungewöhnliche Zurückhaltung ist wichtig: Sind es momentane Unpässlichkeiten (z. B. eine schmerzhafte Halsentzündung) oder ein großer Schicksalsschlag? Will der andere nicht reden oder kann er nicht? Hätte er etwas zu sagen oder ist sein Interessenbereich extrem beschränkt? Vielleicht können Sie ihm ein paar Fragen zu seinen Spezialgebieten stellen. Wenn er nicht darauf eingeht, fragen Sie ihn vielleicht, wonach er gerade mehr Lust hätte. Und falls Sie keinen anderen Gesprächspartner finden und Sie das Schweigen nicht ertragen, können Sie ja immer noch ein wenig von sich erzählen.

Der superneugierige Typ

Wenn Sie merken, dass sie jemand aushorchen will, ist die Kunst des Themenwechsels gefragt. Freuen Sie sich am Ihnen entgegengebrachten Interesse, bedanken Sie sich ruhig dafür, aber formulieren Sie die Antworten so vage wie möglich, z. B. indem Sie nur Allgemeines und Alltägliches von sich geben. Notfalls können Sie auch ehrlich auf die Konsequenzen hinweisen, die bei zu großer Offenheit drohen.

Der penetrante Typ

Wenn Sie einem Menschen ausgeliefert sind, der Sie ohne Punkt und Komma belabert, hilft vor allem die Strategie »Unterbrechen mit Kompliment«. Bei der nächsten zustimmungsfähigen Aussage loben Sie Ihren Gesprächspartner und bringen dann eine hoffentlich plausible Begründung, warum Sie jetzt ganz dringend etwas anderes tun müssen.

Falls dies nicht möglich ist (z. B. weil Sie vom anderen abhängig sind), bleiben Sie höflich, tun Sie interessiert, analysieren eventuell seinen Sprechstil und – falls es etwas Gutes zu Essen und Trinken gibt – konzentrieren Sie sich darauf!

Der rechthaberische Typ

Manche Leute haben scheinbar noch nichts davon gehört, dass es zu vielen Punkten mehrere gerechtfertigte Meinungen gibt – sie lassen nur ihre eigenen Vorurteile gelten. In der Regel charakterisiert diese Personen eine relativ autoritär geprägte Denkstruktur.

Genau hier liegt Ihre Chance: Versuchen Sie herauszufinden, auf welche Autoritäten der andere gegebenenfalls hören würde. Mit klug gewählten Zitaten, mitgebrachten Büchern, Statistiken usw. lassen sich oft erste Breschen in die Mauer der Rechthaberei schlagen.

Übrigens: Es lohnt sich selten, über Kleinigkeiten zu streiten, wenn darüber das große Ziel vergessen wird.

Der unehrliche Typ

Manche glauben, dass sich kommunikative Ehrlichkeit nicht unbedingt auszahlt. Vergessen wird dabei das alte Sprichwort: Wer einmal lügt, dem glaubt man nicht ...

Falls Sie vermuten, dass es jemand mit der Wahrheit nicht so genau nimmt, werden sie wahrscheinlich automatisch besonders misstrauisch. Fragen sie nach Belegen, Beweisen, Referenzen; lassen Sie sich nicht durch vage Versprechungen vertrösten.

Nie verkehrt ist es in solchen Fällen, zunächst über die »Spielregeln« der Verhandlung zu sprechen: Ohne ein Mindestmaß an gegenseitigem Vertrauen müssen Gespräche scheitern!

Manchmal hilft es, der anderen Seite eine Chance zur Korrektur zu geben, z. B. »*Könnten wir die Punkte noch mal schriftlich festhalten?*«

In manchen Fällen erfüllt das unehrliche Verhalten den Tatbestand des Betrugs. Wer mit bewusst falschen Angaben z. B. ein

Auto verkauft, macht sich strafbar. Hier sollten i. d. R. auch juristische Maßnahmen ergriffen werden, wenn keine schnelle gütliche Einigung möglich ist.

Übrigens: Wer unehrlich agiert, hat meist keine starken Argumente!

Der tricksende Typ

Für etliche sind Verhandlungen eine spielerische Herausforderung; sie wollen unbedingt gewinnen und setzen dazu – oft ohne böse Absicht – mehr oder weniger bekannte Tricks ein. Oft verbergen sich hier freundliche, kindlich-naive Charaktere mit gewissen moralischen Defiziten, die z. B. freudestrahlend im Smalltalk prahlen, wie sie andere Menschen hereingelegt haben.

Einfache Gegenstrategie: Loben Sie gegebenenfalls ihren Partner ob seiner Raffinesse. Noch viel wichtiger ist jedoch die Lektüre der vorliegenden Zusammenstellung oder einiger guter Bücher zum Thema »Kommunikation«. Dann kennen auch Sie die unfairen bzw. problematischen Methoden. Erkannte Tricks sind i. d. R. unwirksam!

Ein abschließender Wunsch

Sie haben in diesem Kapitel einiges über negative Gesprächspartner gelesen und in den vorangegangenen Abschnitten vieles darüber, was man besser machen könnte. Bei sensiblen und selbstkritischen Menschen wächst dabei auch das Gefühl für die eigenen Defizite, manchmal meint man sogar, man würde jetzt schlechter reden als vorher. In der objektiven Außensicht lässt sich dies normalerweise nicht bestätigen. Ich wünsche Ihnen deshalb, dass Sie bei der Lektüre auch viele Ihrer kommunikativen Stärken wiedererkennen konnten; ich hoffe, dass Sie Ihre Fähigkeiten durch die eine oder andere Anregung ausbauen und so möglichst oft gut gelingende Kommunikation erleben!

Fragen zu Kapitel 5

1. Was brauchen Sie für einen angenehmen Small Talk?
2. Welche Vorgehensweise erleichtert ein klärendes Gespräch?

3. Worin unterscheiden sich informative Beratungsgespräche von Beratungen bei persönlichen Problemen?
4. Was sind »echte Fragen« und wie beeinflussen sie
   Unterrichtsgespräche?
5. Welche Punkte ergeben die Grundlage für ein
   erfolgreiches Überzeugungsgespräch?
6. Welche Beispiele für problematische Argumentationstricks kennen Sie?
7. Welche unterschiedlichen Frageformen könnten Sie
   einsetzen?
8. Welche Vorteile bieten moderierte Gespräche?
9. Wie könnten Sie sich möglichst gut auf eine mündliche Prüfung vorbereiten?
10. Welche Tipps zum Bewerbungsgespräch können Sie
    weitergeben?
11. Wie kündigt man einen Antrag zur Geschäftsordnung
    an?
12. Könnten Sie »Metakommunikation« erklären und
    praktizieren?

AUSWAHLBIBLIOGRAPHIE | 6

A

ALLHOFF, DIETER
W. UND WALTRAUD

Rhetorik und Kommunikation. Ein Lehr- und Übungsbuch zur Rede- und Gesprächspädagogik. 14., völlig neu bearb. u. erw. Auflage.
2006 | München, Basel: E. Reinhardt.
(Als Begleitbuch für Rhetorikseminare konzipiert enthält es neben aktuellen und anschaulich formulierten Informationen viele Übungsanregungen zu den Bereichen »Sprecher/Redner«, »Rede«, »Argumentation und Manipulation« und »Gespräch, Diskussion, Verhandlung«)

B

BERTHOLD, SIEGWART

Reden lernen im Deutschunterricht. Übungen für die Sekundarstufe I und II.
1997 | Essen: Neue Deutsche Schule Verlagsgesellschaft.

BERTHOLD, SIEGWART

Im Deutschunterricht Gespräche führen lernen. Unterrichtsanregungen für das 5.–13. Schuljahr.
2000 | Essen: Neue Deutsche Schule VG.
(Zwei Zusammenstellungen von bewährten und originellen Übungen speziell für den Schuleinsatz)

D

DUDEN

(Das) Aussprachewörterbuch. Wörterbuch der deutschen Standardaussprache. 6., neu bearb. u. aktualisierte Auflage (Bearb. Max MANGOLD).
2005 | Mannheim u. a.: Dudenverlag.
(Manchmal wichtiges Nachschlagewerk zur »richtigen« Aussprache)

G

GENZMER, HERBERT

Rhetorik (DuMont Schnellkurs).
2003 | Köln: DuMont.
(Ein reich bebildertes und sehr anschauliches einführendes Nachschlagewerk)

GORA, STEPHAN

Arbeitsmaterialien Deutsch – Grundkurs Rhetorik. Eine Hinführung zum freien Sprechen. Neubearbeitung.
2000 | Stuttgart: Klett.
(Zielgruppe ist die Sekundarstufe II, doch manches lässt sich auch gut mit Jüngeren behandeln. Dazu ist ein Lehrerheft erhältlich.)

L

LANGER, INGHARD
SCHULZ VON THUN,
FRIEDEMANN
TAUSCH, REINHARD

Sich verständlich ausdrücken. 8. Auflage.
2006 | München, Basel: E. Reinhardt.
(Enthält neben einer kurzen informativen Einführung zahlreiche praktische Übungen zum individuellen Training des verständlichen Formulierens)

Loebbert, Michael F.	*Rhetorik. Arbeitstexte für den Unterricht. Für die Sekundarstufe herausgegeben von M. F. L.* 1991 | Stuttgart: Reclam. (Typisches Reclamheft mit 19 »klassischen« Texten zur Fachentwicklung)

P

Pabst-Weinschenk, Marita	*Reden im Studium. Ein Trainingsprogramm.* 1995 | Frankfurt/M.: Cornelsen Scriptor. (Behandelt vor allem die Rede- und Gesprächsformen, die für Studierende wichtig sind; viele Übungsanregungen)
Pabst-Weinschenk, Marita	*Die Sprechwerkstatt. Sprech- und Stimmbildung in der Schule.* 2000 | Braunschweig: Westermann Schulbuchverlag. (Eine unverzichtbare Übungszusammenstellung für die Schüler(innen) der Primarstufe und der Sekundarstufe I)
Pabst-Weinschenk, Marita	*(Hrsg.): Grundlagen der Sprechwissenschaft und Sprecherziehung.* 2004 | München, Basel: Ernst-Reinhardt-Verlag. (Umfassende, anschauliche und kompetent geschriebene Einführung in das Fachgebiet)
Pawlowski, Klaus Riebensahm, Hans	*Konstruktiv Gespräche führen. Fähigkeiten aktivieren, Ziele verfolgen, Lösungen finden. 3. Auflage, 2003.* 1998 | Reinbek: Rowohlt Taschenbuch Verlag. (Ein Lehrbuch, das sich wie ein Roman lesen lässt)

S

Schulz von Thun, Friedemann	*Miteinander reden: Störungen und Klärungen. Psychologie der zwischenmenschlichen Kommunikation.* 1981 | Reinbek: Rowohlt Taschenbuch Verlag, (zahlreiche Neuauflagen).
Schulz von Thun, Friedemann	*Miteinander reden 2: Stile, Werte und Persönlichkeitsentwicklung. Differentielle Psychologie der Kommunikation.* 1989 | Reinbek: Rowohlt Taschenbuch Verlag, (zahlreiche Neuauflagen).
Schulz von Thun, Friedemann	*Miteinander reden 3. Das »Innere Team« und situationsgerechte Kommunikation.* 1998 | Reinbek: Rowohlt Taschenbuch-Verlag. (Drei anschaulich gestaltete und weit verbreitete Taschenbücher für alle, die sich für möglichst störungsfreie Kommunikation interessieren.)

Schulz von Thun, Friedemann u. a. — *Miteinander reden: Kommunikationspsychologie für Führungskräfte.* 2000 | Reinbek: Rowohlt Taschenbuch Verlag. (Eine nicht nur für Führungskräfte gut geeignete Zusammenfassung der Grundlagenbücher Schulz von Thuns.)

sprechen. Zeitschrift für Sprechwissenschaft, Sprechpädagogik, Sprechtherapie, Sprechkunst. Regensburg: Bayerischer Verlag für Sprechwissenschaft 1983 ff. (erscheint halbjährlich). (Einzige deutschsprachige sprechpädagogische Fachzeitschrift; enthält u. a. regelmäßig die von Roland W. Wagner zusammengestellten Bibliographien neu erschienener Literatur)

W

Wagner, Roland W. — *Die sprechen-Bibliographie. Interdisziplinäre Zusammenstellung aktueller Bücher und Aufsätze zur mündlichen Kommunikation (CD-ROM-Version).* 1996ff | Regensburg: Bayerischer Verlag für Sprechwissenschaft. (Halbjährlich aktualisierte Bibliographie für die Computerrecherche mit über 10000 Literaturangaben)

Wagner, Roland W. — *Übungen zur mündlichen Kommunikation. Bausteine für rhetorische Lehrveranstaltungen. 2. erw. Auflage.* 2002 | Regensburg: Bayerischer Verlag für Sprechwissenschaft. (Eine nach Meinung von Fachkollegen und Lehrkräften ganz brauchbare Zusammenstellung)

Weisbach, Christian-Rainer — *Professionelle Gesprächsführung. Ein praxisnahes Lese- und Übungsbuch. 6. überarb. und erw. Auflage.* 2003 | München: dtv. (Obwohl primär auf berufliche Gespräche bezogen, lässt sich vieles aus diesem preiswerten Taschenbuch gut auf die private und schulische Kommunikation übertragen)

Weitere Literaturangaben stehen am Ende der jeweiligen Kapitel!

ANTWORTTEIL ZU DEN TESTFRAGEN | 7

Kapitel 1 | **Antworten zu Kapitel 1**

1. Kenntnisse über mündliche Kommunikation helfen in täglichen und nicht alltäglichen Kommunikationssituationen, vor allem, wenn es um Referate, Präsentationen, Unterrichtsgespräche, Seminardiskussionen, Beratungen und Prüfungen geht.

2. Zur Verbesserung der individuellen Sprechkompetenz eher überflüssig sind einfache Rezepte, unhaltbare Versprechungen und abstrakte Theorien.

Kapitel 2 | **Antworten zu Kapitel 2**

1. Mündliche Kommunikation ist besonders relevant für Information, Image, Beziehungen, Einfluss, Konflikte und Emotionen.

2. Die wichtigsten Funktionen von sprachlichen Äußerungen sind (nach Bühler) Ausdruck (einer Person), Darstellung (eines Themas) und Appell (an eine Person bzw. Personengruppe).

3. Die Kommunikation beeinflussenden Faktoren können Sie (nach Geißner) mit den neun Fragewörtern *Wer, Wann, Wo, Was, Wie, Mit wem, Worüber, Warum* und *Wozu* ermitteln.

4. Die Transaktionsanalyse prägte die Begriffe »Erwachsenen-Ich«, »Eltern-Ich« und »Kindheits-Ich«.

5. Eine Aussage hat (nach Schulz von Thun) die vier Seiten Sachinhalt, Selbstoffenbarung, Appell und Beziehung.

6. Die Basis einer Bedürfnispyramide bilden die physiologischen Bedürfnisse (trinken, essen, schlafen, sich fortpflanzen), die Spitze die Selbstverwirklichung.

7. Gegen Dialektsprecher gibt es je nach Herkunftsregion unterschiedliche Vorurteile, häufig unterstellt man geringere intellektuelle Kompetenz, oft aber auch Gemütlichkeit und Freundlichkeit.

8. Zur Gedächtnisstärkung empfehlen Fachleute u. a. die Verbindung von neuen mit bekannten Informationen (»loci-Methode), die Visualisierung von Inhalten, Akronyme und Merksätze (vgl. Kapitel 2.5.3).

9. Normale Referate sollten nicht im Wortlaut vorgelesen werden, weil die dabei meist eingesetzte gleichförmige Intonation einschläfernd wirkt und der übliche schrift-sprachliche Formulierungsstil viele Hörende überfordert.

10. Die beiden TZI-Hauptforderungen lauten: »Sei dein eigener Chairman!« und »Störungen haben Vorrang«.

11. Gutes Feedback ist individuell, situationsabhängig, verarbeit-bar, ehrlich und hilfreich formuliert.

12. Von Fachleuten sollten Stimmstörungen (z. B. chronische Heiserkeit), Artikulationsstörungen (z. B. Lispeln), Rede-flussstörungen (z. B. Stottern) und Sprachstörungen (z. B. Aphasien) behandelt werden (vgl. Kap. 2.7.2).

Kapitel 3 | **Antworten zu Kapitel 3**

1. »Rhetorik« definieren Sie nach Lektüre dieses Buches hoffentlich nicht mehr nur mit dem Begriff »Redekunst«, sondern als menschliche Fähigkeit, Sprache möglichst wirksam einzusetzen und als Wissenschaft, die verschiedene Aspekte der Kommunikation untersucht und sich primär mit geschriebener und gesprochener Sprache, vor allem ihrer Wirksamkeit, beschäftigt.

2. Welche Stilfiguren Sie kennen, vermag ich nicht zu sagen. Eine ausführliche Liste finden Sie im Kapitel 3.1.4.

3. Sprechleistungen könnten nach den nonverbalen Kriterien »Sichtbares« (Visueller Eindruck) und »Hörbares« (Auditiver Eindruck) sowie den verbalen Kriterien »Verständlichkeit« und »Rhetorische Wirksamkeit« beurteilt werden.

4. Eingriffsmöglichkeiten bei Lampenfieber gibt es auf der kognitiv-emotionalen Ebene (bei den Gedanken und Gefühlen), auf der physiologischen (körperlichen) Ebene und beim Bewegungs- und Sprechverhalten (motorisch-behavioral). Im Kap. 3.3 stehen die Details.

5. Verschränkte Arme können bedeuten: Ablehnung, Verschlossenheit, Angst, Schutzbedürftigkeit, aber auch einfach nur Bequemlichkeit oder Kältegefühl.

6. Zum Sprechen optimal geeignet ist die vor allem vom Zwerchfell ausgehende »Phonationsatmung«; die Einatmung sollte möglichst durch die Nase erfolgen (vgl. Kap. 3.5).

7. Eine überhöhte Stimme ist nachteilig, weil sie stimmliche Ermüdung, Unlustgefühle, Räusperzwang, Heiserkeit und Verspannungen fördert. Zuhörer verspüren Unbehagen und urteilen schlechter über Glaubwürdigkeit und Kompetenz.

8. Gegen Stimmprobleme gibt es sehr viele Hilfen – im Kapitel 3.6.3 sind sie aufgelistet.

9. Die normierte Aussprache lässt sich am besten im Duden-Band 6 »Das Aussprachewörterbuch« nachschlagen. Über die Hintergründe und Alternativen informiert der Abschnitt 3.7.1.

10. Betonungsmöglichkeiten gibt es durch Veränderungen der Lautstärke, der Tonhöhe, der Sprechgeschwindigkeit bzw. Pausensetzung, des Stimmklangs und der Artikulation, aber auch durch verbale Stilelemente (z. B. Wiederholungen).

11. Besonders verständlich formulierte Texte sind dem Sprachniveau der Zielgruppe angepasst relativ einfach, gut gegliedert, so kurz und so anschaulich wie möglich.

12. Abwechslungsreiches Sprechen fördern Wechsel in der Darbietung zwischen primär sichtbaren (visuellen) und

primär hörbaren (auditiven) Passagen, zwischen Monolog und Dialog, zwischen verschiedenen Sprechern, zwischen eher abstrakten und eher konkreten Aussagen, zwischen komplizierteren und einfacheren Formulierungen und zwischen verschiedenen Intonationsmustern.

Kapitel 4 | **Antworten zu Kapitel 4**

1. Bei einer guten Präsentation sollte man mindestens wissen, was die Zuhörenden erwarten, warum der Beitrag interessant oder wichtig ist, was hängen bleiben soll und wie man den Einstieg gestalten will.

2. Mehr und originellere Ideen lassen sich außer mit den bekannten Nachschlageverfahren mit Hilfe der Methoden Brainstorming, Mind Mapping und Laterales Denken sowie in guten Gesprächen finden.

3. Hilfreiche Strukturierungsformen finden Sie im Kapitel 4.3 (z. B. MISLA, AIDA und Dreischritt), aber auch im Abschnitt 5.1.4 (EISTEE).

4. Eine motivierende Einleitung sollte Kontakt zu den Zuhörenden schaffen, einen möglichst guten Eindruck von der sprechenden Person erzeugen, die Zuhörenden zum Thema hinführen, Interesse für das Thema wecken und die weitere Vorgehensweise transparent machen.

5. Einen wirksamen Redeschluss können Sie z. B. mit einer Zusammenfassung, einem Slogan, einem anschaulichen Beispiel, einer positiven Bemerkung zum Thema bzw. zur Situation oder mit einem Appell gestalten.

6. Leichte Handhabbarkeit, Klarheit, Übersichtlichkeit und Flexibilität zeichnet ein gutes Konzept aus. Details und Beispiele finden Sie im Abschnitt 4.6.

7. Die Vor- und Nachteile der üblichen Visualisierungsmethoden sind im Abschnitt 4.7 ausführlich aufgeführt.

8. Wenn bei Ihrem Vortrag eine Panne passieren sollte, dann ist Gleichmut (»Das kann ja mal passieren«) und positive Umdeutung (»Schön, dass ich Abwechslung biete«) gefragt.

Kapitel 5 | **Antworten zu Kapitel 5**

1. Für einen angenehmen Small Talk sind viele Faktoren hilfreich (vgl. 5.1.1): Vor allem müssen Sie von anderen etwas wissen wollen! Aber Sie sollten auch etwas zu sagen haben!

2. Es erleichtert ein klärendes Gespräch, wenn man zuerst den Gesprächsanlass präzise benennt und dann die relevanten Aspekte strukturiert. Ferner sind Zwischenzusammenfassungen hilfreich.

3. Informative Beratungsgespräche benötigen klare und verständliche Erklärungen; Beratungen bei persönlichen Problemen sollten nach dem Prinzip »Hilfe zur Selbsthilfe« geführt werden (vgl. 5.1.4).

4. Bei »Echten Fragen« kennt man vorab die Antwort nicht; somit entsteht keine Ausfrage-Stimmung, sondern eine authentische Gesprächssituation.

5. Für ein erfolgreiches Überzeugungsgespräch müssen die Gesprächssituation, die Einstellung der Zielgruppe, die Interessenlage, die Realisierbarkeit, die Argumentation im engeren Sinne, die Körpersprache, die Glaubwürdigkeit und die Sachkompetenz mit angemessenem Engagement berücksichtigt werden.

6. Viele Beispiele für problematische Argumentationstricks finden Sie im Kapitel 5.2.3.

7. Die möglichen unterschiedlichen Frageformen sind im Abschnitt 5.3 erläutert.

8. Moderierte Gespräche können durch intensivere Beteiligung, transparenteren Gesprächsverlauf und Reduzierung von Konflikten bessere Resultate erzielen.

9. Die optimale Vorbereitung auf eine mündliche Prüfung ist von mehreren Faktoren abhängig; über Details informiert das Kapitel 5.4.2.

10. Tipps zum Bewerbungsgespräch können Sie im Abschnitt 5.4.3 nachlesen. Primär geht es um die Demonstration von Belastbarkeit, Durchsetzungsvermögen, Engagement, EDV-Kompetenz, Fachwissen, Freundlichkeit, Konfliktmanagement, Kundenorientierung, Motivation, Teamfähigkeit und Zuverlässigkeit.

11. Einen Antrag zur Geschäftsordnung kündigt man durch das gleichzeitige Heben beider Arme bzw. durch den Ruf »Zur Geschäftsordnung« an.

12. Metakommunikation ist definiert ist als Aussage bzw. Gespräch über das Gespräch bzw. einzelne dieses bestimmende Faktoren. Ob Sie sie praktizieren können, kann kein Buch überprüfen – Sie sollten es selbst ausprobieren!

REGISTER | 8